JN418140

마르틴 루터의 삶과 신학이야기

김주한 지음

대한기독교서회

마르틴 루터의 삶과 신학이야기

2002년 12월 30일 초판 1쇄
2018년 3월 5일 초판 7쇄

지은이/김주한
펴낸이/서진한
펴낸곳/대한기독교서회
편집책임/김인자

등록/1967년 8월 26일 제1967－000002호
주소/서울시 강남구 테헤란로 103길 14(삼성동)
전화/출판국 553－0873～4 영업국 553－0870～7
팩스/출판국 3453－1639 영업국 555－7721
e-mail/cls1890@chol.com
edit1890@chol.com
http://www.clsk.org

직영서점/기독교서회
종로5가 기독교회관, 전화 744－6733 팩스 745－8064

책번호/795
ISBN 978－89－511－0544－9 93230

The Christian Literature Society of Korea, Seoul
Printed in Korea

*책값은 뒤표지에 있습니다.

마르틴 루터의
삶과 신학이야기

"내 양심은 하나님의 말씀에 사로잡혀 있습니다. 나는 아무것도 취소할 수 없고 또 취소하지 않을 것입니다. 왜냐하면 양심에 어긋난 행동을 하는 것은 옳지 않을 뿐만 아니라 안전하지도 않기 때문입니다. 하나님이여, 우리를 도우소서. 아멘." *WA* 7:838; *LW* 32:112.

— 1521년 4월 18일 보름스 국회에서 루터가 행한 최후 진술 중에서

차례

약어표

BWTM *Revelations and Revolution: Basic Writings of Thomas Müntzer*. Edited and Translated by Michael G. Baylor. London and Toronto: Associated University Presses, 1993.

CWMS *The Completed Writings of Menno Simons*. Translated by Leonard Verduin. Edited by John Christian Wenger. Scottdale: Herald Press, 1956.

LW *Luther's Works*. Edited by Jaroslav Pelikan, Hilton C. Oswald, and Helmut T. Lehmann. vols. 1-30, St. Louis: Concordia Publishing House, 1955-. vols. 31-55, Philadelphia: Fortress Press, 1957-1986.

WA *D. Martin Luthers Werke. Kritische Gesamtausgabe*. Weimar, 1883-.

WA Br. *D. Martin Luthers Werke: Kritische Gesamtausgabe, Briefwechsel*. 18 vols. Weimar: Hermann Böhlaus Nachfolger, 1930-1985.

WA Tr. *D. Martin Luthers Werke: Kritische Gesamtausgabe, Tischreden*. 6 vols. Weimar: Hermann Böhlaus Nachfolger, 1912-1921.

서 문

내가 마르틴 루터에 관심을 가지게 된 동기는 프로테스탄트 신학의 역사적인 기원과 그 성격을 규명해 보자는 관심에서 비롯되었다. 신학생 시절에 20세기 신학 사상들을 공부하면서 그 내용의 다양성과 복잡성에 갈피를 잡지 못하고 허우적거리며 답답해 하던 때가 생각난다. 그때 나는 현대 신학이 논의하고 있는 이슈들의 역사적인 배경이나 사상적인 계보들을 제대로 파악하지 못하고서 밑에서만 맴돌고 있구나 하는 생각이 들었다. 그래서 그리스도교 사상사를 본격적으로 공부하게 되었고 그중에서도 개신교 교회의 역사와 교리, 신학사상들을 정리해 보려고 노력하였다. 마르틴 루터는 그러한 나의 노력의 출발점이었다. 그러나 시작부터 벽에 부딪쳤다. 그 당시에 루터를 공부하려고 해도 체계적으로 학습할 수 있는 교재가 거의 부재하였다. 루터의 글들이 우리말로 번역된 것도 드물었지만, 그의 신학을 해석할 수 있는 어떤 방향이나 시각을 잡아낼 수 있는 책들을 접하기가 어려웠다. 이러한 답답함을 가지고 나는 미국 유학을 떠났다. 미국에서 교회사의 각 시기들을 공부하면서 교회사를 연구함에 있어 나름대로의 일정한 틀을 세워서 접근하였다. 즉 각 시기(epoch)마다 그 시기를 이끌어 가는 주요사상은 무엇인지, 그리고 그러한 사상들이 어떻게 교회와 그리스도인들의 신앙과 삶에 영향을 주었는지, 마지막으로 그러한 사상이 어떠한 새로운 사상과 문명에 의해서 비판, 극복되고 또 다른 패러다임이 세워지는지, 그 흐름들을 찾아 연구하는 것이었다. 그렇게 보니까 교회의 전사(prehistory, BC 3세기부터 AD 1세기까지)는 헤브라이즘과 헬레니즘 문명과의 만남의 과정이었고, 초대교회(AD 1세기부터 5세기까지)는 그리스도교와 그레코−로만 문명의 복합이었으며, 중세교회(AD 5세기부터 15세기까지)는 로마와 이슬람, 게르만 문명의 융합 속에서 보편적인 단일한 그리스도교 문화(a corpus Christianum)가 꽃을 피웠으며, 종교개혁 시대와 근대교회(AD 15세기부터 19세기까지)는 그레코−로만 문명의 재회와 더불어 유럽과 사라센 문명의 만남을 통해서 그리스도교 고전 문명과 휴머니즘 전통의 복합으로 나타났다. 그리고 오늘날 그리스도교는 그야말로 서양의 물질문화와 동양의 정신문화의 가치들이 밀접하게 상호 교섭하면서 다양한 사상들이 복합적으로 맞물려 있다.

이러한 그리스도교 역사의 흐름에서 사상사적인 전환이 혁명적으로 이루어졌던 시기는 16세기 초의 종교개혁에 의해서였다. 1000여 년 동안이나 절대적으로 당연시되어 왔던 신앙체계와 교회 전통들이 속속들이 의문시되고 거부되면서 그 당시 교회와 그리스도인들은 갈등과 혼란의 소용돌이 속으로 빠져들었다. 루터, 츠빙글리, 칼빈 등은 이러한 패러다임 교체의 장본인들이었다. 그들은 중세기적 질서를 해체하고 새로운 교회 역사의 장을 열었다는 점에서 그리스도교 역사에서 중요한 위치에 서 있다. 그때 나는 그들의 신학을 이해하거나 해석해 내지 못하고서 현대 신학을 논한다는 것은 거의 불가능하다는 판단을 내렸다. 실로 그들의 사상은 그리스도교 고전 전통(그레코−로만 사상)과 휴머니즘 전통의 복합이었으며 서양 근대 문명의 기초를 놓았던 사상적인 기반을 제공하였다. 서양 근대 사상의 맨 앞줄에는 루터가 서 있다. 루터는 그리스도교 고전 문명의 불합리한 구조들을 타파하고 새로운 시대를 열었던 인물이었다. 그는 실로 중세와 근대의 가교역할을 했다는 점에서 그의 사상 속에는 중세적인 요소와 근대적인 요소들이 복합적으로 얽혀 있다. 또한 우리는 유럽의 종교개혁사를 공부할 때에 루터를 빼놓고는 그 본질적 실체에 접근할 수 없다.

루터의 생애와 그의 신학을 연구하는 작업은 이러한 중요성 때문만은 아니다. 실로 그의 신학은 오늘날 신학을 해석하는 데 많은 자료들을 제공하고 있다. 나는 이 책에서 한 개인의 전기(biography)를 쓰려고 하거나 연대기적(chronologically)으로 그의 생애를 재구성하는 데 관심을 두지 않을 것이다. 나는 루터가 자신의 일생을 통해서 씨름하고 고민했던 신학적인 문제들은 무엇인지, 그리고 그러한 신학적인 고민과 반성들이 오늘 우리 시대에 던져 주는 메시지는 무엇인지를 살펴볼 것이다. 그가 분노하며 도전했고 응답했던 신학적인 성찰들(reflect-ions)은 현재의 상황에 아무런 연관성이 없거나 중요성이 상실된 것은 아니다. 그 당시 그가 부딪친 문제들은 시대에 뒤짐이 없이 오늘날 교회에도 여전히 적용되는 것들이다. 그러므로 이 책에서 나는 루터의 신학을 이해하는 데 그의 생애에서 역사적으로 기억해야 할 사건들과 16세기 유럽의 종교개혁 무대에 등장한 제 그룹들과의 논쟁에서 이슈가 된 문제들을 부각시켜 볼 것이며 루터는 그러한 특징적인 이슈들을 어떻게 신학화해 갔는지를 살펴볼 것이다. 우리는 루터의 전생애를 연구해 봄으로써 그의 사상의 발전단계나 전개과정을 추적해 볼 수 있을 뿐만 아니라 프로테스탄트 교회와 신학의 원리들을 파악할 수 있을 것이다.

루터와 그의 종교개혁 작업의 현대적 의미를 밝히는 데서 고려해야 할 몇 가지 문제들이 있다. 첫째는, 개인과 역사와의 관계이다. 역사의 한 인물을 연구함에서 주의해야 할 점은 역사적인 사건에서의 개인의 역할에 관한 것이다. 역사를 움직여 온 주체는 무엇인가? 개인인가 아니면 제도인가? 종교개혁이라는 거대한 문명사적인 전환을 가능케 한 주요 요인은 당시의 역사적인 조건들(conditions)이었는가 아니면 루터라는 한 개혁적인 사상가였는가? 일반적으로 역사가들은 사회적인 제도(social system)나 사상(idea)들만을 구명함으로써 역사 현실이 온전히 드러난다고 보지는 않는다. 그 제도가 누구에 의해서 운영되고 그 사상이 누구의 착상인가도 함께 고찰해야만 한다.[1] 우리는 역사를 연구할 때 이 두 가지 요점을 언제나 동시에 기억해야 한다.

둘째는, 어떤 루터가 참된 루터인가 하는 문제이다. 루터를 연구할 때 어려움이 늘 뒤따른다. 그 첫 번째 이유는 루터에 대한 평가가 지금까지 너무도 다양하며 어떤 경우는 극단적으로 엇갈려 왔다는 데 있다. 루터 해석가들은 저마다 루터의 실제적인 이미지를 창출하려는 시도에서 자신들의 문화적, 역사적인 흐름들에 크게 영향을 받아 왔다. 그 결과 루터 해석가들은 루터 자신보다는 종교개혁 이후 역사전개 과정에서 정치 사회적인 문제들에 대한 루터의 영향에 더 초점을 맞추었다. 17세기 프로테스탄트 정통주의는 루터를 프로테스탄트 교회를 기초한 사람으로 보면서 그의 가르침들을 무비판적으로 수용하였다. 그의 종교개혁 운동은 실로 하나님께서 계획하신 사건이었으며 그런 점에서 그는 절대 무오류한 선생이며 그의 신학은 성서의 내용과 다를 바 없는 교회와 그리스도인들이 배우고 따라야 하는 교리였다. 17, 18세기의 유럽의 경건주의는 루터란 정통주의와 프로테스탄트의 주지주의적 경향들을 거부하면서 교회에서의 신앙의 생명력을 되찾으려는 운동이었다. 그들은 루터의 종교개혁 정신으로 다시 돌아가기를 외치면서 루터의 개인 영성에 초점을 맞추었다. 18세기 계몽주의 시대는 루터를 양심의 자유와 이성의 회복을 위한 투쟁에서 위대한 지도자로 간주하였다. 19세기에 접어들면서부터 루터에 대한 평가는 여러 갈래로 나누어지면서 보다 복잡하게 전개되었다. 먼저 가톨릭 측에서 루터에 대한 평가는 대부분 부정적이었다. 루터와 동시대인들인 엑크(Eck), 코크래우스(Cochlaus), 디이텐버거(Dietenberger), 카제탄(Cajetan) 등은 루터가 전통적인 교회의 가르침들을 파괴했다고 비난하면서 그를 이단자로 몰아세웠다.[2] 이러한 평가는 그 이후 가톨릭 루터 해석가들에게 그

1) 차하순, 『역사의 본질과 인식』(서울: 학연사, 1990), 146.

2) 이들은 루터의 칭의론은 그리스도인들로 하여금 도덕적인 열망을 억제하게 했다

대로 이어졌다. 이들은 종교개혁을 가톨릭 문명과 유럽의 일치를 파괴해 버린 커다란 재난(disaster)으로 간주하였다. 그들에 의하면 루터의 행위는 교회 권위에 도전한 반역적이고 무책임한 것이었으며 그 이후에 이러한 행위들은 교회에서 정례화되어 어떤 때는 폭력혁명의 결과를 낳기도 했다는 것이다. 따라서 그들은 루터를 교회를 배반한 반역자로 공격하였다. 이러한 편견과 의심 속에서 로마 가톨릭 비판가들은 종교개혁 이후 모든 개신교 이단 사상은 루터의 사상에서 비롯되었다고 몰아붙였다. 그러나 20세기 시작 무렵부터 로마 가톨릭 신학자들 사이에 루터에 대한 새로운 평가가 이루어지기 시작하였다. 하인리히 데니플(Heinrich Denifle), 하트만 그리사(Hartmann Grisar), 그리고 요셉 로츠(Joseph Lortz) 등은 여전히 루터에 대한 전통적인 로마 가톨릭 교회의 편견들에서 벗어나지는 못하고 있지만 중세시대와 비교하면서 종교개혁에서 새로운 요소들을 학문적으로 깊이 있게 연구하였다. 특히 로츠는 중세 후기의 교회의 무능과 권한의 남용 그리고 부패, 즉 면죄부 판매 등을 비판하면서 루터의 위대성과 그의 사상의 일방적인 한계들을 동시에 보려고 노력하였다.[3)]

고 주장한다. 왜냐하면 루터의 교리는 모든 선한 행위들을 불필요하게 만들고 있기 때문이라는 것이다. Reinhard Hutter, "Martin Luther and Johannes Dietenberger on 'Good Works,'" *Lutheran Quarterly* Vol. V1, no. 2(1992): 127-152; Martin Luther, "The Leipzig Debate"(1519), *Luther Works*, ed. Jaroslav Pelikan, Vol. 31(Philadelphia: Fortress Press, 1957), 307-326. 이하 모든 루터의 저술들은 *LW* vol, 페이지 순으로 표기함. John Eck, *Enchiridion of Commonplaces: Against Luther and Other Enemies of the Church*, trans. F. L. Battles, 2nd ed.(Grand Rapids: Baker Book House, 1978), 50, 56. 안드레아스 칼슈타트(Andreas Karlstadt, 1480?-1541)와 토마스 뮌처(Thomas Müntzer, 1489-1525) 역시 루터의 교리는 그리스도인들의 삶의 거듭남을 무시하고 있다고 비판한다. Carter Lindberg, "Do Lutheran Shout Justification but Whisper Sanctification?: A Brief Survey of Justification and Sanctification in the Lutheran Tradition," *Lutheran Quarterly* 13, no. 1(1999): 1-20.

3) Heinrich Denifle, *Luther and Lutheran from Original Sources*, trans. Raymond

마르크스와 엥겔스는 종교개혁과 농민전쟁을 유럽 역사에서의 첫 번째 중산층 계급의 혁명으로 규정하였다. 농민들의 지도자, 토마스 뮌처는 혁명을 통해서 단일화된 민주적인 독일 국가를 건설하려는 시도에서 좌절된 사람으로, 그리고 마르틴 루터는 영주들의 편에서 뮌처와 농민들에 반대했고 그럼으로써 이러한 단일화된 국가 건설의 실현을 수세기 동안 지연시킨 민중들의 희망을 묵살하고 배반한 인물로 평가하였다. 엥겔스는 루터를 현상 유지를 고수하고 기득권을 보호하려는 영주들의 앞잡이로 비판하였다. 마르크스는 루터의 신학적인 보수주의를 농민들의 패배의 주요 요인으로 간주하였다: 혁명은 신학 때문에 실패하였다. 이러한 마르크스와 엥겔스의 종교개혁과 루터에 대한 평가 이후 많은 마르크시스트 역사가들은 루터를 부르주아 권력들과 연합한 사람으로, 반면에 토마스 뮌처는 무산 계급자들의 혁명을 위한 영웅으로 평가하였다.[4] 마르크시스트 역사가들은 나치 통치하의 독일 루터란 교회의 비정치적 침묵주의를 보고서 루터에 대한 반감(antipathy)은 훨씬 증폭되었다.[5]

다른 한편으로 많은 개신교 역사가들은 종교개혁은 당시 부패하고 무능한 교회를 정화(purging)시킨 하나님의 역사였으며 그 역사에서 루터는 하나님께서 선택한 도구였다고 주장하였다. 그들은 대체로 로마 가톨릭 교회와 교황은 묵시록에 기술된 바로 바빌론의 사탄이

Volz (Somerset, Ohio: Torch Press, 1917); Hartmann Grisar, *Martin Luther: His Life and Works*, ed. Arthur Preuss (Westminster, Md.: Newman Press, 1950); Joseph Lortz, *The Reformation in Germany*, trans. Ronald Walls, 2 vols (New York: Herder & Herder, 1968).

4) Frederick Engels, *The Peasant War in Germany* (Moscow: Foreign Languages Publishing House, 1956).

5) William McGovern, *From Luther to Hitler: The History of the Facist-Nazi Political Philosophy* (Boston: Houghton Mifflin, 1941). 맥거번은 루터를 아예 파시즘과 나치즘의 선구자들 중의 한 사람으로 간주했으며 국가 교회 이념의 창시자로 여겼다.

며 종교개혁은 역사의 종말론적인 지평에서 바라볼 때 세상을 위한 하나님께서 인가하신(ordain) 카이로스적인 사건이었다는 데 동의하였다. 하지만 20세기 개신교 서클 안에서도 루터에 대한 다양한 평가들이 등장하였다. 에른스트 트뢸취(Ernst Troeltsch), 라인홀드 니버(Reinhold Niebuhr), 칼 바르트(Karl Barth), 디트리히 본회퍼(Dietricht Bonhoeffer), 위르겐 몰트만(Jürgen Moltmann) 등에 따르면 루터의 신학은 사회변혁보다는 현상유지를 도모하고 개인의 경건을 강조한 나머지 사회적인 이슈들에 대해서는 침묵을 강요한다고 비판하였다.[6] 이와는 반대로 볼프강 포렐(G. W. Forell), 카터 린드버그(Carter Lindberg) 등은 루터의 신학은 오히려 사회변혁을 위한 적극적이고 중요한 가이드라인을 제시하고 있다고 보면서 루터의 사회윤리와 그의 신학에 대한 연구물들을 발표하였다.[7] 오늘날 대다수 그리스도교 신학자들은 — 개신교든 가톨릭이든 — 그리스도교 에큐메니컬 운동의 영향을 받아 해묵은 개신교-가톨릭 종교개혁 논쟁에 종지부를 찍은 것으로 보인다. 오늘날 루터 사상 연구를 발전시킨 학자들인, 칼 홀(Karl Holl), 폴 알트하우스(Paul Althaus), 하인리히 보른캄(Heinrich Bornkam), 게하르트 에벨링(Gerhard Ebeling), 칼슨(Edgar M. Carlson), 딜렌버거(John Dillenberger)와 같은 학자들은 유럽의 프로테스탄트 신학사

6) Ernst Troeltsch, *The Social Teaching of the Christian Churches*, vol 2(Louisville: Westminster/John Knox Press, 1992), 470-471, 516; Reinhold Niebuhr, *The Nature and Destiny of Man*, vol. 2 (New York: Charles Scribner' s Sons, 1943), 192-195; Jürgen Moltmann, *Following Jesus Christ in the World Today: Responsibility for the World and Christian Discipleship* (Elkhart, Indiana: Institute of Mennonite Studies, 1983), 38; Karl Barth, *Eine Schweizer Stimme, 1938-1945*(Zollikon-Zürich: Evangelischer Verlag, 1948), 45.

7) G. W. Forell, *Faith Active in Love: An Investigation of the Principles Underlying Luther' s Social Ethics* (New York: The American Press, 1954); Carter Lindberg, *Beyond Charity: Reformation Initiatives for the Poor* (Minneapolis: Fortress Press, 1993).

를 루터의 종교개혁을 근거로 하여 서술하였다.[8)]

지금까지 위에서 본 바와 같이 루터에 대한 이러한 상반된 평가를 접할 때 우리는 루터의 진짜 모습은 어떤 것인가 하는 의문에 휩싸이게 된다. 이러한 여러 갈래의 평가들은 학자들의 강조점이 어디에 있느냐에 따라 달라진 것이다 : 루터 자신에게 두느냐 아니면 역사적인 사건들에 대한 그의 신학의 영향에 두느냐. 우리는 루터가 주장했던 것과 그 이후의 역사적 과정에 미친 그의 영향을 엄연히 구분해야 한다: 루터를 루터 자신이 말하게 하라.(Let Luther say Luther himself) 따라서 루터 연구자는 루터의 활동과 사상들을 그 당시 정치, 사회, 문화적인 콘텍스트와 연결 속에서 주의 깊게 탐구하고 평가해야 한다. 루터 이후 프로테스탄트 역사와 신학적인 결과물을 루터에게로 소급 적용한다면 그의 사상을 오해하거나 잘못 판단할 수 있는 가능성이 있다.

셋째는, 루터의 저술들과 그에 대한 자료의 방대함을 어떻게 분류하고 평가할 것인가의 문제이다. 루터는 다작가였다. 그가 쓴 책들만도 450여 권(소논문들 포함)이며, 2,300여 편의 설교와 2,600여 통의 서신들이 있다. 우리는 그리스도교 역사에 등장하였던 어떤 인물들보다도 루터의 생애와 그의 지작들에 관한 자세하고도 풍부한 정보들을 가지고 있다. 그의 수많은 저술들을 통해서 어떤 경우에는 그의 매일의 스케줄과 일어난 사건들을 시간대 별로 상세하게 알 수 있다. 이러한 사실은 아이러니하게도 루터를 연구하는 데 오히려 어려움을 준다. 루터의 종교개혁 작업의 전반부(탄생에서부터 면죄부 논쟁을 통한 95개조 테제 발표, 1525년 농민전쟁과 그 이후의 활동)는 비교적 잘 알려져 있지만, 그 이후부터 그가 죽을 때까지의 후반부에 대해서는 루터 연구 학

8) Heinrich Bornkamm, *Luther im Spiegel der denschen Geistesgeschichte* (Heidelberg, 1955); Edgar M. Carlson, *The Reinterpretation of Luther* (Philadelphia: Fortress Press, 1948); John Dillenberger, *God Hidden and Revealed* (Philadelphia: Fortress Press, 1953).

계는 아직도 그의 저술들에 대해서 포괄적이고 균형 잡힌 시각으로 평가하는 작업을 과제로 안고 있다.

그런데 우리가 루터의 주장들을 해석함에서 어려운 문제는 루터가 제시한 대답들이 옳았는지 잘못된 것이었는지를 어떻게 판단하고 평가하느냐이다. 이러한 어려움 때문에 그의 신학은 그 당시 사회, 정치적인 상황들과 연관해서 해석할 때만이 그가 주장하려 했던 내용들이 분명하게 드러난다. 이는 루터의 삶과 그 시대의 시대정신과의 연관성 문제이기도 하다. 실로 로제(Bernhard Lohse)가 지적하고 있는 바와 같이 루터의 전기를 쓰려는 사람들은 루터 생애의 자세한 부분들을 '그 당시의 정치 문화사의 상황에서' 주의 깊게 기술하는 것 이상을 해야 한다. 루터의 생애를 쓸 때는 그의 저술들에 대한 글쓴이의 개인적인 입장을 처음부터 결정해야 할 것이다.[9] 루터가 씨름했던 문제들은 여전히 지금도 현대적인 의미를 지니고 있는지, 그리고 루터가 제시한 대답들은 그리스도교적, 특히 성서적인가 하는 문제도 결정해야 한다.

이러한 이유 때문에 우리는 루터와 당시의 시대상과의 밀접한 관계를 함께 생각해야 한다. 루터라는 한 개인에게 너무 초점을 맞출 경우, 종교개혁을 가능하게 했던 당시의 성숙된 사회적인 요인들을 간과하게 되고, 반면에 당시의 역사적인 제반 상황들을 너무 부각시키다 보면 루터의 역할은 그만큼 축소되고 말 것이다. 확실히 루터는 16세기 유럽의 시대정신의 필연적인 구현자(embodiment)였다. 우리는 결코 루터의 주체적인 역할을 과소평가해서는 안 된다. 루터의 위대성은 당시의 시대정신, 사회적 현실여건, 문화 등 여러 조건들과 결부시켜서 볼 때 더욱 확연히 드러난다. 루터의 사상은 당시의 시대에 영향을 받기도 하였지만 또한 시대를 리드하기도 하였다. 종교개혁을 주도하면서 루

9) Bernhard Lohse, *Martin Luther: An Introduction to His Life and Work* (Philadelphia: Fortress Press, 1980), 20.

터의 리더십은 점점 견고하게 확보되어 갔으며 그러한 리더십은 종교개혁과 제반 사회세력들의 방향을 결정하기도 하였다. 그의 개인사는 사회전기였다. 루터의 인물 됨은 그 당시의 역사적인 콘텍스트 속에서 연구되어야 하지만 그러나 그러한 상황으로 그의 사상이나 개혁 작업을 환원시켜서도 안 된다. 왜냐하면 루터의 사상은 단순히 그 시대의 외침만은 아니었기 때문이다.

그러므로 이 책은 다음 두 가지 관점에서 루터 생애와 사상을 연구할 것이다. 첫째는 역사적인 발전 과정에서 루터의 생애와 사상들을 검토할 것이다. 이 방법은 우리들에게 루터 사상의 발전을 그의 생애 초기부터 후기에 이르기까지 볼 수 있도록 해준다. 그러나 이러한 접근 방법의 결점은 루터의 사상의 핵심을 파악하기가 어렵다는 점이다. 따라서 둘째의 접근방법이 필요한데 그것은 조직적인 서술 방법이다. 이러한 방법은 루터 사상의 다양한 주제들의 상호 연관성을 포괄적으로 제시할 수 있다. 나는 루터의 생애를 세 시기로 나누어서 연구할 것이다. 제1기는 1483년 그의 탄생에서부터 1517년 95개조 테제를 발표하였던 때까지이다. 이 시기의 제목을 종교개혁으로 가는 길로 정했다. 제2기는 1517년부터 농민전쟁이 발발하였던 1525년까지이다. 제2기는 루터가 가장 왕성하게 저술을 통해서 종교개혁을 펼쳐나간 시기이다. 이 시기는 개혁의 원리와 방향을 확고하게 잡아나가는 시기이며 그야말로 왕성한 집필활동과 그의 붓의 위력을 발휘한 시기이다. 그래서 이 시기는 종교개혁 신학의 형성과 발전이라는 제목을 달았다. 마지막 제3기는 1525년부터 그가 세상을 떠난 1546년까지이다. 이 기간에 루터는 종교개혁을 정착시키기 위해서 활발하게 대중들과 접촉하면서 목회활동, 논쟁, 협상을 벌인 시기이기도 하다. 이 시기의 제목으로는 종교개혁 교회 운동의 확산과 정착으로 정했다. 이 기간은 교회 안에서 종교개혁 사상을 정착시키려고 루터가 최선을 다한 시기이며 그의 종교개혁 운동을 글로뿐만 아니라 교회 현장 속에서 활발하게 펼친 시기이기도 하다.

이 책은 한국기독교장로회 신학연구소가 발간하는 계간지 「말씀과 교회」 제26호부터 제31호까지 "마르틴 루터의 생애 연구"라는 제목으로 지난 2년 동안 연재했던 글들을 한데 묶어 펴낸 것이다. 그러나 잡지에 기고했던 글들을 그냥 그대로 실은 것은 아니다. 비교해 보면 알겠지만 잡지의 지면 관계상 충분히 다루지 못한 내용들을 완전히 새로 써서 보완했고, 기존의 글에 대해 새로운 정보를 첨부하고 문장의 의미가 부정확한 것은 보다 세밀하게 다듬었다. 이 책이 나오기까지 많은 분들의 격려와 도움을 잊을 수 없다. 잡지에 연재하는 동안 부족한 글들을 읽어 주시고 여러 의견을 보내 주신 목회자와 교수님들께 감사를 드린다. 또한 글을 연재할 수 있도록 배려해 주신 한국기독교장로회 신학연구소 소장 정권모 박사님께 감사를 드린다. 무엇보다도 이 책의 출판을 허락해 주신 대한기독교서회 정지강 사장님과 저자의 학문의 길에 늘 많은 조언과 사랑으로 이끌어 주시는 서진한 출판국장님께 진심으로 감사를 드린다. 아무쪼록 이 책이 한국에서 루터 연구에 조그마한 길잡이가 될 수만 있다면 저자로서는 더 바랄 것이 없겠다.

2002년 12월
신림동 서재에서
김 주 한

제1장 ‖ 종교개혁으로 가는 길
(1483-1517)

이 시기에 검토해야 할 중요한 점들은 루터의 집안 배경, 어린 시절의 교육, 수도사가 되기로 결심한 과정, 수도원 생활 및 비텐베르크 대학의 성서학 교수로서의 성서 주석작업 등이다. 이 시기는 루터에게 모든 교회의 가르침들과 내용, 제도, 전통, 신학들이 심각하게 의문시되면서 그의 개혁 신학의 기초작업이 이루어진 시기여서 그의 생애 연구에서 실로 중요한 시기이다. 이 당시 루터는 중세 교회 문명이 안고 있는 제반 모순들과 문제들에 대한 본질적인 반성을 하면서 새로운 역사 창출을 위한 실존적인 고민을 하였다. 우리는 루터로 하여금 그러한 통찰을 가능하게 한 역사적인 조건들을 검토해야 한다. 그 역사적인 조건들은 크게 정치, 경제, 사회－문화, 그리고 종교적으로 나누어서 살펴볼 수 있다. 이러한 조건들은 또한 종교개혁의 시대적인 배경들이기도 하다.

첫째, 정치적인 환경으로 본다면 16세기는 한마디로 표현하면 모든 면에서 유동성(fluctuation)의 시대였다. 루터는 유럽의 거대한 단일 국가체제가 붕괴되고 민족주의가 대두되면서 지역 분할이 가속화되기 시작한 정치적인 지형이 새롭게 짜여지기 시작한 때에 태어났다. 루터 시대의 독일 황제는 찰스 5세(1519－1556)였는데, 그는 그 옛날 로마 제국이 달성하였고 그 이후에도 계속되었던 중세 제국의 보편성

(universality), 즉 기독교 왕국(the corpus Christianum)을 이룩하기 위해서 몸부림 쳤던 신성 로마 제국의 마지막 황제였다. 이 당시 지역 국가들(territorial states)은 제국(the empire)의 우산 아래서 느슨한 형태로 연합체(federation)를 구성하고 있었다. 각 지역 국가들은 정치적, 사법적인 권한도 예전보다는 훨씬 자율적으로 행사하였다. 이러한 틈을 타서 독일에서 여러 영주국가들은 제국의 제도나 기구들과 유사하거나 동등한 권한을 갖는 시스템들을 발전시켰다. 그들은 부분적으로는 서방 군주들의 것들을 모방하기도 하였다. 이러한 시스템이 갖는 한 가지 유익한 점은 어떠한 실질적인 전제정치도 행사할 수 없었다는 것이다. 신분적인 특권과 소유 재산에 기초한 시대에 정치적인 권력이나 행정이 분권화되면 될수록 체제는 덜 절대적인 것이 된다. 이러한 복잡한 체제에서 좀더 많은 사람들은 대부분 법률 공부를 통해서 어떤 권력을 얻으려는 기회를 가지려고 노력하였다. 독일에서의 각 지역의 지방 분권화는 지역 회의(provincial council) 형태로 유지되었다.

이 시기에 유럽의 여러 나라들은 로마 교황권의 영향으로부터 벗어나 독자적인 정치체제를 구축하려는 움직임들이 있었다. 이는 13세기말부터 쇠퇴하기 시작한 교황권에도 그 원인이 있었지만 당시에 대두한 민족주의와 맞물려 있었다. 오스트리아에서의 합스부르크 왕조는 독립적인 지역 우위성을 확보하려 하였고, 스페인, 프랑스, 그리고 영국 등은 유럽에서 가장 강력한 군주체제를 유지하고 있었다. 표면적으로 프랑스 왕들은 대부분 거의 군주체제(autocracy)를 구축한 반면에 영국의 왕들은 강력한 권한을 지닌 의회와 씨름을 해야만 했다. 프랑스는 1450년대부터 행정적, 법적 제도들을 정비해 가면서 계속해서 왕권을 강화시켜 갔고 영국의 군주는 의회에서 행사할 수 있는 왕의 주권에 의존하였으나 현대화된 좀더 강력한 군주체제를 발전시켰다. 이 당시 정치적인 상황을 한마디로 표현하면 루이스 스피츠(Lewis Spitz)가 적절하게 표현한 대로 "다중심주의"(polycentrism)의 시대라고 말할 수 있다.[1] 아무튼 이 당시에는 민족주의 대두로 전체주의가 붕괴되고 단일한 교회 질서도 더 이상 유지하기가 힘들게 되었다. 이러한 정치적 상황은 교회 개혁을 위한 분위기를 조성하였다.[2]

둘째, 경제적인 형편을 볼 때 15, 16세기에 유럽의 경제는 이전 세기와 비교해 볼 때 봉건체제가 서서히 무너지면서 초기 자본주의적인 생산 관계와 양식들이 등장하기 시작한 대단히 역동적인 시기였다. 이러한 발전을 선도한 그룹들은 수공업자들, 해외 무역 상인들과 자본가들이었다. 한편으로 1500년 이전부터 시작된 가격 폭등(인플레이션)은 전통적인 가격과 임금 구조를 붕괴하였고 많은 사람들에게 큰 영향을 미쳤다. 대부분의 사람들은 안정된 임금을 바라게 되었고 이 틈을 타서 일부는 고리대금업에 관심을 가지는 등 변화하는 경제 상황들에 재빨리 적응하면서 이익을 얻으려고 하였다. 이러한 가격 혁명의 영향은 서방에서는 경제 성장을 촉진시키고 자본주의 경제 발전을 좀더 빠르게 가속화시켰다.[3] 활발한 경제 활동과 새로운 부의 유입에도 불구하고 이 때에 임금 노동자들과 농민들은 여전히 가난과 빈곤의 고통에서 허덕이고 있었다. 아무튼 이 당시 무역과 상업의 발달로 인해 다른 나라의 정보들이 서로 교환되었으며 새로운 중산층 계층들은 변화를 요구하는 목소리들을 높여 나갔다.

셋째, 사회 구조와 문화사적인 흐름들을 살펴보기로 하자. 16

---

1) Lewis W. Spitz, *The Protestant Reformation 1517-1559* (New York: Harper & Row, 1985), 37.

2) 롤란드 베인톤은 "민족주의는 그리스도교로부터 분리되어 가려는 참에 아이러니하게도 루터는 종교개혁을 통해서 유럽 사회에 그리스도교 의식을 되살려 놓았다."라고 말한다. 롤란드 베인톤, 이종태 역, 『마틴 루터의 생애』(서울: 생명의 말씀사, 1982), 21.

3) 스피츠는 이러한 가격혁명은 서방과는 달리 동구권에서는 단일한 농업 발전을 장려함으로써 봉건 체제를 오히려 강화시키고 연장시킨 요인이었다고 말한다. Lewis W. Spitz, *The Protestant Reformation*, 18-19.

세기의 유럽 사회 구조는 중세 후기와 별반 다를 바가 없었다. 사회 구조는 본질적으로 피라미드식 계층 구조적이었다. 이런 점에서 볼 때 종교개혁은 아주 특별한 혁명이었다. 종교개혁자들, 특히 루터는 처음부터 교황 군주권에 대항하여 사회를 전복시키고 교회질서를 붕괴하려는 의도는 없었다. 대부분의 대중들은 마을이나 읍, 그리고 소도시들에 모여 살면서 생계를 꾸려 나갔으며 그들 위에는 소수의 상류층들이 있었는데, 그들은 자신들의 정치 문화적인 활동을 위해 필요한 수입을 확보하였고 여가를 즐기는 계층들이었다. 사회 상층부를 구성하고 있는 사람들 사이에서도 소유 재산과 사회적인 특권과 소속 신분에 따라 서로 현격한 차이들이 있었다. 이때의 유럽의 도시 사회 구조는 여러 지역에서 대부분 유사하였다. 세속 신부들(secular priests)과 걸식 수도승들(mendicant monks)은, 지위가 높거나 낮거나간에 자신들의 뿌리인 사회 그룹들과 여러 면에서 동일시하려는 경향이 있었다. 이처럼 도시의 여러 사회 그룹들과 연대하면서 형성된 사회적인 긴장들은 종교개혁을 시작하고 촉진하는 중요한 역할을 하였다.[4)]

16세기 유럽의 르네상스-휴머니즘은 교권으로부터 인간 개인의 해방을 갈망하는 당대의 시대정신의 표현이었다. 르네상스는 크게 두 부류로 나누어질 수 있는데 휴머니즘 르네상스—문학, 철학, 신학 등의 부흥과 아트 르네상스—회화, 조각, 건축 등의 부흥으로 구분된다. 르네상스 운동은 사람들의 관심을 하늘에서 지상으로 옮겼고 인문주의자들은 그리스도교 전통보다는 고전(그레코-로만 사상)에 더 관심을 가졌다. 고전에 대한 그들의 탐구는 각 개인에 대한 새로운 가치평가를 하게 되었고 이것은 종교적인 가치평가에도 영향을 주었다. 개인주의는 민족주의와 반성직주의(anti-clericalism)와도 연결되었다. 이러한 문화사적인 부흥을 통해서 거의 1000여 년에 걸쳐 형성된 중세의

4) *Ibid.*, 35.

조직과 제도, 사상 등이 비판의 대상이 되어 사회변혁의 밑거름이 되었다. 르네상스는 다른 여러 중요한 사건들과 여러 가지 점에서 결부되어 있다. 그리스도교 전통에서 볼 때 종교개혁은 개인적인 영적인 거듭남과 개인의 개혁과 기본적으로 연결되어 있다는 점에서 르네상스 시대의 개인주의의 영향을 결코 무시할 수 없다. 그러나 종교개혁 사상은 그 개혁적인 이미지와 역동적인 의미들을 고려해 볼 때 르네상스의 개념과는 다르다. 문화적인 재탄생으로서의 르네상스와 종교적인 회복으로서의 종교개혁은 분명하게 구분된다. 그러나 그들은 너무나도 밀접하게 연결되어 있어서 르네상스와 종교개혁은 서구인들의 마음에 영원히 상호 연결되어 있다. 복음에 대한 종교적인 열정과 관심의 강도 면에서 볼 때 종교개혁 운동은 분명히 르네상스의 형이상학적이고 윤리적인 측면의 강조와 본질적으로 대조되며 그 독자성을 지니고 있다. 그러나 이 둘은 서구 근대성의 요람들이었다.

넷째, 종교적인 상황을 파악해야 한다. 중세 문명의 단일성이 붕괴되고 나자 보편적인 교회로서의 가톨릭 그리스도교 왕국은 더 이상 유지될 수 없었다. 중세 후기부터 여러 소종파들을 중심으로 종교적인 다양성이 이미 널리 퍼져 있었기 때문이었다. 종교개혁 전야에 로마 가톨릭 교회는 가장 보편적인 기관이었고 그리스도교 종교는 유럽에서 가장 널리 퍼져 있던 영적이면서도 지적인 힘이었다. 하나의 기관으로서 교회는 모든 교구들을 관장하는 계급적인 조직을 갖추고 있었고 왕들이나 황제들과 견줄 수 있는 귀족체제(bureaucracy)를 형성하고 있었다. 교황의 절대적인 권한을 법적으로 뒷받침해 준 교회 법(canon law)은 공적인 문제들에도 영향을 주었고 일반 사람들의 개인적인 삶에도 관여하였다. 교회는 수세기를 걸쳐 오면서 유산, 기증, 투자, 헌금, 세금 등을 통해서 축적한 부를 소유하게 되었다. 당시 신성 로마 제국 안에 있는 부동산의 삼분의 일이 교회에 의해서 지배되거나 소유로 되어 있었다. 교회는 더 이상 하나님의 말씀을 전달하고 매개하는 기관으로서의 그 역할을 감당할 수 없는 지경에 이르렀다. 더군다나 성직자들의 윤리적인 타락과 그들의 권한 남용이 극에 달해 개혁의 목소리가 교회 안팎에서 거세었다. 14세기의 교황청의 분열(아비뇽 유폐), 영국과 보헤미아(위클리프와 후스의 개혁 운동)에서의 개혁 운동의 등장, 15세기의 여러 공의회 운동들(Conciliar movements) 등은 교회의 병폐들을 개혁하려는 일련의 움직임들이었다. 또한 네덜란드에서 시작한 공동생활 형제단(the Brethren of the Common Life) 운동은 수도원을 개혁하는 계기가 되었으며 평신도들의 개인 영성을 향상하는 결과를 낳았다.[5] 후에 이 운동가들은 종교개혁의 열렬한 지지자들이 되었다. 이러한 모든 운동들은 종교개혁을 위한 길을 예비하였다.

앞에서 살펴본 바와 같이 루터가 살았던 세계는 그때까지 당연시되어 왔던 모든 가치체계들이 도전받으면서 새로운 질서의 탄생을 위해 몸부림치는 세계였다. 이는 단지 교회 안에서만 진행된 것이 아니라 정치, 경제, 사회, 문화 등 각 분야의 모든 부문들이 변화의 소용돌이에 휩싸였다. 루터는 바로 이러한 시대의 아들이었고 그의 신학은 시대정신의 반영이었다. 실로 루터 시대에 정치, 사회, 경제적인 주요 가치와 제도들은 이제 더 이상 전통적인 종교적인 합법화에 의해서 설명되거나 정당화될 수 없었다.

5) 공동생활 형제단은 네덜란드의 드벤터(Deventer)에서 출생한 게라르트 그루트(Gerard Groote, 1340-1380)의 회심에서부터 시작되었다. 그루트와 그의 제자들은 당시 수도원의 부패와 타락을 절감하고서 수도원 개혁을 외치면서 성직자들은 물론 일반 평신도들에 이르기까지 보다 순수하고 열정적인 신앙생활을 강조하였다. 이들의 모토는 "현재의 헌신"(Devotion Moderna)이었다.

1. 루터의 학창 시절

루터는 1483년 11월 10일(그의 어머니의 기억)에 현재 독일의 동북부에 위치한 조그마한 소도시인 아이스레벤(Eisleben)에서 태어났다. 그는 태어난지 하루 만인 그 다음날 교회에서 유아 세례를 받았는데 그가 세례받은 날은 성 마르틴을 추모하는 날이어서 교회 관습에 따라 그의 부모는 이름을 마르틴으로 지었다. 그의 어머니의 이름은 마가레테 린데만(Margarethe Lindemann)이었다. 그녀는 아이젠나하(Eisenach) 도시에서 꽤 부유하면서도 교양 있는 집안 출신이었다. 루터의 아버지는 한스 루터(Hans Luther)였다. 한스 루터의 아버지 하이네 루터(Heine Luther)는 투링기아(Thuringia) 지방에서 농사를 짓던 농부였다. 한스는 집안의 장남으로서 가문을 일으켜 보려는 야심 찬 사람이었다. 그래서 그는 가족을 데리고 만스펠드 지역으로 이사 와서 광산업에 뛰어들었다. 아이스레벤-만스펠드 지역은 그 당시 독일뿐만 아니라 유럽에서 가장 중요한 광산 중심지 중 하나였다. 한스는 근면과 성실함으로 자수 성가한 사람이다. 그는 삶의 목표가 분명한 목적 지향적인 인물이었다. 처음에 한스는 광산 광부로 출발하였으나 나중에는 광산 소유자가 되었다. 이로 인해서 루터의 부모들은 투링기아 지방의 농부에서 16세기 떠오르는 신흥 자본가로 성장하였다. 루터가 태어난 사회는 농업사회에서 초기 자본주의 산업사회로 이행하던 사회였다.

루터는 아주 어려서부터 학교에 다니기 시작했는데 그는 네 살이 조금 넘자 라틴어 스쿨에서 문법공부를 시작하였다. 그는 방학도 없이 매일 학교에 나갔으며 일요일에는 교회에서 성가대로 활동하였다. 루터는 어머니의 고향 아이젠나하로 옮겨서 만스펠드 라틴 스쿨을 9년간 다녔다. 이때의 학창 시절은 루터의 생애에서 가장 아름답고 기억에 남는 시간들이었다. 그는 그 학교에서 라틴어 공부만이 아니라 수사학, 음악 등 다른 분야의 학문들도 폭넓게 공부하였다. 당시 라틴어에 능통한 사람은 여러 면에서 유리한 혜택을 누릴 수 있었다. 기원 395년 이후로 중세의 기독교가 서방과 동방으로 분리되자 서방 유럽에서는 라틴어가 학문, 무역, 외교, 교회에서 주로 사용되는 언어가 되었다. 따라서 라틴어 공부는 지식계층, 상류사회로 가는 필수과목이었다. 당시 루터가 다닌 학교에서는 독일어를 사용하면 처벌을 받았다. 이 학교에서 가르친 학습방법은 끊임없이 반복하면서 외우는 것이었다. 이 당시 루터는 거리에서 노래를 부르기도 하고 친구들과 어울려서 구걸(begging)도 하면서(그 당시 전통에 따라서) 지낸 것으로 알려졌다. 그는 음악에서 특별한 재능을 발휘했는데, 그것은 어머니의 영향 때문인 것으로 알려져 있으며 그가 싫어한 과목은 수학이었다.

루터는 14세 때 마그데부르크(Magdeburg)로 가서 공동생활 형제단 학교에 출석하였다.[6] 그의 부모들은 당시 자본가로 성장할 수 있는 상업, 무역과 관련된 공부를 시키지 않고 수도원적인 분위기에서 인문학을 공부시켰다. 이것은 그의 아버지의 뜻이기도 하였다. 약 일년여 동안의 마그데부르크에서의 생활은 루터에게 중요한 경험을 주었

6) 1497년에서 1498년까지 일년 동안 마그데부르크에서의 루터의 학창 생활에 대한 학자들간에 논쟁이 있다. 그 논쟁이란 루터가 공동생활 형제단들이 직접 운영하는 학교에 입학하여 공부를 했는지 아니면 이 단체 형제들이 교사로 봉사하고 있던 교회학교(Cathedral school)에서 공부하였는지에 관한 것이다. 이 문제는 루터가 공동생활 형제들과 관련을 맺고 있었는가 아닌가 그 여부를 밝히는 데 중요하다. 루터 생애 연구가 슈비버트(E. G. Schwiebert)나 헤럴드 그림(Harold Grimm) 등은 루터가 실제로 공동형제들에게서 직접 배우면서 가르침을 받았다고 주장한다. 반면에 포스트(R. R. Post)는 공동생활 형제단들은 그 당시에 마그데부르크 시에 직접 학교를 세워 경영한 적이 없다고 주장하면서 루터가 그들이 경영하던 학교에 다녔을 리 없다고 주장하였다. 이러한 논쟁은 루터가 나중에 신학적 고민을 하게 된 그 근원적인 정신적인 고민의 흐름들을 탐구하는 데 도움을 준다. 이때에 루터는 공동생활 형제단들의 수도원적인 경건한 삶을 접하면서 그의 마음 밑바닥에는 벌써부터 하나님을 두려워하는 의식이 점진적으로 싹트고 있었다. 홍치모, 『종교개혁사』(서울: 성광문화사, 1983), 81-91.

다. 거기서 루터는 귀족의 호화스런 궁정 생활을 버리고 나중에 프란체스코 수도회 소속 탁발 수도승이 된 안할트의 빌헬름 공(Wilhelm von Anhalt)을 보았다. 그는 속세에서 수도원 생활을 몸소 실천하면서 엄격한 규율 속에서 건강을 잃을 정도였다. 1533년에 나중에 루터는 그때를 회상하면서 이렇게 말하였다. "내 눈으로 직접 그를 보았지. 그건 내가 마그데부르크에 있던 14살 때였어. 그때 보니 마치 당나귀처럼 자루를 등에 지고 가더군. 금식과 철야 고행으로 어찌나 말랐던지 뼈와 살갗밖에 없는 해골 모습은 차마 볼 수 없었지. 그 모습을 보고서 자신의 생활을 수치스럽게 여기지 않을 사람이 없었을 거야."[7] 어린 루터에게 이러한 종교적인 분위기는 강렬하게 각인되었다. 루터는 실존적인 고통과 인생에 대한 깊이를 너무 일찍부터 경험하고 있었는지 모른다. 그는 종교적으로 예민한 사람이었다. 루터는 거기서 일년간 머물다가 다시 아이젠나하로 돌아왔다. 루터는 15세부터 18세 때까지 성 조지 라틴 스쿨(St. George Latin School)에 다녔다. 아이젠나하에서 루터는 꽤 사교적이었다. 친구들과 어울리기를 좋아했고 그 지역에서 명망 있으면서도 경건한 생활을 하면서 지내는 가정들을 방문하여 그들과 사귀면서 지냈다.[8] 만스펠드, 마그데부르크, 아이젠나하로 이어지는 루터의 유소년 시절의 학교생활은 루터로 하여금 진지하면서도 사회적으로도 품위 있는 경건한 의식을 갖도록 하였다. 아이젠나하에서 공부를 마치고 나서

7) 롤란드 베인톤, 『마틴 루터의 생애』, 33.

8) 로제는 루터는 1498부터 1501년까지 아이젠나하에서 기본적인 학교교육을 마쳤는데 거기에서 당시 경건하고 교양 있는 유명한 가족들인 샬베(Schalbe)와 코타(Cotta) 가족 등을 방문하면서 이들 가정 분위기로부터 프란체스칸 영성에 대해서 배웠으며 음악에도 깊은 관심을 가지게 되었다라고 말한다. 루터는 아이젠나하에서 친구들을 많이 사귀었다. 마그데부르크와 아이젠나하에서 루터는 사교적이었으며 다양한 경험들을 많이 하였다. 따라서 로제는 루터의 어린 시절과 소년 시절을 너무 우울하고 어두운 측면에서 보려는 것은 잘못이다라고 말한다. Lohse, *Martin Luther*, 21-22.

그는 큰 뜻을 품고서 당시의 명문인 에르푸르트(Erfurt) 대학에 진학하고자 하였다. 이 기간에 우리가 함께 생각해 볼 문제는 루터의 부모들의 엄격한 교육이 루터 자신의 사고 형성에 어떻게 영향을 주었는가? 또 루터는 자신의 아버지에 대한 어릴 적부터의 평소 생각이 그가 성년이 되어서 신학적인 고민을 하면서 경험하기 시작한 심판자로서의 하나님 개념 사이와 어떤 관계가 있는가? 하는 것들이다. 이러한 질문들은 루터 개인적인 영적 시련(Anfechtung)의 문제를 이해하는 데 아주 중요한 요인들이다.

2. 고뇌에 찬 두려움 : 오, 성 안나여! 수도사가 되겠나이다

1501년에 루터는 당시의 명문대학인 에르푸르트 대학에 입학하였다. 에르푸르트에서 그는 법률학을 공부할 예정이었는데 그것은 그의 아버지의 뜻이기도 하였다. 루터의 아버지는 루터를 장차 변호사로 만들 작정이었다. 당시 법률가가 된다는 것은 많은 사람들에게 돈과 명예와 사회적인 지위를 동시에 획득할 수 있는 지름길로 보였다. 루터는 에르푸르트에서 학부를 마치고 1505년 법학 공부를 시작하기 전에 문학석사(M.A.)를 마쳤다. 그 당시 인문사회 과학 커리큘럼은 먼저 삼학(the trivium: 문법, 논리, 수사학)과 이어서 4과(the quadrivium: 산수, 기하, 천문, 음악)를 이수하고 나면 전문 과정으로서 신학, 법학, 의학 세 분야가 있었다. 에르푸르트에서 루터는 학교생활을 즐겼다. 교회가 세운 대학들은 그 대학의 정신이나 학풍에서도 교회의 영향을 많이 받았다. 학생들의 복장은 종교적인 색채가 짙었으며, 강의 커리큘럼은 학문의 여왕으로 간주된 신학과목을 중심으로 하여 짜여졌고, 학생들의 과외활동이나 그들의 말씨 등은 교회의 영향하에 있었다. 그래서 그 당시 대학생들은 '절반의 성직자들' (half priests)로 간주되었다. 한마디로 에르푸르트에서의 대학생활은 수도원 영향과 훈련의 영향하에 있었다. 루터는 학생 공동생활단(commune)에도 가담하여 기타(the lute, 12줄로 된 기타) 연주를 즐겨했다. 학생 공동생활단에서 루터는 수도원적인 훈련을 경험하였다.

루터는 에르푸르트 대학에 입학한 지 18개월 만에—그 당시 허용할 수 있는 가장 짧은 시간에—학사학위 시험을 치루었다. 학사학위를 마치고 나서 곧바로 석사학위 과정에서 공부를 계속하였다. 에르푸르트에서 공부하는 동안 루터는 인문학의 모든 분야를 두루 섭렵하였다. 에르푸르트 대학 시절에 루터는 그 대학에서 주도적인 권위의 자리에 있었던 아리스토텔레스 학문을 폭넓게 공부하였다. 루터는 나중에 그를 "옛날의 이단자"(old heathen)로 불렀다. 그는 아리스토텔레스의 형이상학, 논리학, 물리학, 영혼과 관련된 사상들, 점성학 등을 공부하였다. 아무튼 이때의 루터의 생활에 대해 베인톤은 "가정, 학교, 대학의 모든 훈련이 하나님에 대한 공포와 교회에 대한 경외심을 주입하도록 짜여져 있었다."라고 말한다.[9)]

이러한 학문들을 성공적으로 마치고 나서 루터는 1505년 2월에 석사학위 시험을 통과하였다. 루터는 당시 학생들 중에서 가장 최단의 시간에 학사, 석사 학위를 마친 것으로 알려져 있다. 그 당시 17명의 응시자들 중에서 루터는 2등을 하였다. 이제 그는 법학 공부를 하려고 준비를 하였다. 그때에 삶의 의미에 관한 질문들과 죽음의 공포와 같은 두려움들이 그의 삶을 감싸고 있었다. 그의 이러한 실존적인 번뇌는 그의 삶에서 처음 겪는 종교적인 위기로 연결되었다. 여름 방학 때 만스펠드에 있는 고향집에 들러 에르푸르트로 돌아오는 길에 루터는 스토테른하임(Stotternheim) 근처 마을에서 천둥 번개를 동반한 우뢰를 만났다. 그때 그는 땅에 엎드려서 울부짖었다. "성, 안나여, 나를 도우소서!

9) 베인톤, 『마틴 루터의 생애』, 28.

수도사가 되겠나이다." 성 안나는 광부들의 수호 성자였다. 그때가 1505년 7월 2일이었다. 루터가 수도사가 되기로 서약한 배경에 대해서 여러 이견들이 분분하다. 그의 절친한 친구가 죽고 나자 상심한 나머지 수도원의 문을 두드렸다는 설도 있고, 또 하나는 루터 자신이 훗날에 말하고 있는 잘 알려진 이야기로, 여름 방학 때 집에 갔다가 돌아오는 길에 무서운 천둥 번개를 만나서 갑자기 수도사가 되겠다는 맹세를 하였다는 것이다. 그는 늘 실존적인 고뇌로 고통을 당하고 있었는데 마침 무섭고 두려운 경험이 계기가 되어 수도원에 입회하였다는 이야기이다. 루터가 후에 이 서원을 파기한 것을 두고 그를 배신자로 비판한 사람들—주로 로마 가톨릭 신학자들—이 있는데 이들은 루터가 진정으로 참된 수도사였으면 서약을 파기하지 않았을 것이라고 말한다. 한마디로 루터는 소명감이 없는 수도자였다는 것이다. 이들에 의하면 루터의 수도원 입회와 서원은 순수한 소명이 아니라 내적인 갈등에서 나온 결단, 곧 가정과 학교에서의 부적응에 대한 하나의 비상구로 해석되고 있다. 그러나 베인톤은 루터가 아버지의 엄한 교육을 피하기 위해서 수도원의 문을 두드렸다는 이야기는 그 주장의 근거가 희박하다고 말한다. 왜냐하면 이런 주장은 루터의 기억력이 희미할 수도 있는 그의 노년의 대화에 기초하고 있으며 또한 루터의 부모들은 루터를 지극히 사랑하였으며 루터는 부모님들을 지극히 존경하였기 때문이다.[10)]

로제는 이 사건에 대해서 두 가지 경우를 가정하는데, 하나는 루터의 이 맹세는 사려 깊은 고민의 결과가 아니라 대재난의 순간에 가벼운 입술 놀림에 불과하다는 것이고, 또 다른 하나는 루터는 아마 전부터 수도사가 되는 일에 관해서 늘 생각해 왔다는 것이다. 로제는 아무튼 루터는 그의 서약을 자유로운 상태에서 자신이 주도적으로 한 것이 아니라는 사실만은 분명하다고 말한다. 로제는 루터가 어거스티니안 수

10) *Ibid.*, 23-24.

도원에 들어간 것은 대학에서처럼 공부할 수 있는 곳을 선택한 것은 아니었는지 추측한다.[11] 브레히트는 이 당시 루터는 다른 사람들과 사교적이지 못했으며 철저히 고독에 익숙한 사람이었다고 말한다. 수도원에 들어가기로 한 결정도 세상에 대한 절망과 불안에 기인한 일종의 '세상으로부터의 탈출' (withdrawal)이었다는 것이다.[12]

아무튼 교회 법에 의하면 그와 같은 상황에서 행한 맹세는 구속력이 없었다. 실로 그와 같은 공포스러운 분노의 외침이 하나의 서원으로까지 확언될 필요가 있었는지는 의문스럽나. 그러므로 양심에 의해서도 법률에 의해서도 루터는 수도원에 반드시 들어가야 하는 의무는 없었다. 그러나 그의 갑작스런 수도원 입회 동기는 그의 학창시절의 교육분위기와 부모들의 기대에 대한 심리적 부담감 등이 당시의 종교적인 불안감과 복잡하게 얽혀 있던 그의 상황과 밀접히 연결되어 있었을 것이라고 가정해 볼 수 있다. 루터는 종교성이 강한 사람으로서 늘 내적인 고민과 삶의 본질적인 문제를 놓고 씨름하였다. 과연 나는 하나님으로부터 선택받은 사람인가? 내 인생의 미래는 어떻게 될 것인가? 루터의 이러한 고민은 1505년 여름에 절정에 달했다고 볼 수 있다. 아무튼 루터에게 종교적인 위기는 1505년에 처음 찾아왔다는 점만은 부인할 수 없다.

1507년 7월 17일, 루터는 에르푸르트에 있는 어거스티니안 은둔자들의 수도원(the monastery of the Observant Augustinian Hermits)의 문을 두드렸다. 거기에서 그는 자신의 실존적인 질문들에

---

11) Lohse, *Martin Luther*, 23.

12) Martin Brecht, trans. James L. Schaaf, *Martin Luther: His Road to Reformation 1483-1521*(Philadelphia: Fortress Press, 1985), 49. 루터는 말한다. "하나님께 복종하기 위해서는 정부와 정치, 상업을 포기하고 고독 속으로 빠져드는 것이다." Martin Luther, *D. Martin Luthers Werke: Kritische Gesamtausgabe* (Weimar: Hermann Bohlaus Nachfolger, 1883-) vol. 40/2: 282-283. 이하 *WA*로 표기함.

대한 대답들을 찾기 위해서 부단히 씨름하였다. 처음에 그는 손님(guest)으로서 받아들여졌는데 나중에 그가 진심으로 수도자가 될 수 있는지 철저한 검증을 받은 후에 초보 수도승으로 부름을 받고 본격적으로 수도자 생활을 시작하였다. 그는 수도원 내에서 어거스티니안 수도승들이 입은 복장을 하고서 엄격한 규칙생활을 시작하였다. 수도원은 전통적으로 엄격한 규칙들을 가지고 있었는데, 청빈(poverty), 순결(chastity), 순명(obedience)의 맹세를 규정하는 것 외에도, 수도원 규칙들은 복장, 매일의 의무, 음식을 조달하는 방법, 특별히 기도와 명상 등에 관한 규칙들을 가지고 있었다.

루터는 수도원에 입회하여 수도원 규율에 철저하게 복종하면서 그의 실존적인 고민과 문제들을 해결하고자 하였다. 중세의 수도승들이나 사제들은 선행의인화(works-righteousness) 신학에 입각하여 철저한 수행과 경건 훈련을 통하여 구원을 얻을 수 있다고 믿었다. 그래서 한 부류는 세상으로부터 벗어나서 수도원 등지에서 영적인 훈련을 하는 것이요, 또 한 부류는—탁발 수도승과 같은—세상에서 구걸을 하면서 자신을 철저히 버리는 생활을 하였다. 성 토마스 아퀴나스까지도 수도원에 들어가는 것을 제2의 세례요, 죄인이 처음 세례 받을 때 누리던 순수한 상태로 되돌려 놓는 것으로 말하고 있다. 수도원 생활이야말로 하늘나라로 통하는 가장 멋진 지름길이었다.[13] 루터가 들어간 어거스티니안 수도원은 당시 어느 수도원보다도 더 엄격한 계율과 철저한 수도 생활을 요구하였다. 수도자들은 웃음을 지어서는 안 되며 고개를 숙이고 걸어야 했으며 걸음 간격도 일정해야 했다. 고개를 들고서 앞만 보고 걸어야 하며 두리번거려서는 안 되었다. 그리고 그룹 리더 앞에

13) 베인톤, 『마틴 루터의 생애』, 33. 베인톤은 "수도원 생활의 특전 가운데 하나는 죄인이 모든 어수선한 것으로부터 해방된 채 마음대로 완전의 덕목을 실천하면서 자신의 영혼을 구원할 수 있었다는 점"이었다고 말한다. *Ibid.*, 45.

서만 동료에게 말을 건넬 수 있었다. 수도자들은 날마다 교회에서 기도와 시편 묵상, 성가, 독서로 일과를 보냈다. 수도자들은 새벽 2시에 기상해서 각자 독방에서 성서와 어거스틴 수도원 규칙을 읽고, 그러고 나서 6시까지 자신의 방(cell)에서 머물다가 종이 울리면 6시 기도회를 시작으로, 9시 미사, 12시 미사를 드리고 나서 그날의 첫 식사를 하였다. 오후가 되면 3시에 미사를 드리고, 오후 5시 기도 모임이 끝나면 6시에 저녁 식사를, 7시에는 그날의 마지막 기도회, 그리고 저녁 8시에 취침에 들어갔다. 루터는 이러한 수도원 생활에서 자신이 구원받는 데 할 수 있는 일이라면 어떠한 고행이라도 실천하기로 결심하였다. 이 당시 루터는 얼마나 수행에 열심이었는지 만성 위장병에 걸리기도 하였다. 나중에 루터는 이때를 회상하면서 이렇게 말하였다. "난 성실한 수도사였어. 내 종단의 규칙을 어찌나 꼼꼼하게 지켰던지 그놈의 수도원 생활로 수도사가 하늘나라에 갈 수 있다면 그건 바로 나를 두고 한 말일 거라는 자화자찬까지 늘어놓을 정도였으니까. 그때 나와 함께 수도원에 있던 형제들은 이 사실이 정말이라고 말해 줄 거야. 아마 그 일을 더 이상 계속했더라면 철야, 기도, 독서 그리고 다른 일로 죽고 말았을걸."[14]

루터는 1506년 9월에 수도원 서약을 하고 1506년 12월 9일 부제로 서품을 받았다. 그가 수도원에 입회한 지 채 일년도 안 되어서 에르푸르트에 있는 대성당들 중의 한 성당에서 서품을 받았다. 그는 수도원장 발 아래 엎드려서 다음과 같은 기도를 드렸다. "황공스럽게도 우리의 유한한 몸을 입으셨던 주 예수 그리스도시여, 주님의 무한한 자비를 믿고 비나이다. 거룩한 조상들이 순결과 자아 부정의 표로서 택한 이 복장에 축복하소서. 주의 이 종, 마르틴 루터가 이 옷을 입나이다. 그에게 주의 불멸을 덧입혀 주소서. 오, 하나님 아버지와 성령과 더불어 사시며 통치하시는 그대 영원을 가로지르시는 하나님이시여, 아멘."[15] 루

14) *Ibid.*, 46.

터는 1507년 2월 27일 부제(deacon)로, 1507년 4월 4일 신부로 서품을 받았다. 신부가 된 사람은 이제 성만찬을 집전할 수 있는 권한이 주어졌다. 첫 미사를 올리면서 성만찬을 집례하는 이 순간은 서품을 갓 받은 신부에게는 가장 긴장된 순간이면서도 동시에 가장 영예로운 순간이기도 하였다. 신부 루터는 1507년 5월 2일에 첫 미사를 집전하였다. 미사의 신비가 신부 루터를 경외심으로 가득 차게 만들었다. 루터는 에르푸르트에 있는 어거스티니안 수도회 소속 교회에서 첫 미사를 집전하였다. 그는 교회 제단 앞으로 나아갔다. 이 순간은 한 신부의 인생에서 가장 축복 받은 순간이다. 다른 신부들, 수도승들, 그리고 친척들이 빙 둘러서 있었다. 루터의 아버지 한스 루터도 20여 필의 말을 몰고서 축하사절단을 이끌고 그의 아들을 축하하기 위해서 에르푸르트에 왔다. 법률가보다는 신부가 되는 것이 만족스럽지는 않았지만 지금 한스의 마음은 어느 정도 보상을 받았는지는 모른다. 루터는 미사를 집전하면서 거룩하시고 높으신 하나님께 지극히 보잘것없는 죄인이 감히 입을 열어 말을 한다는 사실에 버럭 겁이 났다. 하찮은 인간이 어떻게 감히 하늘의 폐하께 지껄일 수가 있다는 말인가? 루터는 공포에 휩싸였다. 이 안페히퉁(Anfechtung, 믿음의 시련, 유혹 혹은 고통)이 그 이후 몇 년 동안 루터를 끊임없이 괴롭혔다. 제단에서 겁에 질린 루터가 자신의 동료들과 손님들이 함께 어울려 담소를 나누고 있는 연회 식탁으로 내려왔다. 그는 아버지로부터 무슨 위로의 말을 들을까 해서 입을 열었다. "아버지, 제가 신부가 되는 것을 왜 그렇게 말리셨습니까? 지금 저는 이 생활이 참 평안하고 경건스럽답니다." 그러자 옆에 앉아 있는 아버지 한스는 버럭 화를 내면서 많은 귀빈들이 있는 앞에서 루터에게 호통을 쳤다. "너, 배워먹은 학자 놈아, 그래, 네 부모를 공경하라는 성구도 못 읽어 보았느냐? 네 애미 애비가 이렇게 늙도록 밥벌이에 시달리는 것이

15) *Ibid.*, 39.

누구 때문이냐?" 평소에 아들과의 편지에서 보통 한스는 친근한 표현인 너(du)를 사용했는데, 그가 문학석사 학위를 받을 때 법전을 한 권 선물하면서 존칭으로 당신(Sie)이라고 불렀던 그였다. 그만큼 아들에 대한 애정이 깊었고 루터 또한 부모님을 지극히 존경하였다. 그런데 2년 전 한스는 아들이 수도원에 들어가는 것을 못마땅하게 생각하면서 화를 냈다. 그 화가 완전히 풀리지는 않았지만 오늘은 자기 아들이 어엿한 사제가 되어 미사를 집전한다고 해서 마음의 분을 삭이느라 안간힘을 쓰고 있었던 것이다. 그런 한스도 신부가 되는 것은 확실히 존경스러운 일임을 잘 알고 있었다. 그래서 한스는 그날 파티를 위해서 상당한 돈을 지불하였다. 그런데 박사, 석사, 여러 귀빈들이 있는 데서 이렇게 버럭 화를 내고 말았던 것이다. 루터는 아버지에게 조용히 말했다. "그러나 아버지, 제가 세상에 남아 있는 것보다는 기도를 통해서 더 많은 혜택을 아버지께 드릴 수 있는 겁니다." 그러고는 천둥이 치던 날 자신은 하나님으로부터 부름 받은 사람임을 일깨워 주었다. 노년의 한스는 "제발, 그것이 마귀의 허깨비가 아니었길 바란다."라고 타일렀다.[16]

3. 그리스도는 누구인가?

루터가 스도데른하임에서 겪은 공포감은 수도원에서의 엄격한 규율 속에 훈련하는 중에도 여전히 사라지지 않았다. 오히려 수도생활에 깊이 잠기면 잠길수록 그러한 공포는 더해 갔다. 어떻게 하면 자신의 죄가 용서되고 하나님으로부터 영원한 구원을 보장받을 수 있을 것인가? 젊은 수도승 루터는 언젠가는 하나님의 심판을 받을 준비를 해야 한다라고 믿었다. 따라서 그는 성자들의 도움을 구했고 경건한 노력과

16) *Ibid.*, 44.

행동을 통해 자신의 실존을 위협하는 이 재난으로부터 벗어나고 싶었다. 사실 루터는 구원을 보장받을 수 있는 한 가지 길을 알고 있었다. 그것은 행위로 의롭게 된다라는 당시 교회의 가르침에 충실하는 것이었다. 자신의 전존재를 온전히 하나님께 드리기로 결심한다면 그것처럼 구원을 얻기 위한 확실한 보증수표가 또 어디 있겠는가? 그래서 그는 지금 수도원에서 이 혹독한 수련을 하고 있지 않는가? 그럼에도 그를 감싸고 있는 불안이 해소되지 않는 이유는 어디에 있는가? 그것은 바로 루터는 여전히 그리스도를 인간 행위에 따라 보상을 하는 심판 주로 이해하고 있다는 데 있었다.[17)]

이것은 루터가 처음에 그리스도를 어떻게 이해하였는지를 보여 준다.[18)] 하나님과 그리스도를 심판의 주로 이해하는 루터의 이러한 이해에는 그의 어린 시절 아버지의 엄격한 교육과 관련되어 있다는 흥미로운 분석도 있었다. 심리학자 에릭슨(Erik H. Erikson)은 『젊은 루터』라는 책에서 루터의 종교개혁 운동을 심리－사회적인 입장에서 분석하였다. 에릭슨은 한 인간의 성장 발전을 이해하는 데 결정적인 중요성은 정체성 위기를 어떻게 해결하는가에 있다고 말한다. 루터는 어린 시설부터 그의 아버지와의 갈등으로 인해 생긴 정체성의 위기들을 어떻게 해결하였는가? 에릭슨은 루터의 개인적인 문제들을 그가 겪고 있는 사회 문제들과 연결시킨다. 이 두 문제는 루터에게는 같은 이데올로기적인 위기들이었다.[19)] 에릭슨에 의하면 루터의 하나님 이해는 그의 초기 심리적인 위기들의 투영과 관련되어 있는 것으로 분석한다. 즉 엄

---

17) *WA* 38:148; *WA* 40/1:561; *WA* 40/2:459; *LW* 24:170, 181-182.

18) 루터의 그리스도론에 관해서는 다음을 참고하라. 휴 T. 커어 편저, 김영한 편역, 『루터신학개요』(서울: 한국장로교출판사, 1991), 94-112; 베른하르트 로제, 정병식 역, 『마틴 루터의 신학』(서울: 한국신학연구소, 2002), 306-324.

19) Erik H. Erikson, *Young Man Luther: A Study in Psychoanalysis and History* (New York: W. W. Norton & Company, 1962), 70 이하.

격한 아버지의 모습이 그대로 하나님의 이미지로 연결되었다는 것이다. 아무튼 에릭슨의 관찰은 흥미롭기는 하지만 역사가들은 에릭슨의 추론들은 빈약하고 모순이 많은 것으로 평가를 내리고 있다. 왜냐하면 그와 같은 추론들을 뒷받침할 만한 역사적 증빙자료들이 빈약하기 때문이다.

루터는 심판주로 오시는 성육하신 그리스도는 믿는 자들에게, 특별히 전심으로 신앙의 증거를 보여 주는 사람들에게 보상하실 것이라고 믿었다. 모든 사람들은 그들의 행위에 따라 보상받을 것이다. 따라서 사람들은 그리스도와 함께 선행을 통해 일할 준비를 해야 하거나 어느 날 갑자기 심판이 그에게 직면할 수 있다는 사실을 알고 항상 그것을 준비해야 한다.[20] 비텐베르크 초기 강해들에서 루터는 그리스도를 다가오는 심판주로 거듭 말한다. 루터에게 심판하시는 그리스도의 개념들은 추상적이거나 모호한 신학 사상들이 아니라 구체적인 이미지를 지니고 있다. 루터는 그리스도는 다가설 수 없는 분으로 생각하고 성인들(saints)에게로 향한다. 성인들은 그리스도와 죄인인 인간들을 매개할 수 있는 중개자들이다. 수도원에서 루터는 십자가에 달리신 그리스도를 파악할 수 없었다. 왜냐하면 심판의 이미지가 십자가에 달리신 분에게 부과되었기 때문이다. 우리는 실제로 성육신 자체의 행동을 어떻게 다루어야 하는지 알지 못한다. 그러한 상황에서 예수 이름이나 그리스도를 언급한다는 것은 나약한 것으로 간주된다.[21] 분명히 루터는 심판 개념과 결합된 선행 지향적인 경건 제도에 익숙해 있지 않았다. 루터는 구세주를 말할 때도 움츠릴 수밖에 없었다. 왜냐하면 그는 그리스도를 오직 심판자와 동의어로 보았기 때문이다.[22] 나중에 루터는 수도원에서

20) *WA* 4:601.
21) *WA* 32:241.
22) *LW* 8:188.

느낀 그리스도 개념은 용서받기 위해 선행을 해야 하는 사람들에게 심판자였다고 고백하였다. 그러므로 루터에게 그리스도는 위로와 축복과 해방을 선사하는 분이 아니라 독재자였다. 십자가에서 고통받는 그리스도의 사죄의 은총도 루터에게는 여전히 인간의 선행과 연결되어 있었다. 왜냐하면 그는 용서는 행위를 통해 얻는다고 배웠기 때문이다.[23)]

루터가 이러한 두려운 심판자로 생각한 그리스도에 대한 개념에서 탈출하게 된 계기는 그의 스승 슈타우피츠(Johann von Staupitz)의 가르침을 통해서였다. 슈타우피츠는 루터가 그리스도를 잘못 이해하고 있다고 지적하면서 지상에서 완전에 이르려는 노력에 관해 걱정하지 말아야 한다고 가르쳤다. 그는 우리는 어떤 의도를 가지고 완전에 이르려는 노력보다는 죄의 한복판에 서 있는 우리를 용서하시는 그리스도의 사죄의 은총을 신뢰해야 한다고 가르쳤다. 그는 루터에게 그리스도를 완전히 새로운 방식으로 보라고 가르쳤다. 바로 우리와 함께하신 고통받으신 그리스도를 보라고. 루터는 나중에 슈타우피츠는 자신에게 완전히 새로운 가르침을 주었다고 하면서 그의 가르침으로 인해 자신의 어두운 삶 속에 빛이 비추기 시작하였다고 고백하였다. 슈타우피츠는 그리스도 인에서 그를 새롭게 태어나게 만든 스승이었다. 그렇지 않았다면 루터는 계속 교황의 꼭두각시로 남아 있었을 것이다.[24)] 슈타우피츠는 그리스도의 고난의 상처를 보도록 충고하였다. 그리스도의 대속의 속죄, 그것은 하나님의 은혜로운 의지를 분명하게 표현하고 있는 것이다. 아무튼 슈타우피츠는 루터가 고뇌에 찬 시련으로부터 벗어나게 하는 데 도움을 주었다. 이제 루터는 고난의 그리스도 외에 다른 것을 생각하지 않았고 나중에 이러한 사상은 그의 십자가 신학에서 통합되었다. 고통 가운데 있던 루터는 자신의 죄에 직면해서 하나님 앞에

23) *LW* 24:116.
24) *LW* 49:48.

서 희망을 보게 되었고 하나님은 자신에게 화를 내신 분이 아님을 깨닫게 되었다. 따라서 그는 하나님의 적이 되어야 할 아무런 이유도 없었다.[25)]

루터가 그리스도에 대한 이해를 새롭게 하고 나서부터 그는 그리스도를 적극적으로 증거하기 시작하였다. 그리스도는 하나님 자신이다. 루터는 고대 교회의 그리스도론적인 공식(formula), 즉 예수는 참 인간이고 참 하나님이시다라는 교리를 그대로 받아들인다. 그러면서도 그는 예수 그리스도라는 한 인간 안에 인성(humanity)과 신성(deity)의 온전한 연합을 가르친다. 즉 신성 안에 인성, 그리고 인성 안에 신성의 온전한 참여를 주장한다. 그러나 루터의 그리스도에 대한 이해에서 강조된 것은 십자가에 달리신 분을 통해서 계시되는 하나님 자신이다. 그리스도의 십자가에서 하나님은 감추어 계시고 동시에 계시된다. 고대 그리스도론적인 교리에서 발견된 그리스도의 인성과 신성에 대한 이해는 그리스도의 신성에 결정적인 것은 아니다. 그리고 그와 같은 지식은 아직 그리스도에 관한 참 지식이 아니고 단지 그것의 전제(presupposition)일 뿐이다. 고대 그리스도론 논쟁에서 핵심쟁점이었던 인간 예수 안에 신성과 인성이 어떻게 결합되어 있는가라는 문제에 대해 루터는 이 문제의 핵심은 두 본성의 형이상학적인 결합이 아니라 아버지와 아들, 인간 예수와 영원한 하나님과의 인격적인 연합이며 그것은 구원 문제에서 궁극적이며 결정적으로 중요한 것이다라고 주장한다. 두 본성론을 부적절한 것으로 간주하면서 루터는 신성과 인간 본질과의 관계에 관심 갖지 않는다. 그는 예수의 인격과 아버지의 인격과의 관계에 관심 갖는다.

루터는 인간 예수 안에서 참 하나님의 현존을 본다. 인간 예수가 어떻게 하나님 자신이라고 말할 수 있는가? 루터에 의하면 그리스도

25) *LW* 54:15-16.

의 신성은 성서와 교회의 증언들을 통해서 확증되었다. 루터가 인간 예수를 말할 때 그는 예수가 하나님이다라는 사실보다는 예수는 어떤 분이신가, 즉 하나님의 심정과 성격에 관한 확실성을 우리에게 보여 주는 데 관심 있다. 그리스도 안에서 우리는 하나님 아버지의 의지와 마음을 볼 수 있다.[26] 루터에게 인간 예수는 하나님의 아들로서 인간이 되신 분이시며 십자가 위에서 인류의 죄를 대신 짊어지신 분이다. 오늘날 '역사적 예수' 연구사가들보다 루터는 어떤 무엇인가를 더 한층 생각한다. 루터는 우리를 인간 그리스도로부터 하나님으로서의 그리스도에게로 그리고 마침내 하나님 자신에게로 인도한다. 그는 그리스도 안에 존재하시는 하나님을 본다. 인간 예수를 안다는 것은 그의 신성에 대한 확실성을 우리에게 보증해 준다는 말이 아니라 우리는 그리스도 안에서 하나님의 구원의 능력을 만나야 한다는 점을 가리킨다.[27] 우리가 하나님을 만날 때 우리는 인간을 향하신 하나님의 사랑과 자비를 경험한다. 루터는 그리스도의 인격에 궁극적으로 관심하고 있으며 따라서 우리를 위한 하나님의 은혜로우신 의지를 강조한다. 그리스도의 인격은 바로 하나님이시며 하나님과 연합되어 있다. 루터에게 중요한 것은 예수를 그리스도로 믿는 신앙이 중요한데 그 신앙의 내용은 예수가 나의 주님, 다른 말로 하면 그리스도가 스스로 존재하는 어떤 분이 아니라 그분은 나를 위해 존재하는 분으로 이해하는 것이다.

그러므로 루터는 우리는 그리스도 앞에 순수하게 나와야 한다고 주장한다. 그는 근본적으로 행위 경건은 예수를 피상적으로 만들고 십자가에 달리신 분을 무효화시킨다고 하면서 비판하였다.[28] 루터는 현대 교회와 신학은 이러한 일방적이고 거짓된 그리스도 이해에 책임져

26) *LW* 24:141.

27) Paul Althaus, trans. Robert C. Schultz, *The Theology of Martin Luther* (Philadelphia: Fortress Press, 1966), 186.

28) *LW* 54:339-340.

야 한다고 주장하였다. 교황은 사람들로 하여금 그리스도가 아닌 성자들로 향하게 만든다. 루터에 의하면 행위에 대한 강조 때문에 신조(creed) 안에 있는 그리스도에 관한 항목은 올바로 이해되지 못한다. 그는 신학자들은 그들의 논리적인 체계를 가지고서 신성과 인성을 개념적으로 연결시킬 수는 있었지만 그리스도의 성육신을 진지하게 다루지 못했다고 비판하였다.[29)]

4. 오직 학문에 전념하다

1508년 10월, 루터의 정신적인 스승이요 어거스티니안 수도원 책임자였던 슈타우피츠(Staupitz)는 루터를 비텐베르크 대학 신학부로 보냈다.[30)] 슈타우피츠는 루터에게 신학공부를 하도록 권유했던 것이다. 루터에게 영적이며 학문적인 면에서 스승이었던 슈타우피츠는 루터가 신학자로서 성장할 수 있는 길을 열어 주었던 사람이었다. 루터가 고뇌에 찬 시련을 겪고 있을 때에 루터는 종종 자신의 고민스러운 문제들을

29) *LW* 23:102; *LW* 22:366.

30) 요한 폰 슈타우피츠(Johann von Staupitz, 1468-1524)는 1468년 라이스니크 근처 모테르비츠(Motterwitz)에서 태어났다. 그는 마이센의 유명한 가문 출신이었다. 슈타우피츠는 콜로냐와 라이프치히 대학에서 수학하였고 뮌니히의 어거스티니안 수도원에 들어갔다. 1497년 이후로 그는 튀빙겐에서 신학을 공부하였고 동시에 그 곳에 있는 수도원 책임자로 일하였다. 1500년에 신학박사 학위를 받았고 1502년 초에는 삭소니 주의 제후 프레드릭으로부터 비텐베르크 대학 설립을 위해서 부름을 받았다. 그때에 그는 비텐베르크에 어거스티니안 수도원을 세웠다. 그는 비텐베르크 대학 성서학 교수로 재임하면서 1502-1503년에는 신학대학 학장을 역임하였다. 1512년 그가 교수직을 사임했을 때 루터가 그의 후계자가 되었다. 슈타우피츠는 루터의 영적인 스승이었으며 신학적으로나 신앙적으로 루터를 지도한 존경받는 훌륭한 선생이요 설교가였다. 그는 어거스티니안 수도원을 개혁하는 등 당시 개혁을 부르짖는 독일 교인들의 유능한 지도자였다.

슈타우피츠에게 묻곤 하였다. 먼 훗날 루터는 스승을 회고하면서 이렇게 말하였다: "내가 에르푸르트에 있을 때 한번은 슈타우피츠 박사에게 다음과 같이 물었지. '박사님, 우리 주 하나님은 사람들을 너무 무섭게 다루시는데요, 많은 경우에 우리의 적들에게 하나님께서 하시는 일을 보는 바와 같이 사람들을 좌우로 흔들었다 놨다 하시면 누가 그 분에게 헌신할 수 있겠습니까?' 그때 슈타우피츠 박사님은 이렇게 대답하셨지. '사랑하는 형제여, 하나님을 다르게 생각하는 것을 배우라. 하나님께서 사람들을 이런 방식으로 다루지 않으신다면 하나님은 이러한 얼간이들(blockheads)을 어떻게 제지할 수 있겠는가?'"[31] 1508년 10월에 루터는 비텐베르크로 갔으나 1509년 가을에 다시 에르푸르트로 돌아왔다. 에르푸르트로 돌아온 루터는 본격적으로 신학공부에 몰두하였다. 그는 헬라어를 열심히 공부하였다. 이때에 접한 그의 학문의 분야들은 사실 루터 신학의 배경이 되는 것들이며 그의 신학의 기초를 이루는 중요한 것들이었다. 이 당시 루터가 열심히 연구한 사상가들과 학문 분야는 세 분야로 요약될 수 있다. 첫째로, 루터의 마음을 사로잡았던 사람은 어거스틴이었다. 루터는 어거스틴의 저술들을 깊이 있게 공부하였다. 루터는 로마가 고트족의 침입에 의해서 멸망하면서, 그리고 반달족의 북아프리카 정복 등을 경험하면서 교회를 살리기 위해 헌신적으로 신학적인 노력을 기울인 어거스틴에게서 크게 감명받았다. 특별히 두 도성, 즉 영원한 하나님의 도시와 세속적인 지상의 도시에 관한 어거스틴의 가르침들은 루터의 마음을 사로잡았다. 루터가 훗날 에라스무스와 논쟁하면서 "의지의 노예"를 주장하였던 근거도 펠라기우스(인간의 자유의지를 주장)와 논쟁을 통해서 하나님의 주권을 확보하려 하였던 어거스틴에게서 많은 영향을 받았던 것이다.

둘째로, 루터는 스콜라 신학과 그 대표자들에 관해서 열심히

---

31) *LW* 54: 11.

연구하였다. 당시 에르푸르트 학풍은 유명론(Nominalism)이었다. 중세 스콜라 신학은 실재론(참으로 실재하는 것은 개체가 아니라 보편)과 유명론(참으로 실재하는 것은 보편이 아니라 개체)의 대립으로 특징 지어진다. 루터가 에르푸르트에서 가장 열심히 공부한 사람은 윌리엄 오캄(William of Occam)과 가브리엘 비엘(Gabriel Biel)이었다. 이들은 모두 중세 후기 스콜라 신학을 대표하는 사람들로서 유명론자들이었다. 이들은 은총의 상태에서도 인간의 자유를 확보하기를 원했다. 오캄이나 비엘은 이성과 양심과 같은 하나님의 자연적인 선물 등은 타락에 의해서 파괴되지 않았다고 하면서 자연의 상태에서 행한 선한 행위들에 대해서도 하나님은 정당한 보상을 주신다고 주장하였다. 따라서 자연의 상태에서 도덕적인 최선을 다하는 사람은 정당한 대가로서 영원한 생명을 보장받을 것이다. 이들이 주장한 모토는 "네 자신이 최선을 다하라."(facere quod in se est)였다. 이는 적어도 사람들은 자신들의 구원을 시작할 수 있다는 의미였다. 즉 하나님은 최선을 다해서 선행을 한 사람들에게 은총을 주실 것이라고 주장한 것이었다. 그러나 이러한 주장은 우리 자신의 구원에 어떤 공헌을 전제한 것이었고 이것은 정확히 루터의 종교 문제의 근원이었다.

이러한 유명론자들의 가르침은 '새 방법'(via moderna)으로 알려져 있다.[32] 루터는 나중에 오캄을 자신의 스승이라고 칭찬할 정도로 이러한 유명론의 가르침에 충실하였다 루터가 1517년 면죄부 판매를 공격한 것은 결코 우연이 아니었다. 우리는 이 공격이 있기 전에 이

32) 오캄의 가르침은 토마스 아퀴나스(Thomas Aquinas, 1225-1274)의 신 인식방법에 대한 비판에서 나왔다. 토마스는 현세계의 경험적이고 감각적인 피조계를 관찰하고 그 피조물의 질서 체계와 본성을 유추해 가면서 궁극적으로 하나님에게로까지 소급해 간다. 토마스의 이러한 방법은 아리스토텔레스의 형이상학에 근거를 두고 있다. 토마스에게 영향을 준 사상가들은 아리스토텔레스와 어거스틴이었다. 토마스는 아리스토텔레스에게서 부동의 동자로써 이 세계를 움직이시는

미 루터의 글들에서 중세 후기 스콜라 신학에 대한 광범위한 비판이 있었다는 사실을 알아야 한다.[33] 오캄 이외에도 루터는 피에레 다이(Pierre D' Ally)와 같은 후기 스콜라주의자에게서도 많은 영향을 받았다. 멜랑히톤에 의하면 루터는 실로 중세 후기 신학을 마스터했고 심지어는 다이나 비엘의 저술들의 일부는 아예 암기할 정도였다고 말한다. 이러한 연구를 계속하는 동안 루터는 그가 늘 고민하고 있었던 문제는 풀리지 않고 있었다: "나는 진정으로 하나님께 최선을 다했는가?" "나는 하나님께서 주신 잠재력을 온전히 실현했는가?" "인간이 하나님 앞에서 구원을 보상받을 만큼 선행을 충분히 했는지에 관해서 어떻게 알 수 있는가?" 에르푸르트의 이러한 학문적 분위기는 루터를 더욱 심각한 실존적인 고민으로 몰아갔다. 그의 어린 시절의 교육과 체험들은 에르푸르트에서 신학공부를 하면서 더욱더 종교적인 무거운 부담으로 발전

절대적 존재자(absolute being)의 개념을, 그리고 어거스틴에게서는 존재의 하이에라키에서 최고의 위치에 계시는 하나님의 개념을 배웠다. 토마스는 이들의 두 사상을 종합하여서 우주론적 신 존재 증명이라는 스콜라 신학의 거대한 체계를 세웠다. 토마스의 신 존재 증명 방식은 하나님과 자연과의 관계 그리고 자연과 인간과의 관계 구조에 대한 설명들을 제공한다. 토마스는 창조 세계의 구체적인 특성들로부터 최종단계인 존재의 존재에까지 소급해 올라가는 인과 사슬 망을 가정했던 것이다. 이러한 구조 안에서 그는 자연과 초자연 세계와의 연결, 이성과 계시의 상호조화, 철학과 교회 도그마와의 화해를 시도하였다. 토마스는 실재론과 유명론의 종합 위에 서 있다. 토마스는 은총은 자연을 파괴하지 않는다라고 주장하면서 계시와 이성, 초월과 내재, 본질과 형상의 종합론자였다. 이러한 토마스의 가르침 위에서 성립된 신학은 선행의인화(works-righteousness) 신학이었다. 이러한 신학에 근거해서 교회는 은총의 상태에서 자유롭게 선한 행위를 수행한 사람은 그가 구원을 획득하는 데서도 협력할 수 있다는 것이었다. 선한 행위들은 구원하는 신앙의 필수 불가결한 조건(the sine qua non)이었다. 은총 안에서 도덕적으로 최선을 다하는 사람은 그가 한 만큼 구원을 받는다는 것이다. 이러한 토마스의 가르침은 '옛 방법' (via antiqua)으로 알려져 있다.

33) "스콜라 신학에 대한 반박"(The Disputation Against Scholastic Theology, 1517년 9월 4일), *LW* 31:9-16 참고하라.

하였다.

셋째로, 루터는 신비주의자들의 신학에 깊이 빠져들었다. 그는 특별히 요하네스 타울러(Johannes Tauler, 1300-1361)에게서 깊은 영향을 받았다. 타울러는 1361년 사망할 때까지 라인 강가의 도시에서 복음을 전했던 도미니크 수도회의 수도승이며 신부였다. 당시 루터는 신비주의적인 합일과 금욕주의적인 생활에 매료되어 있었다. 타울러의 사상은 그의 설교집에 잘 드러나 있다. 타울러는 하나님과의 신비적 연합을 위해서는 인간 자신의 어떤 역할이 필요함을 역설하였다. 의를 얻는 길은 자기 포기와 자기 멸절을 통한 참된 복종을 통해서 가능하다.[34] 그 길은 자신의 모든 욕망, 의지, 세상의 모든 사물들은 물론 자신에게서부터도 분리하도록 요구한다. 이러한 모든 것들이 소멸될 때에 하나님과의 결합이 현재화되는 것이다. 이러한 타울러의 가르침은 루터에게 큰 관심을 불러일으켰다. 루터가 그의 신학을 발전시키는 데서 중세 신비주의가 실제로 어떤 중요성을 지니면서 영향을 주었는지는 명확하지는 않지만, 아무튼 루터는 중세의 신비주의자들로부터 영향을 많이 받았다. 특별히 1516–1518년에 이르기까지 그의 신학을 형성하던 중요한 시기에 루터는 독일의 신비 전통에 최고의 찬사를 표했다. 그의 친구 조지 슈팔라틴(Georg Spalatin)에게 보낸 편지에서 루터는 요하네스 타울러의 설교들은 "순수하고 확고부동한 신학"으로 그리고 복음서들과 밀접한 합의들을 보여 주고 있다고 기술하였다. 그가 1518년 95개조 테제들에 관해서 변호할 때도 스콜라 신학보다는 타울러에게서 훨씬 훌륭한 신학을 발견했노라고 고백하였다. 이러한 점을 고려한다면, 학자들이 에크하르트와 타울러를 종교개혁의 진정한 선구자들로 간주하면서 독일의 신비 전통을 개신교 신학의 중세적 뿌리라고 주장하는

34) Schlosser, ed., *Johann Taulers Predigten* I (Frankfurt am Main, 1826), 82 이하. 지원용 편, 『루터 사상의 진수』(서울: 컨콜디아사, 1992), 79에서 재인용.

것에 대해서 조금도 놀랄 일이 못 된다. 루터가 중세 수도원주의나 고행을 통한 선행의인화 신학을 공격할 때 그의 공격의 자원은 독일의 신비 전통이었다.

독일의 신비주의 신학과 관련해서 루터는 나중에 『독일신학』(*Theologia Germanica*)을 출간하였다. 『독일신학』은 1350년경에 쓰여진 작자 미상의 책으로 루터가 1516년에 이 소책자의 축견해서 자신의 서문과 함께 비텐베르크에서 출판하였다. 2년 후에는 한 수도원의 도서관에서 원본으로 여겨지는 사본을 발견하여 좀더 상세한 서론을 덧붙여서 1518년에 출판하였다. 이 책의 배경의 일부분은 1300년대 초, 교황권과 왕권 사이의 갈등, 즉 성직(sacerdotium)과 왕권(imperium) 사이의 싸움에 관한 것이다. 루터는 『독일신학』이 타울러와 밀접한 관계에 있는 것으로 보고 혹시 그가 이 책의 저자가 아닌가 생각했다. 이 책의 서문에서 루터는 말한다. "이 고귀한 소책자는 순전한 인간적인 지혜와 표현 자체를 놓고 볼 때는 보잘것없는 것이지만, 온갖 귀한 참 지식과 신령한 지혜로 가득 차 있는 책이다. 성서적인 어리석음으로 감히 말하자면(내가 이제까지 배웠고, 배우고 싶었던 것 중에) 성서와 어거스틴 외에는 하나님, 그리스도, 인간 그리고 만물이 무엇인가 하는 것에 관해 이 책만큼 나의 관심을 끈 것이 없었다."[35)]

이상과 같은 루터의 학문과정이 보여 준 것은 그의 신학에는 다양한 신학과 사상들이 함께 복합적으로 어울려져 있음을 말해 주고 있다. 에르푸르트 대학의 분위기는 오캄의 유명론과 비엘의 신학이 주류를 형성하고 있었다. 여기서 우리는 토마스 신학을 비판하면서 등장한 오캄 신학이 제기한 질문들은 훗날 루터가 그의 종교개혁 신학을 발전시키는 데서 어떤 부정적인 전제가 되지 않았는지 하는 문제를 검토해 보아야 한다. 루터가 그의 개혁 운동 초기에 중세 스콜라 신학, 주로

35) 마틴 루터 저, 노진순 역, 『마틴 루터의 독일신학』(서울: 은성, 1991), 71.

토마스 신학을 비판하면서 제기한 질문들은 오캄의 방법론을 상당부분 따르고 있었다. 물론 나중에 루터는 오캄을 비롯하여 후기 스콜라신학을 비판하면서 그의 개혁 신학의 틀을 형성하였다. 루터는 에르푸르트에서 오캄 신학 전통 외에도 어거스틴과 신비주의 신학의 많은 저술들을 공부하였다. 이러한 공부는 훗날 그의 종교개혁 신학의 틀을 마련하고 초기 강의들(주석 작업들)에서 초대와 중세 교회의 전통들을 광범위하게 다루는 데서 기초가 되었다. 우리는 루터 신학의 배경에 어느 특정한 단일 사상가나 신학이 결정적인 영향을 주었다고는 볼 수 없다는 사실을 알아야 한다. 그의 사상에는 언제나 다양한 사상과 배경들이 복합적으로 맞물려 있다.

5. 로마여! 로마여!

루터는 1510년 11월에 로마 방문 길에 올랐다. 그때 그의 나이 27세였다. 로마 방문의 이유는 그의 수도원이 엄격한 수도원의 규칙을 계속 지켜야 하는가 아니면 그러한 규칙들을 완화시켜도 되는가에 대한 논쟁이 벌어지자 이 문제를 로마 당국과 협상하기 위해서 협상 대표로 로마에 파견되었던 것이다. 그는 다른 한 명의 동료—그의 이름은 알려져 있지 않다—와 함께 로마로 향하였다. 이 여행은 루터가 평생 해본 것 중에서 가장 긴 여행이었다. 그의 마음은 거룩한 도시 로마의 풍부한 영적인 축복에 참여할 수 있으리라는 부푼 기대와 열성으로 가득 차 있었다. 여러 도시들을 거쳐서 마침내 루터는 거룩한 도성 로마에 한 순례자로서 왔다. 로마에 도착하자마자 루터는 땅에 엎드려 "성스러운 순교자들의 피가 뿌려진 진실로 거룩한 도시 로마여." 하며 인사를 하였다. 루터는 로마에 약 4주간 머물렀다. 루터에게 로마는 어떤 도시였는가? 그 곳은 성자들의 유골과 여러 성물들을 소유하고 있는 교회들이 있는 곳이었다. 로마에는 모세가 본 가시떨기 나무 한 가지가 있는가 하면 헤롯 왕 시절에 베들레헴에서 죽은 갓난아기들의 뼈가 300개나 있던 곳이다. 성 베로니카의 손수건에 그려진 그리스도의 초상화가 있는 곳인가 하면 사도 바울이 옥중에서 찼다던 쇠고랑과 도미티안 황제가 사도 요한의 머리를 자를 때 사용한 가위가 보관된 곳이 바로 로마였다. 그뿐 아니라 예수님의 제자 가룟 유다가 주님을 팔고서 받은 동전을 하나 가지고 있다는 교회도 있었다. 당시 교회는 이러한 성물들이 우리에게 면죄를 베풀 수 있는 것들이라고 가르쳤다. 무엇보다도 라테란 성당 앞에 있는 28개의 거룩한 계단은 소위 빌라도의 궁전 앞에 있던 것으로 알려져 있었다. 무릎을 꿇은 채로 계단을 기어올라 가면서 주기도문을 외우면서 끝까지 올라가면 연옥에 있는 사람을 한 사람 구원할 수 있다는 곳이 바로 그 곳이었다. 이처럼 영적이며 성스러우며 죄 사함을 베풀 수 있는 특권을 가진 도시가 이 지상에 로마 외에 또 어디에 있다는 말인가? 루터는 이곳 저곳 다니면서 많은 고대 로마 유적들을 보았다. 루터의 눈에는 그러한 유적들은 이교에 대한 하나님 심판의 증거로 보였다. 그때 성 베드로 성당의 새로운 건축이 막 시작되었다. 루터는 로마에서 교회와 성직자들의 타락상들을 직접 목격하였다. 거리에는 온갖 쓰레기들이 난무했고 성직자들에게서는 어떠한 위엄과 경건스러운 모습을 찾아볼 수가 없었다. 루터는 실망한 나머지 1511년 1월말 아니면 2월초 쯤에 로마를 출발하여 본국으로 향하였다. 그의 외교적인 임무는 완전히 실패로 끝났고 아무 소득도 없이 그는 로마의 타락상만 목격한 채 발걸음을 되돌렸던 것이다.

6. 오직 성서로만!

루터의 박사 학위명은 성서신학 박사(Doctor of Holy Scripture)이다. 성서와 함께 그는 종교개혁 운동을 시작하였고 전통교회와 논쟁을 벌였으며 그의 임무가 시작되고 종결되는 지점도 바로 성서였다. 지금까지 루터의 성서 해석 방법론의 기원과 그의 성서 이해에 관한 많은 연구들이 행해져 왔으나[36] 종교개혁 초창기 루터와 성서와의 관계, 그 중요성과 의미에 관해서는 거의 묻지 않았다. 교회사에서 보면 어느 시대건 성서는 교회에서 해석되어 왔다. 그런데 루터는 수도원에서 지낼 때에 성서는 거의 경멸되다시피 했다고 하면서 어느 누구도 시편을 이해하거나 바울의 로마서를 바울 시대에 일어났던 논쟁의 이슈들로 제쳐 두면서 현대에는 쓸모없는 것으로 간주하였다고 주장하였다. 그는 나중에 회고하기를 시편을 읽으면서 죄책 고백을 하지도 않았으며 성서 박사임에도 불구하고 진심으로 시편 기도를 하거나 주의 기도를 드리지 않았다고 고백하였다. 그는 분명한 확신과 이해도 없이 경건한 행위의 목적을 위해 그 기도들을 쓸데없이 조잘거렸다고 고백하였다.[37] 당시 읽혀져야 했던 것은 스콜라주의 학자들의 서적들, 토마스 아퀴나스, 둔스 스코투스, 아리스토텔레스 등이었다. 루터의 이러한 비난은 실로 성서를 읽지 않았던 대학을 향해 행해졌다. 대학에서 신학공부는 예언자들이나 사제들의 이름들은 거의 언급조차 없었고 논쟁을 위한 테제들도 스코투스와 아리스토텔레스로부터 나왔고 스콜라주의 방법론에 의해서 짜여졌다. 그 결과 성서는 완전히 잊혀지고 알려지지 않았다. 1514년 초에 루터는 성서는 스콜라주의나 철학사상에 의해 위

36) 특별히 게하르트 에벨링(Gerhard Ebeling)은 루터의 성서 해석 방법론에 대해 집중 연구하였다. Gerhard Ebeling, *Lutherstudien*, vol. 1(Tübingen: J. C. B. Mohr, 1971).

37) *WA* 41:695.

협을 받고 있다고 하면서 성서를 경멸하거나 무시하는 사람들에게 비판을 가하였다. 루터는 부적절하게 해석된 성서는 교회와 성도들 사이에 큰 혼란을 부추긴다고 하면서 이러한 사태는 그리스도교 신앙에 심각한 위기라고 주장하였다.

루터는 스콜라주의자들의 성서를 오로지 학문적인 지식의 목적을 위하여 읽는 태도를 비판하였다. 루터는 우리는 성서를 묵상하고 동시에 그 말씀의 의미를 조명하고 그러고 나서 그 말씀이 지니고 있는 실제적인 영적 의미들을 감지할 수 있어야 한다고 주장하였다. 루터가 성서를 그렇게 중요시하면서 성서로 돌아갈 것을 외치게 된 연유는 무엇인가? 루터는 20살 때까지 성서를 본 적이 없다고 주장한 적도 있다. 또 그가 고뇌에 찬 시련(Anfechtung) 가운데 성서를 보게 되었다는 주장도 했다. 훗날(1533) 루터는 성서로 돌아갈 것을 외치고 난 후 성서를 일년에 두 번씩 읽고 묵상하고 각 장마다 골격을 머리 속에 그리고 있었다고 고백하였다.[38] 루터가 수도하고 있던 수도원은 개인적인 성서 연구를 허용하지 않았다. 지금 그는 스콜라주의 서적들, 즉 가브리엘 비엘(G. Biel)의 미사에 대한 설명들을 읽어야 했고 상대적으로 성서를 읽을 시간은 허락되지 않았으며 단지 자유시간에 스스로 도서관에 가서 성서를 읽을 수 있었던 것으로 알려져 있다. 소설 같은 이야기이지만 확실한 것은 1508년 봄에 에르푸르트 대학과 나중에 비텐베르크 대학에서 루터는 철학 강사로서 철학을 가르쳤고 그를 지배하고 있던 학문분야는 스콜라주의였다. 루터는 철학보다는 신학을 가르치길 원했고 성서로 돌아가고 싶어했다. 철학강의는 그를 대중으로부터 멀어지게 만들었고 신학 강의는 극히 예외적으로 행해졌다. 루터의 성서에 대한 예외적인 관심과 그것을 이해하려는 열정은 분명히 그의 수도원 생활과 연결되어 있었다.

---

38) *LW* 54:13-14, 165.

루터가 성서에 집중하게 된 또 하나의 결정적인 이유는 인문주의자들이 외친 "고전으로 돌아가자."는 모토와 일치하였다. 처음부터 루터는 인문주의자들이 발전시킨 언어와 문법적인 요소들을 성서 해석에 사용했다. 루터는 그들의 도움을 받아 성서 해석에서 풍부한 결과들을 얻을 수 있었다. 하지만 인문주의자들의 방법과 루터의 성서 해석 방법과의 차이들은 처음부터 간과될 수 없다.[39] 에라스무스는 성서의 중심은 그리스도라는 데 동의했지만 그는 주로 그리스도를 도덕 선생 혹은 윤리적인 예인자나 율법 수여자로 해석하였다. 루터에게 그리스도는 그리스도 안에 있는 하나님의 자유로운 자비의 복음을 의미한다. 인간의 구원은 거기에 의존한다. 루터는 사도 바울이 이 점을 가장 분명하게 이해하고 표현하였다는 점을 성서 연구를 통해서 발견하였다.

루터는 비텐베르크 대학에서 신학 공부를 하게 되면서 성서 연구에 온 힘을 쏟았다. 그는 당시 유명한 리라의 니콜라스(Nicholas of Lyra)나 휴(Hugh)와 같은 성서 주석가들의 주석서들을 읽었다. 루터의 인생에서 획기적인 삶의 전환을 가져오게 된 계기는 성서를 연구하고 가르치면서부터였다. 그가 처음 관심 있던 성서는 시편이었다. 그는 시편에 있는 '당신의 의로 나를 구원하소서' 라는 구절을 읽을 때마다 마음에 불안과 공포감이 생겨 움츠러들었다. 왜냐하면 여기에서 '의' 를 '하나님의 심판' 으로 이해했기 때문이었다. 루터는 하나님의 심판으로 인해 우리는 버림을 받을 뿐이지 구원받을 수 있다라고 생각하지 못했다. 이러한 생각은 그가 시편을 연구하면서 '하나님의 의' 에 대한 새로운 이해에 도달하기까지는 그의 마음속에 어떠한 변화도 일어나지 않았다.[40] 루터는 시편 연구를 하면서 그 말씀 속에 깃들여져 있는 영적인 의미를 캐내기 위해 노력하였고 그 결과는 학문적인 이론 이상의 것이

39) 참고, *LW* 10:158-164.
40) *LW* 54:403; *LW* 7:251.

었다. 이 연구를 통해서 그는 모든 것을 다시 받은 느낌이었다. 루터는 시편을 통해서 시련을 극복하게 되었고 시편은 고통받은 사람의 책이라고 간주하게 되었다. 그는 고난과 고통 속에 있는 사람들만이 시편을 올바로 이해할 수 있다고 말하였다. 그의 시련은 그를 성서 해석가로 만들었다.

루터의 성서 해석 방법론의 핵심은 그리스도론적 해석에 있다. 그는 그리스도는 성서의 중심에 서 있다고 말한다.[41] 루터는 성서에는 풍부한 내용들, 즉 율법, 역사 기술들, 기도들, 선포, 예언 등이 포함되어 있음을 익히 알고 있었다. 그러나 신학적으로나 성서가 말하고자 하는 본질적인 주제의 관점에서 볼 때 성서는 완벽한 일치를 이루고 있다. 그러한 일치가 가능한 것은 성서는 단지 하나의 일관된 내용을 지니고 있기 때문이며 그것은 바로 그리스도이다. 모든 성서는 그리스도 한 분을 지적하고 있다는 점은 의심의 여지가 없다.[42] 그리스도를 성서로부터 제거한다면 도대체 당신은 성서에서 무엇을 더 발견할 수 있는가? 성서의 모든 책들은 단지 그리스도만을 다룬다.[43] 그리스도는 하나님의 화육된 말씀이다. 따라서 성서는 하나님의 말씀 외에 다름 아니다. 성서는 그 자체가 해석가이다. 성시 자체가 해석가라는 사실은 성서는 스스로 분명하다는 것을 전제로 한다는 것을 말해 준다.[44] 로마 가톨릭 교회가 주장하는바 성서는 교회의 가르치는 직무에 의해 해석되어야 한다라는 것은 성서가 모호한 책이라는 것을 전제로 하는 것인데 루터는 이것에 반대했다. 그는 성서는 그 자체가 분명하고 의미적으로도 모호하지 않다라는 것에 기초해서 자신의 주장을 편다. 알트하우스는 루터의 성서 해석 방법론을 다음과 같이 요약한다. 1)성서의 중심은 그리스도

41) *LW* 26:295.
42) *LW* 35:132.
43) *WA* 46:414.
44) *LW* 32:217; *LW* 32:236.

이다. 2)성서는 스스로 해석한다. 3)성서는 언제나 성서로 해석되어야 한다.[45] 루터에게 그리스도 중심적인 해석은 바로 복음 중심적인 해석을 의미한다. 복음 중심적 해석이란 '오직 믿음으로 의롭게 된다' 라는 칭의론의 관점에서 해석하는 것을 말한다. "그리스도는 성서의 주인이지 종이 아니다. 그는 안식일과 율법과 모든 것들의 주인이다. 그리고 성서는 그리스도에 대항해서가 아니라 그리스도를 찬양하면서 이해되어야 한다. …우리의 적대자들이 그리스도에 대항해서 성서를 사용하려 한다면 우리는 성서에 대항해서 그리스도의 권위를 주장한다."[46] 루터의 성서 해석학적인 원리는 성서는 그리스도와 갈등을 일으킬 수 없으며 복음의 계시라는 원리에 기초해 있다. 맹목적이고 무지한 사람들만이 성서에 갈등이 있는 것처럼 보이는 부분들을 가지고 문제삼는다.[47]

요약하자면 루터의 성서 해석의 틀은 그리스도 중심적인 해석, 복음 중심적인 해석 외에 다름 아니다. 루터에게 성서는 그리스도에게 이르는 길을 열어 주었던 것이다. 그는 구약성서도 모세와 다윗을 통해서 선재하는 그리스도를 말하고 있는 것으로 구약은 거부되거나 무시되지 말아야 한다고 주장하였다. 그러므로 실제로 구약성서는 그리스도인들의 책이다. 루터는 구약성서 중에서 특히 창세기와 시편을 좋아했는데, 창세기에서는 아브라함이 신앙으로 구원받았기 때문이며 시편에서는 다윗이 너그럽게 회개하고 있기 때문이다. 신약성서 중에서 루터는 특히 갈라디아서와 로마서를 좋아했다. 로마서는 모든 성서를 조명하는 데 가장 완벽하게 적절한 밝은 빛이다.[48] 루터는 신앙에 의한 의

45) Paul Althaus, *The Theology of Martin Luther*, 74-78.
46) *LW* 34:112.
47) *LW* 26:295.
48) *LW* 35:365 이하.

로움을 통하여 구원에 이르는 길에 필수적인 것은 성서라고 주장하였다. 루터에게 구약과 신약은 공히 하나님의 말씀이며 함께 속해 있다.

루터의 성서 연구의 시작은 시편에서부터 시작되었다.[49] 그는 시편의 제목들을 면밀히 조사하였고 각 장을 요약하면서 각 장마다 논의되고 있는 내용들을 이해하려고 시도하였다. 그러고 나서 그는 시편에 쓰인 단어들을 비교하면서 그 단어들이 함축하고 있는 신학적인 의미들을 밝히는 데 주력하였다. 그는 시편을 주석하면서 초기에는 문자적인 번역에 치중하였다. 시편 연구에서 문자적인 의미는 곧 그리스도론적인 의미와 동일시되었다. 왜냐하면 시편은 실제로 그리스도의 인격을 상징하는 다윗에 의해 말해졌기 때문이다. 이 밖에 루터는 비유적인 해석(tropological)을 통해 인간을 향한 그 본문의 의미를 주로 도덕적인 관심에서 밝히려고 하며 알레고리적인 해석을 통해 본문의 의미를 교회와 연결시킨다. 하지만 루터의 관심은 성서 본문이 그리스도와 인류에 관해서 무엇을 말하고 있는지에 집중되었다. 루터의 창조적인 성서 해석 방법들은 전통적인 성서 해석 방법들이 불충분하다는 사실을 드러내었다. 로마서 강해를 시작하면서 루터는 성서 본문들은 단지 하나의 단순한 의미, 즉 문자적인 의미만을 지니고 있다고 하면서 루터는 문자적인 의미를 나중에 영적인 의미와 동일시하였다. 루터는 분명히 전통적인 알레고리적 해석 방법을 포기하지는 않았지만 과장된 알레고리적인 해석은 어린이들의 놀이와 독단이라고 거부하면서 진리를 탐구하는 데 적절하지 못한 것으로 간주하였다. 이러한 관점에서 성서를 해석한 루터의 노력은 단순한 이론적인 연구를 넘어서 기존의 주석서들을 읽는 것보다 더 깊은 영감을 제공했으며 그 노력에 기초해서 종교개혁 운동을 위한 모든 중요한 전망들이 출현하였다. 루터는 그의 신학연구의 결론은 전적으로 성서에 기초해 있으며 실로 자신은 성서를

49) 루터의 성서 연구에 관해서는 다음 장을 참고하라.

사랑한 사람이라고 말하였다.

루터의 '오직 성서로만' 의 외침의 결과는 무엇인가? 루터의 종교개혁은 성서를 교권과 교리로부터 해방시켰다. 그는 교황만이 성서의 무오류한 해석가라는 점을 거부하였고 성서를 사랑하는 사람들은 누구나 교황보다 훌륭한 해석가가 될 수 있다고 주장하였다. 성서는 교황이나 신부들의 전유물이 아니며, 누구나 하나님 말씀을 해석할 수 있는 기회를 지니고 있다. 이러한 루터의 주장은 성서 해석에 대한 혁명적인 변화를 가져왔다.

7. 가르치고 성서를 연구하고

로마 방문을 마치고 에르푸르트로 돌아온 루터는 그의 스승 슈타우피츠의 개혁적인 노선을 지지하였다. 이러한 태도는 다른 동료들로부터 경계의 대상이 되어 에르푸르트 수도원은 루터를 비텐베르크로 전출시켰다. 에르푸르트로부터 비텐베르크로의 전출은 루터의 생애에서 실로 중요하고도 격변의 순간이었다. 그 이후로 루터의 생애는 정치 사회적인 소용돌이의 주인공이 되기도 했으며 그러한 상황에 휩싸이기도 하였다. 이때가 1511년 9월경이었다. 비텐베르크로 옮긴 루터는 슈타우피츠에 의해서 1502년에 비텐베르크에 설립된 어거스티니안 수도원에서 거주하였다. 루터는 설교가로 활동을 시작하였다. 슈타우피츠는 루터에게 앞으로 설교뿐만 아니라 학문활동을 위해서는 박사학위를 받아야 한다고 권유하였다. 루터는 여러 핑계들을—주로 그의 건강상의 이유들—대면서 박사학위 공부를 거절하였다. 그러나 슈타우피츠의 권유는 집요하여서, 결국 1512년 10월 19일에 루터는 비텐베르크 신학부에서 성서신학 박사(Doctor of Holy Scripture) 학위를 받았는데, 학위는 당시 학장이던 칼슈타트(Andreas Bodenstein von Karlstadt, 1480—?)

가 수여하였다. 슈타우피츠는 루터가 에르푸르트 수도원에서 자신을 지지해 준 데 대한 고마움을 늘 잊지 않고 있었다. 그는 루터를 비텐베르크 수도원 부행정관(vice-general)으로 임명하였고 또한 비텐베르크 대학의 성서학 교수로 임명하였다.훗날에 루터는 자신을 학문 세계에서 고위직으로 승진시켜 준 슈타우피츠와의 대화 내용을 이렇게 기술하고 있다. "나의 스승 슈타우피츠는… 나에게 이렇게 말했지. '제군, 너는 박사학위 공부를 해야 한다. 그 공부는 너에게 매우 값진 도전이 될 거야.' 그가 다시 한번 같은 말을 꺼냈을 때 나는 박사 학위 공부를 할 수 없는 많은 이유들을 갖다 대면서 거절하였지. 나의 변명은 주로 그와 같은 힘든 과정을 감당할 에너지가 없다는 것이고 또 나는 어쨌든 오래 살 기대를 하지 않았기 때문이야. 슈타우피츠가 대답했어 : '우리 주 하나님은 아직도 성취하실 많은 일들을 가지고 계신다는 것을 너는 모르느냐? 그는 자신의 일을 위해서 명석하고 지혜 있는 사람을 필요로 하고 있지. 여러 조언을 함으로써 도움을 줄 수 있는 사람들 말이야. 네가 죽을 때에도 불구하고 너는 여기에서 그리고 하늘에서도 조언을 해주어야 해.'"[50)] 1512년에 루터는 비텐베르크 대학 성서신학 교수로 임명받았다. 그때 그의 나이 29세였다. 학자로서의 출발은 당시로 보아 늦은 것이었다. 그 당시 비텐베르크 대학은 개교한 지 7년이 조금 넘었으며 캠퍼스도 없었다. 그 도시에 여기 저기 흩어져 있는 몇 개의 빌딩들을 대학 건물로 사용하면서 몇백 명의 학생들이 있을 뿐이었다. 1512년 10월 22일부터 죽을 때까지 루터는 그 곳에서 교수로 재직하였다.

루터는 이제 교수로서 가르치고 있지만 그를 끊임없이 괴롭히며 따라다니는 질문은 계속되었다: "어떻게 나는 은총의 하나님을 발견할 수 있는가? 내 인생의 미래를 책임지고 있는 분은 누구인가? 그분은 선하신 분인가 아니면 악한 분인가?" 대학 교수로 부임한 이후로도 루

50) *WA Tr.* 2: 2255a, 379.

터에게 고뇌에 찬 시련은 여전히 계속되었다. 비텐베르크 대학에서의 루터의 실존적인 고민은 그의 학문 속에서도 그대로 반영되었다. 아, 정말 루터에게 이런 고통은 언제쯤 끝나게 될 것인가! 수도자요, 신부요, 교수로서 신앙과 양심 그리고 지식은 모두 한 음 속에서 조화를 이루어야만 했다. 이러한 종교적인 위기의 질문들을 계속하는 가운데 루터는 성서 강해를 시작하였다. 이제 그는 성서의 내용을 배우면서 가르치는 일에 전념하였다. 성서는 루터에게 그가 새로운 해석을 할 수 있는 사상들을 제공하였다. 루터의 종교개혁 작업에서 성서의 사용은 언제나 핵심적인 자원이었다. 한마디로 루터에게 성서는 그의 모든 생애의 핵심 주제였으며 그는 그 당시 사회와 연관 속에서 성서를 연구하였다. 루터에게 성서는 돌이킬 수 없고 영원히 타당한 진리인, 하나님의 계시를 담은 책이었다.[51)]

루터의 성서 강해에서 초기(1513−1516)에 해당하는 이때의 기간은 실로 그의 개혁신학의 성서적인 뿌리를 발견하는 중요한 시기이다. 우리는 1513−1514년 겨울 학기부터 어느 정도 루터의 강의들을 통해서 그의 신학 발전단계들을 비교적 자세하게 추적할 수 있다. 루터는 매주 두 시간씩 강의하였다. 그의 보통 강의시간은 여름에는 아침 6시에 겨울에는 7시에 시작하였다. 1516년 이후부터 그는 오후 1시에 강의하였다. 1513년 8월 1일, 루터는 시편 강의(Dictata super Psalterium)를 시작하였다. 시편 강해에서 루터는 로마 가톨릭 교회 미사에서 사제들이 진부하게 시편을 낭송하는 것을 비판한다.[52)] 당시 교회의 영적인 무기력증에 대해서 루터는 신랄한 비판을 가했다. 한편으로 시편 강의에

51) 루터의 성서주석 원리 등 성서 사용에 관한 글은 다음을 참고하라. Roland H. Bainton, *Studies on the Reformation* (Boston: Beacon Press, 1963), 3-12; Jaroslav Pelikan, *LW*: Companion volume, 5-136.

52) 루터는 시편 69편을 주해하면서 철저하게 당시 교회가 당하고 있는 고통과 약점에 대해서 논하고 있다. 그는 말하기를 "게으름의 악이 판을 치고 있으며 예배는

는 루터의 고민과 번뇌에 찬 실존이 그대로 반영되어 있다. 여기에는 심판주로서의 하나님과 은총의 하나님이 동시에 등장하고 있다. 하나님의 진노와 은총, 인간의 죄와 형벌, 하나님의 심판과 자비의 모순을 어떻게 해결할 것인가? 지극히 높으시고 거룩하신 하나님께서 어떻게 죄악에 물든 인간에게 진노를 거두시고 용서하시겠는가? 시편 강해에서 루터의 관심은 바로 이러한 질문들에 초점이 맞추어져 있다. 루터의 시편 강해에서 우리가 논의해야 할 요점은 그가 과연 그리스도가 오시기 전 수 세기 전에 지어진 시편에서 그리스도를 발견하고 있느냐 하는 점이다. 지난 수십 년 간 루터 연구 학자들은 과연 루터가 초기 시편 강해에서 그리스도론적인 해석을 하면서 '하나님의 의' (iustitia Dei)를 발견했는가에 대해서 논쟁을 벌여 왔다. 이 문제는 루터의 개혁사상 시기 문제와 관련되기 때문에 나중에 자세히 토론하겠다.[53]

루터의 시편 강해에서는 하나님의 의와 인간의 의가 뚜렷이 대조되고 있다. 시편 71:19에 대한 해설에서 루터는 이렇게 말한다.

> 그러나 이제 하나님의 온전한 의는 이것이다. 스스로를 가장 깊은 곳까지 낮추는 그런 사람이 가장 높은 곳까지 이르게 된다. 왜냐하면 그는 먼저 가장 낮은 곳까지 내려갔기 때문이다. 여기서 그는 하나님의 능력이시며 가장 크고 깊은 겸허를 통한 하나님의

아무런 내적인 확신 없이 행해지고 있고 악마는 우리를 사이비 그리스도인들(half-Christians)로 만들고 있다. 교회에 대한 신부들과 교황의 지도력은 손상되었고 교회는 불안으로 상처를 입었다." *LW* 10:352 이하. 루터는 사제들은 교회에서 더 이상 시편을 낭독하지 말아야 한다고 단언한다. *LW* 10:179, 326, 366-368.

53) 칼 홀, 히로쉬, 포겔장, 에벨링, 베인톤, 고든 럽 등은 루터의 첫 시편 강해에 그리스도론적인 해석이 있다는 점에 긍정을 한다. 루터는 로마서 1:17을 인용하면서 하나님의 의는 복음에 계시된 그리스도의 의(iustitia Christi)로 해석한다. *LW* 10: 406, 408. 루터의 첫 시편 강해의 해석학적인 도식에 대해서는 전경연, 『루터신학의 제문제』(서울: 한신대학 출판부, 1986), 12-53을 참조할 것.

> 의이신 그리스도를 암시하고 있다. 그러므로 그는 이제 최고의 영광으로 가장 높은 곳에 있다.[54)]

루터는 여기에서 하나님에 대한 새로운 이해의 단편을 보여 줌과 동시에 그리스도론적인 해석을 하고 있다. 루터에게 시편은 구약시대의 유대인들에게만 해당하는 유대교의 책만이 아니라 구속자로서의 그리스도 예수의 삶과 죽음을 그림자(type)로 보여 주는 그리스도교의 책이었다. 시편이 그림자라면 신약의 복음시는 원형(archytype)이다. 따라서 그는 시편과 복음서는 서로 밀접한 관계가 있음을 보았다. 이러한 그의 확신은 시편 32:1을 해설하면서 더욱 확실해졌다.

> 모든 사람은 죄인이며 진노의 자식이다. 그러므로 사람은 자신의 죄를 용서받아야 한다. 그렇지만 이 구원은 오직 그리스도를 통하여만 일어난다. 그러므로 자신을 구원할 수 있는 사람은 아무도 없다. 오직 그리스도를 통해서만 구원을 받을 수 있다. …하나님은 그의 복음을 통하여 우리가 어떻게 그 진노로부터 구원을 얻을 것인가를 계시하셨으며 그리고 우리를 자유롭게 할 그리스도를 통한 의를 계시하셨다는 것이다.[55)]

루터의 시편 강해에서 우리는 하나님은 심판관에서 구속자로 무서운 형벌을 주시는 노여움의 하나님에서 자비와 사랑이 넘치는 새로운 하나님으로 이해하는 그의 견해를 들여다볼 수 있다. 아무튼 루터는 시편 강해에서 그의 실존적인 고민을 해결할 수 있는 단초를 발견하고 있었다.

---

54) *LW* 10:402.
55) *LW* 10:145.

루터는 1515년 4월 8일부터 1516년 9월 7일까지 바울의 로마서 서신을 강의하였다.[56] 바울 서신들을 강의하면서 루터 사상은 좀더 예리하게 그리스도에게 초점이 맞추어졌고 그의 신학에서 그리스도 중심주의를 강조하였다. 이 강의에서 루터가 다루고 있는 핵심적인 주제는 인간의 죄와 하나님의 의에 관한 것이었다. 나중에 루터가 이때의 성서 강해를 회상하면서 하는 말을 들어보자.

> 바울의 로마서를 이해하려고 몹시 애쓰는 나에게 가장 큰 장애물은 '하나님의 의' 였다. 그것은 내가 이 의라는 말을 하나님께서는 의로운 분이요, 따라서 불의한 사람들을 공정하게 처벌하신다는 뜻으로 받아들이고 있었기 때문이다. …그때 나는 하나님의 의란 하나님께서 은혜와 순수한 자비를 발휘하신 나머지 우리의 믿음을 보시고 우리에게 죄가 없는 것으로 취급하는 그 의라는 걸 터득했다.[57]

루터는 하나님의 의가 선한 행위자에게는 상을 주고 악한 행위자에게는 벌을 주는 공정한 심판관으로서의 의가 아니라 죄인을 불러서 회개시키고 의롭게 만드시는 의라고 이해하였다. 공정한 심판관으로서 하나님의 의가 복음의 내용이 되어야 한다는 것에 루터는 몹시도 괴로워했던 것이다. 실로 베인톤이 말하고 있는 바와 같이 루터는 십자가를 통해서 하나님의 노여움과 은혜 사이의 갈등을 해결하고 바울의 도움으로 하나님의 정의와 용서 사이의 모순을 해결하였다.[58] 루터는 말한다. "우리는 하나님의 의의 전가(imputation)를 통해서 의롭게 되

56) *LW* 25: 3-524.
57) 베인톤, 『마틴 루터의 생애』, 67-68.
58) *Ibid.*, 68.

었기 때문에 따라서 우리는 행위가 아닌 신앙에 의해서 하나님과 함께 양심과 영 안에서 평화를 누린다."[59] 루터에게 하나님의 의란 확실히 하나님 자신의 의이며 인간 밖에 존재하는 외부로부터(extra nos) 오는 낯선 의이다. 루터는 로마서 주해에서 율법과 복음 사이의 구분을 주장한다.[60] 이 양자의 구분은 루터에게는 그의 두려움과 구원의 방법에 있어서 하나님의 의로움의 문제를 해결하는 데 중요한 방법론적인 출발이었다. 이러한 출발점은 그로 하여금 신앙에서 구원을 추구하려는 그의 확신을 더욱 강화시켜 나갔으며 모든 선행은 신앙의 결과이다라는 결론에 이르게 하였다.

1516년 10월 27일부터 1517년 3월 13일까지 루터는 갈라디아서 강해를 하였다. 갈라디아서는 1531년에 또 한 차례 강해할 만큼 루터에게 크나큰 통찰력을 제공한 서신이었다.[61] 루터에게 갈라디아서는 그리스도인들에게는 일종의 독립선언서와 같았다. 루터는 갈라디아서는 율법으로부터의 독립과 우리 주 예수 그리스도를 제외한 모든 사람들로부터의 독립을 말해 주고 있다고 주장하였다.

위에서 살펴본 바와 같이 우리가 1513년부터 1516-1517년까지 루터의 초기 성서 강해에서 발견하는 점은 그가 후에 개혁작업을 진행시키면서 씨름하였던 여러 신학적인 문제들을 그 자신의 경험과 상호 연관시키면서 토론하고 있다는 것이다. 루터의 신학연구와 가르침들은 삶과 동떨어진 학문적인 진공 상태에서 수행되지 않았다. 루터의 교육은 한 인간의 삶 전체와 관련되어 있었고 신학적인 숙고는 교회와 관련되어서 그리고 그 구조들과 직면해서 일어났다. 우리는 루터가 초

59) *LW* 25:43.

60) *LW* 25:17, 36 이하 참고.

61) 루터의 1517년 갈라디아서 강해는 1519년에 출판되었으며, 1531년 강해는 1535년에 출판되었다. 1519년 판은 *LW* 27:153-410에, 1535년 판은 *LW* 26과 *LW* 27에 각각 수록되어 있다.

기 성서 강해를 하면서 당시 교회와 수도원에 관해서 어떻게 생각하고 있었는지를 보아야 한다. 루터가 관심한 영성은 오직 말씀을 일방적으로 듣고 연구하는 것으로 생각해서는 안 된다. 루터는 이때에 이미 교회의 부패와 권한의 남용들을 분명히 인식하였고 그러한 문제들을 공공연히 토론에 붙였다. 이러한 비판에 비추어 볼 때 우리는 나중에 루터의 태도와 행동들을 좀더 잘 이해할 수 있을 것이다. 그의 개혁사상은 1517년 10월 31일에 갑자기 튀어나온 것이 아니었다. 그의 초기 성서 강해에 이미 새로운 신학적 단상이 잉태되어 있다.

8. 개혁의 깃발을 올리다

1517년 10월 31일, 어거스티니안 수도원 출신의 신부요, 비텐베르크 대학 신학부 교수이자 성서 주석가인 마르틴 루터는 저 유명한 95개조 테제를 발표하였다.[62] 루터는 만성절(All saints Day) 전날 정오에 성채 성당 문(the Castle Church door)에 이 테제들을 게시하였다. 이 테제에서 루터는 당시 부패한 교회의 상징이었던 면죄부(Indulgence) 판매와 고백성사(Penance)에 관한 문제를 주로 다루었다. 그러나

62) 루터가 95개조 테제를 비텐베르크 성당(Castle Church) 문에 게시했느냐의 여부를 놓고 학자들간에 이견이 있다. 주로 로마 가톨릭 학자들은 루터는 실제로 이 테제를 성당문에 게시하지 않았다고 주장하면서 그 역사성에 의문을 제기한다. 루터가 95개조 테제를 비텐베르크 성당문에 게재했다라는 말은 루터 사후에 그의 제자 멜랑히톤(Melanchthon, 1497-1560)이 루터의 라틴 저술 제2권에 대한 서문을 쓰면서 처음으로 언급하였다. 그런데 멜랑히톤은 1517년에 비텐베르크에 없었다. 그는 1518년 8월에 이 도시로 이사를 왔다. 하지만 당시 비텐베르크 대학에서 공개적인 학술 토론은 주로 이 성채 성당문 앞에서 행해졌다는 사실에 비추어 보아서 루터가 이 테제를 거기에 공고했을 가능성은 높다. 물론 아무도 오질 않았지만. 이 테제는 아무도 예상하지 못할 정도로 엄청난 파괴력을 지니고 있었

이 테제가 담고 있는 내용의 폭발성은 실로 엄청난 것이어서 이후로 전개된 양상은 교회의 권위, 교황권, 복종의 문제, 성례전, 구원의 교리 등 그리스도교 신앙의 근본 문제들을 다시 검토하게 만들었다. 루터의 도전은 지난 수세기 동안 당연시되어 왔던 교회 정치의 근본 질서를 뒤흔드는 것이었고 그리스도교 신앙에 대한 교회의 가르침들을 비판적으로 검토할 수 있는 계기를 만들었다.

또한 루터의 저항 운동은 단순히 제도권 교회와 그 신학 사상뿐만 아니라 중세기적 질서의 해체를 가져오게 만든 운동이었다. 13세기 중엽부터 흔들리기 시작했던 중세의 그리스도교 왕국(a corpus Christianum)은 이제 루터의 개혁 운동을 기점으로 해서 가시적인 해체의 길에 접어든 것이다. 이때에 교회와 국가와의 관계 질서가 재편되기 시작했으며 중세 사회를 뒷받침하고 있던 여러 이데올로기들이 속속들이 의문시되면서 이전 시대와는 전혀 다른 새로운 사회질서가 등장하게 되었다. 우리는 루터의 개혁 운동을 평가할 때 그의 운동이 지니는 신학적인 의미만이 아니라 사회–정치적인 파급효과도 함께 읽어내야 한다.

1517년 10월 31일은 종교개혁 생일이며 또한 개신교회의 생일이다. 이날은 서구 역사에서의 근대의 출발이었고 근대 시민 사회에서의 개인의 자유가 탄생하는 순간이었다. 루터는 95개조 테제에서 그의 개혁적인 신학의 관점에서 면죄부 문제를 다루었다. 그는 자신과 다른 그리스도인들을 아주 오랫동안 괴롭혀 온 매우 실제적인 문제에 대답

으며 1517년 말에는 수차례 인쇄되어서 널리 유포되었다. 이러한 논의에 관해서는 다음 책을 참고하라. Bernhard Lohse, *Martin Luther: An Introduction to His Life and Work*, 43 이하; Martin Brecht, "Luther' s Reformation," Thomas A. Brady Jr., ed., *Handbook of European History, 1400-1600*. Vol. 2 (Grand Rapids, Michigan: William B. Eerdmans Publishing Company, 1995), 133. 루터의 95개조 테제는 *LW* 31:19-34에 실려 있다.

을 찾기를 원하였다. 그러나 기억해야 할 점은 이 테제에서 루터는 참회성사와 면죄부의 타당성은 아직 부인하지 않고 있다는 것이다. 또한 칭의에 대해서도 언급하고 있지 않다는 점이다. 사실 루터는 1516년과 1517년 어간에 사회개혁보다는 올바른 기독교 교리를 가르치고 연구하는 데 관심을 쏟았다. 이것은 루터가 사회개혁에는 전혀 관심을 갖지 않았다는 뜻으로 받아들여서는 안 된다. 루터를 온통 지배하고 있었던 생각은 구원의 문제였기 때문에 그러한 문제와 비교해 볼 때 사회 문제들은 그에게 이차적으로 보였을 것이다. 그럼에도 불구하고 우리는 루터의 신학을 올바로 이해하려면 16세기 사회적 상황들을 동시에 파악해야만 한다. 95개조 테제에서 궁극적으로 루터는 교회의 본질을 회복하고자 하였으며 교회가 나아가야 할 길은 무엇인지에 관한 문제로 씨름하였던 것이다. 교회란 무엇인가? 루터 이전에도 수많은 사람들이 물었을 저 고전적인 질문을 루터는 지금 16세기라는 유럽 사회의 한복판에서 다시 던지고 있는 것이다. 교회는 복음 전파자요, 사회가 제공할 수 없는 신비적인 기능, 즉 구원의 전달자요, 위로와 안식을 제공하는 곳이다. 교회의 기능은 구원의 배분자에 제한되지 않는다. 교회는 당시 건축과 예술의 중요한 수호자였다. 교회 건물은 공식적인 의사 소통의 중심지요 대중의 견해를 수렴하는 곳이었다. 그러나 지금 교회는 착취자가 되어 있다. 거대한 토지를 소유하고 수많은 농노들을 거느리면서 막대한 부를 축적하는 기관이 되었다. 교회는 세속권력을 휘두르면서 그 사회적인 기능을 담당하기를 포기하였던 것이다. 신학자요, 신부요, 수도자인 루터의 양심은 거룩한 분노로 분출하였던 것이다.

중세 후기에 교회는 면죄부 판매로 인해서 극심한 부패와 신자들의 신앙 혼란을 초래하고 있었다. 루터가 직접 접한 면죄부는 교황 율리우스 2세가 1510년에 공포한 희년 면죄부(the jubilee indulgence)였다. 이 면죄부 판매 대금 일부는 로마에 있는 성 베드로 성전 건축 기금으로 쓰였다. 율리우스 2세 사후 1513년에 레오 10세는 면죄부 판매를 다시 시작하였다. 1515년 3월에 그는 마인츠와 마그데부르크의 대주교요 할버스타트(Halberstadt)의 주교인 알브레히트(Albrecht of Hohenzollern)를 소환해서 그의 교구는 물론 브란덴부르크 일부 지역에서 면죄부를 판매하도록 지시하였다. 마인츠, 마그데부르크, 브란덴부르크 등 3개 교구들을 맡기 위해서 교황에게 큰 빚을 지고 있던 알브레히트는 푸거 가의 은행으로부터 돈을 빌렸다. 알브레히트는 면죄부 판매 수익금 중에서 절반은 푸거 가의 은행 빚을 갚는 데 사용하고 절반은 교황 금고로 송금하였다. 알브레히트는 요한 텟셀(Johann Tetzel)을 면죄부 판매 책임자로 임명하였다. 텟젤은 1504년 이후 푸거 가와 교황을 위해 면죄부를 팔았던 도미니칸 수도승이었다. 루터는 당시 알브레히트와 교황 간의 거래내용은 상세하게 알지는 못했지만 면죄부 판매 전략은 알고 있었다.

루터는 그 당시 사회가 처한 문제의 핵심을 건드리고 있었으며 교회라는 프리즘을 통해서 자신을 둘러싸고 있는 세상을 바라보게 되었다. 루터는 성서를 사회 문제와 결부시켜서 읽었고 자신이 성서에서 깨달은 바에 의해서 사회를 측정하였다. 사실 1517년 9월까지도 루터는 그의 온 정력을 그가 깨닫고 이해한 바를 대학에서 가르치는 데 쏟았다. 이것은 강의와 여러 논쟁들을 통해서 이루어졌다. 그러나 아직도 그는 공교회의 가르침들과 관습에서 완전히 자유로울 수는 없었다. 루터가 95개조 테제들을 발표했을 당시만 해도 그는 단지 면죄부 남용에 대해 공격하기 원했고 그 공격도 모든 교회가 아닌 면죄부 판매인 도미니칸 수도승 요한 텟젤에 맞추어져 있었다. 루터는 거듭거듭 사람들에게 면죄부의 부당성과 진실한 참회의 필요성에 대해서 경고하였다. 95개조 테제를 공표한 날 루터는 알브레히트에게 면죄부 판매를 중지해 줄 것을 요청하는 편지와 함께 95개조 테제에 관한 복사본을 그에게 보냈다. 그는 이 복사본이 사람들 사이에 유포되는 것을 원하지 않았다. 그러나 그의 테제들은 이후 서구 역사의 향방을 돌려놓게 되는 중요한 계기가 되었다. 95개조 테제들은 앞으로 전개될 루터의 신학적인 물음들을 담고 있었다.

제2장 ║ 종교개혁 신학의 형성과 발전 (1517-1525)

루터의 생애에서 이 시기는 그의 개혁사상이 뿌리를 내리느냐 그렇지 못하느냐를 판가름할 수 있는 실로 중대한 사건들이 계속 일어났던 시기였다. 이 기간에 그는 두 편의 적대자들(opponents)로부터 공격을 받았는데, 한편은 로마 가톨릭 교회이고 다른 한편은 개혁그룹 내부로부터였다. 로마 가톨릭 교회는 루터의 개혁 운동을 시작부터 무력화시키려고 신랄한 비판과 정치적인 위협을 가했다. 루터는 이러한 공격에 대해 신변의 위험을 감수하면서도 그의 개혁신학을 방어하면서 적극적으로 개혁 운동을 펼쳐 나갔다. 교황청과 논쟁을 벌이면서 루터는 자신의 개혁신학을 발전시켜 나갔으며 이로 인해 루터의 명성은 오히려 더 높아지게 되었고, 그를 지원하는 그룹들이 여기저기서 생겨나기 시작하였다. 다른 한편 루터는 개혁 그룹 내부로부터도 도전을 받았다. 개혁 그룹 내의 도전자들은 루터의 개혁방식에 불만을 품고 독자 노선을 택하였는데 이들은 크게 두 그룹으로 분류될 수 있다. 하나는 토마스 뮌처를 중심으로 한 혁명적인 열광주의자들(revolutionary enthusiasts) 혹은 묵시론적 급진파들(apocalyptic radicals)이고, 다른 하나는 재세례파들(anabaptists)로 불리는 복음주의적 열광주의자들(evangelical enthusiasts)이다. 이제 루터의 개혁은 이미 그의 개인적인 영역을 넘어섰다. 루터는 활발한 집필활동을 통해서 그의 개혁사상을 알렸고 개혁의 원리와 방향을 확고하게 잡아나갔다. 그리고 그의 개혁은 단지 종교의 영역, 즉 교회에만 국한되지 않았고 당시 정치, 사회 분야에도 급속하게 영향을 주었다. 따라서 이 시기에 우리는 루터의 개혁신학 내용뿐만 아니라 그의 정치이론들도 상세하게 조사해 보아야 한다. 그의 이론들은 위에서 언급한 두 도전 세력들과 개혁전선에서 부딪치면서 형성된 것들이다. 이런 점에서 그의 신학은 사변적(speculative)이 아닌 다분히 상황적인(contextual) 성격을 띠고 있다. 이러한 신학 논쟁과 개혁 운동을 전개함에서 루터의 궁극적이고 최종적인 판단의 규준(criterion)은 언제나 성서였다.

1. 95개조 테제의 파장은 일파 만파로 확산되고

15세기 중엽 인쇄술의 발명이 없었다면 루터의 종교개혁은 과연 성공하였을까? 만약 95개조 테제가 그 이후 대량 인쇄되어 많은 사람들에게 널리 유포되지 않았더라면 루터의 개혁정신이 당시 서양 사회의 근본 질서를 뒤흔들 만큼 영향력을 발휘할 수 있었을까? 인쇄술의 발명은 서양 문명의 흐름에 획기적인 전환을 가져왔다. 인쇄술이 발전되기 시작한 1450년경부터 1500년 사이에 약 2,000만 권의 장서가 출판되어 인간 사유의 교류를 도모하였고 이후 인간의 삶과 사고의 발전에 지대한 영향을 끼쳤다. 인쇄술의 발전 덕택으로 인해 학자들의 사상이 다량으로 인쇄되어 널리 유통될 수 있었고 더군다나 당시 활발한 상업으로 각 지역간 커뮤니케이션도 자동적으로 이전 시대보다는 훨씬 나아졌다. 이런 점에서 루터는 확실히 100여 년 전 다른 개혁자들보다도 운이 좋았던 사람이었다. 이렇게 루터의 종교개혁은 그의 개혁이 힘을 얻고 많은 사람들의 지지를 끌어낼 수 있는 사회적인 조건들이 뒷받침되었던 것이다.

루터는 95개조 테제를 발표하고 나서 그것을 널리 뿌려야 겠다는 생각은 추호도 없었다. 그러나 루터가 그 테제들에서 비판한 이슈들은 매우 민감하고도 위험스러운 것이었다. 그 테제가 담고 있는 내용의 폭발성과는 달리 루터의 행동은 단지 학문적인 토론을 위한 요청이었다. 그러나 테제들이 담고 있는 내용은 교회의 본질과 교직제도의 권위 문제를 건드리고 있었다. 당시 신학자들과 대학 교수들은 이 문제를 교회와 학문적인 영역에서 토론할 수 있었지만 그들은 논쟁에 제한을 받고 있있다. 따라서 루터가 세기한 문제들은 오히려 다른 사람들, 즉 교회에서뿐만 아니라 사회에서 권력을 행사할 수 있는 사람들에 의해서 판단되고 결정 내려져야만 했다. 그래서 루터는 이 문제를 해결하기 위해서 결정권을 행사할 수 있는 위치에 있는 상급자들에게 자신의 입장을 설명해야 했다. 그의 상급자들은 브란덴부르크 주교 제롬 슐츠(Jerome Schulz)—비텐베르크는 브란덴부르크 교구에 소속되어 있었다—와 마인츠와 마그데부르크의 대주교 알브레히트(Albrecht)였다. 브란덴부르크 주교는 알브레히트의 감독하에 있었다. 루터는 알브레히트에게 너무 늦기 전에 면죄부 판매 설교자들을 바로잡아 주도록 요청하는 편지를 썼다. 그는 이러한 요청의 편지를 브란덴부르크의 제롬에게도 보냈다. 그러나 이들은 루터에게 답장을 하지 않았다. 대신에 알브레히트는 이 문제를 로마 교황청으로 위임하였고 이러한 사실을 루터는 모르고 있었다.

이제 루터의 면죄부 판매에 대한 비판은 로마 교황청이 다루게 되었다. 교황청은 여러 경로를 통해서 루터에게 위협을 가하면서 입장을 철회하라고 압력을 넣었다. 그가 소속해 있는 어거스티니안 수도회는 교황청의 요청에 따라 뇌물공세까지 하면서 그에게 침묵하라고 명령하였다. 그러나 루터는 그러한 압력에 굴복하지 않고 자신의 입장을 알리는 데 적극적이었다. 그는 알브레히트, 제롬 그리고 비텐베르크에 있는 자신의 동료들 외에도 에르푸르트에 있는 친구 요한 랑(Johann

Lang)에게도 자신의 입장을 알리는 편지를 보냈다. 그의 친구들은 루터의 주장들을 복사해서 유포시키기 시작하였다. 복사본이 바젤과 라이프치히에서 돌아다녔고 불과 14일도 채 안 되어서 독일 전역으로 요원의 불길처럼 유포되었다. 루터가 나중에 표현했던 것처럼 천사들이 화염에 부채질하고 있었던 것이다.

95개조 테제는 완전히 예기치 않았던 획기적인 결과를 낳았고 1517년 말에는 수차례 재판되어 유포되었다. 많은 사람들이 면죄부 판매에 대항한 루터와 그의 투쟁에 관해서 이전보다는 훨씬 더 많은 관심을 보였다. 루터는 95개조 테제에 관한 설명들을 보다 분명하고 명확하게 정리해서 제시하였다. 이러한 설명을 하면서 루터는 교황에 대한 공격은 가급적 삼가하였고 대신에 그는 면죄부 제도의 밑바탕에 깔려 있는 하나님 개념에 대한 설명을 하였다. 그에 따르면 면죄부 제도는 기본적으로 하나님은 죄인으로부터 어떤 보상을 요구하신다는 개념에 근거해 있다. 루터는 성서 어디에도 그와 같은 가르침은 없다라고 말하면서 하나님은 은총의 하나님이시며 어떠한 보상을 요구하지 않으신다고 주장한다. "면죄부와 은총에 관한 설교"(Sermon on Indulgence and Grace)에서 루터는 사신을 이단으로 몰아세운 고소에 대해서 처음으로 공식적인 반응을 보였다. "어떤 사람들이 나를 이단으로 고소하고 있지만 그럼에도 불구하고 나는 그와 같은 일방적인 날카로운 비난을 진지하게 고려하고 있지 않습니다. 왜냐하면 고소를 한 사람들은 이전에 성서 냄새도 결코 맡아 보지 못했을 뿐만 아니라 그리스도교의 가르침도 읽어 본 적이 없고 그들 자신의 가르침도 이해하지 못한 멍청이들이기 때문입니다."[1)]

어떤 사람들은 루터가 너무 무례하고 오만 방자하다고 비난하였다. 그리고 그가 소속해 있던 어거스티니안 수도회 수도승들도 루터

1) *WA* 1:246.

가 오만하다고 꾸짖으면서 루터의 급진 사상에 큰 충격을 받았다. 신학자들, 수도승들, 그리고 사제들은 일제히 루터의 행동에 각기 다른 입장을 가지고 반응하였다. 루터의 행동은 교회뿐만 아니라 정치적인 영역에까지 영향을 미치기 시작하였다. 말하자면 한 사람의 개인적인 견해가 사회 구조적인 문제에 영향을 주면서 상호 작용했던 것이다. 신학은 혁명적인 것이 되었고 혁명은 신학적인 것이 되었다. 한편 비텐베르크 대학 분위기도 루터에게 그렇게 우호적이지는 않았다. 모든 사람들이 루터에게 조심하라고 충고하였다. 이런 상황에서 루터가 할 수 있었던 것은 강의에 충실하는 것이었다. 1517년 여름학기부터 루터는 히브리서 강해를 시작하였는데, 그 해 10월 26일에 히브리서 6장을 다루면서 그는 95개조 테제의 핵심 주제인 고해성사에 관한 주제를 토론하였다. 루터가 강의에서 다루었던 것은 내용 면에서나 연대적으로도 자신의 신학 형성과 발전과정에서 해결하고자 씨름하였던 문제들에 상응한다. 이러한 상응은 그의 신학적인 사상의 본질을 이해하는 데 매우 중요하다. 즉 우리는 루터의 학문적인 노력에서 그의 신학적인 사고와 정치적인 투쟁의 시작이 어떻게 합성되고 있는지를 알 수 있다. 루터는 그의 적대자들은 합리적인 판단 능력이 결여되어 있으며 신학적인 지식조차도 결여되어 있다라고 주장하였다. 이것은 루터가 일종의 신변의 위협을 느끼는 가운데 이제 그가 제기한 문제를 학문적인 영역에서 토론이나 논쟁을 하려 하기보다는 자신의 안전에 더 관심이 있었음을 보여 주고 있다. 자신이 이단이라는 그러한 고소에 직면해서 루터는 행동을 사뭇 머뭇거렸다. 그는 교회사에서 이단이라고 한번 낙인 찍히면 어떠한 결과가 초래된다는 사실을 너무도 잘 알고 있었기 때문이었다. 이단은 논쟁이나 토론의 대상이 아니라 심문과 재판의 대상이었다. 루터는 자신을 이단으로 고소하는 이러한 비난에 대해 만일 적절하게 대응하지 못한다면 그에게 어떤 일이 닥칠 것인지를 잘 알고 있었다. 그는 수년 동안 그를 괴롭혀 오던 공포에 사로잡혀 있었다. 이때 그는 기도와 학문적인 연구를 통해서 자신의 불안을 해결해야만 했다.

이제 루터의 95개조 테제에 대한 로마 교황청의 대응이 시작되었다. 교황청의 심판이 거세면 거셀수록 루터는 더욱 신학적인 입장을 정교하게 발전시켜 가면서 대응하였다. 교황은 비협조적인 어거스티니안 수도회보다는 도미니크 수도회의 도움을 요청하였다. 교황은 도미니크 수도회 출신으로 교황청 성서 교리 신학자요, 궁정 장관이던 실베스터 프레리아스(Sylvester Prierias, 1456－1523)[2]에게 루터의 95개조 테제를 비판적으로 분석하여 그에게 보낼 답장을 준비시켰다. 프레리아스는 도미니크 수도회의 실질적인 실세였고 당시 이단 서적들을 검열하고 이단들을 심문하는 데 전문가였다. 그는 그의 교단의 다른 사람들, 예를 들면 텟젤과 호흐스트라텐(Hochstraten) 등과 함께 루터에 대항하는 글들을 썼다.[3] 그들이 보기에 루터에게 문제가 된 것은 이단 혐의, 교회 권위에 대한 경멸, 교황 권위에 대한 도전 등이었다. 프레리아스는 "마르틴 루터의 무례한 입장들에 대한 반박문"(Dialogue against the Presum-ptuous Conclusions of Martin Luther)을 준비하였다. 반박문(Dialogue)의 서두에는 면죄부 문제가 아닌 교회에서 금해야 할 영역과 교황의 여러 권한에 대한 말로 시작하고 있다. 프레리아스는 하나의(universal) 교회는 실제로 로마 교회라고 밝혔다. 로마 교회는 추기경들을 중심으로 구성되어 있지만 실제로는 교황이 실질적인 대표자이다. 하나의 교회가 믿음과 도덕 문제에서 잘못을 저지를 수 없는 것과

2) 그는 마조리니(Mazzolini)라는 이름으로 널리 알려져 있다.
3) 루터는 95개조 테제들에 대한 격렬한 비판이 가해지자 이 테제들에 대한 해설문을 쓰기로 마음먹고 수개월 동안 준비한 끝에 1518년에 이 해설문(Resolutiones disputationum de indulgentiarum virtute)을 발표하였다. 루터는 그를 반대하는 측의 사람들이 적지 않은 오해를 하고 있음을 지적하면서 자신의 중심 사상을 신학적인 입장에서 조목조목 변호하고 있다. 이 논문은 그의 초기 신학사상을 이해하는 데 귀중한 가치가 있다. *WA* 1:525-629; *LW* 31:81-252(*Explanations of the Ninety Five Theses*, 1518).

마찬가지로 어떤 참된 교회회의나 로마 교회도 마찬가지요, 공적인 입장에서 말하는 교황 역시 마찬가지이다. 이 로마 교회와 로마 교황의 가르침은 거룩한 책(성서)에서 그 힘과 권위를 부여받았고 오류가 없는 믿음의 규범으로 받아들이지 않는 사람이 있다면 누구나 이단이요, 면죄의 문제에서 로마 교회의 현재 조치를 불가능한 것으로 트집잡는 자는 이단이다. 그러고 나서 프레리아스는 루터의 오류를 반박했으며 도중에 그를 놋쇠 두뇌와 쇠코로 된 문둥이로 묘사했다.[4] 루터는 성서에 호소함으로써 이러한 비난에 맞섰다. 루터는 처음부터 프레리아스를 편파적인 인물로 간주하였다.

로마 가톨릭 교회와 교황청으로부터의 루터에 대한 공격은 계속되었다. 그럴 때마다 그는 자신의 입장을 적극적으로 변호하였지만 자신을 이단으로 고소하고 있는 현실은 그에게 끊임없는 공포감을 갖게 하였다. 그는 그러한 공포를 극복하고 싸우는 데 특별한 신학을 발전시켰다. 그것은 바로 '십자가 신학' (theologia crucis)이다. 루터는 하이델베르크 논쟁(the Heidelberg Disputation)에서 자신의 십자가 신학을 발표하였다. 이 회의에서 95개조 테제를 발표하고 난 후 자신을 코너에 몰아넣으려는 세력에 대항해서 루터는 자신의 입장을 변호하고 설명해야 했다. 1518년 4월 26일 하이델베르크에서 어거스틴 수도회 분회가 열렸다. 루터는 이 회의에서 자신이 속한 수도회 관구장의 대리로서 사회를 보게 되어 있었으며 그 수도회의 창시자인 어거스틴 신학의 인간타락에 관한 교설에 대해서 설명하도록 되어 있었다. 루터는 이 기회를 이용하여 자신의 개혁신학을 설명할 수 있는 테제들을 준비하였다. 여러 경로를 통해 루터의 신변이 위험하다는 경고가 들려 왔다. 하이델베르크로 가는 도중에 저격 받을 가능성이 있다는 경고도 들려 왔다. 그러나 루터는 어떠한 위험에도 불구하고 자신이 옳다고 생각되

4) 베인톤, 『마틴 루터의 생애』, 94.

는 길을 꿋꿋이 걸어가기로 다짐하고서 하이델베르크로 향하였다. 이 회의에는 마틴 부처(Martin Bucer, 1491–1550), 요하네스 브렌츠(Johannes Brenz 1499–1570)와 다른 인문주의 영향을 받은 젊은 신학자들이 그의 입장을 지지하면서 참석하였다. 이 토론을 위해서 루터는 40개의 테제들을 준비했는데, 그 중에서 28개 테제는 신학에, 그리고 12개 테제는 철학에 관한 것들이었다. 이 테제들은 인간의 죄성, 하나님과의 관계에서의 인간 의지의 노예, 구원 문제에서의 인간의 협력이 배제된 하나님의 절대적인 은총에 관한 주장들을 말하고 있는데 이 주장들은 그의 개혁신학의 기본내용들이다. 이 테제에서 루터는 신 인식에 관한 중세 스콜라주의를 "영광의 신학"이라고 불렀고 이와 반대로 그가 제시한 신학을 "십자가 신학"이라고 불렀다.[5)]

하이델베르크 논제에서 루터는 면죄부 문제는 가능한 한 피하였고 대신에 그의 신학의 기초가 되는 '십자가 신학'과 중세 '영광의 신학'과의 차이점을 설명하였다. 그럼으로써 지금 자신이 제기하고 있는 문제는 단순히 면죄부 판매에 대한 비판이 아니라 그러한 행동이 나오게 될 수밖에 없는 가톨릭 교회의 가르침에 근본적으로 도전하고 있다는 것을 보여 주었다. 이것은 중세 교회의 신학적인 기초들을 뒤흔드는 것이었고 지금까지 당연시 되어 오던 교회질서와 구조의 개편을 요구하는 것이었다. 하이델베르크 논제에서 루터는 중세 '영광의 신학'의 도덕주의와 합리주의를 비판하면서 우리는 도덕적인 노력이나 합리적인 추론에 의해서 하나님께 다가갈 수 없다는 점을 분명히 하였다. 지상으로부터 하늘로 올라가는 사다리는 없다. 종교적인 사색이나 선행의인화(works-righteousness)는 단지 하나님과 직접적이고 단절 없는 교제를 원하는 인간 열망에 대한 표현들일 뿐이다. 이것은 정확히 하나

5) *LW* 31:39-70. 영광의 신학이니 십자가 신학이니 하는 말들은 이 논제에서 루터가 처음 사용한 말들이다. *LW* 31:40(테제 21). cf. *LW* 31:68-69, *LW* 1:225.

님에게로 상승하려고 시도하는 모든 '영광의 신학' 들에 대한 반대이다. 루터의 십자가 신학은 철저하게 하향구조이다. 그는 인간의 지식과 이성을 사용하여 신에게로 접근하려는 일체의 모든 시도들을 거부한다. 인간이 하나님을 인식할 수 있는 방법은 전적으로 하나님 편에 달려 있다. 세상은 그리스도 안에 있는 하나님을 보지 못한다. 왜냐하면 세상은 그리스도를 단지 나약한 사람으로 보기 때문이다.[6] 세상의 지혜로는 하나님을 알 수 없고 그리스도만이 하나님의 지혜이다. 따라서 우리는 십자가에 못박힌 그리스도를 전하는 것이다.(고전 1:21−24) 십자가 신학자는 십자가에 달리시고 감추이신 하나님을 말하는 사람이다. 반면에 영광의 신학자는 십자가에 달리시고 감추어 계신 하나님을 인식하지 못하는 사람이다.[7] 이렇게 루터는 논쟁을 거치면서 자신의 입장을 확고하게 다져 나갔다.

1518년 8월 7일, 루터는 로마로부터 소환장을 받았다. 그를 수 개월 동안 정신적으로나 심리적으로 억압했던 우려가 이제는 현실적인 위협이 되었다. 이 시점에서 정치적인 관심사들이 그의 생애에 관여하기 시작하였다. 루터는 선제후(the Elector) 프레드릭에게 로마로 소환되지 않고 독일에서 공정한 재판관들 앞에서 청문회를 열 수 있도록 조치를 취해 달라고 청원하였다. 비텐베르크 대학도 또한 로마 교황청에 같은 청원을 하였다. 이러한 호소를 근거로 해서 비텐베르크 정치 지도자들은 독일 문제에 교황청의 간섭을 줄이고 민족주의 정서를 확립하려고 하였다. 당시 막시밀리안 황제가 손자인 스페인의 찰스를 자신의 후계자로 세우려는 계획에 교황청이 반대하고 있었기 때문에 찰스 황제에게 복종하기를 거부한 삭소니(Saxony) 주의 선제후 프레드릭의 루터가 독일 영토에서 청문회를 가질 수 있도록 해달라는 요청을 거절할

6) *LW* 26:29f.(갈라디아서 강해, 1535).

7) *LW* 31:225.

수가 없었다. 드디어 아우크스부르크에서 국회가 열렸다. 루터는 9월말에 비텐베르크를 떠나 아우크스부르크에 10월 7일에 도착하였다. 그는 어찌나 불안과 공포에 휩싸였던지 아우크스부르크에 다 와서는 걸을 수 없을 정도로 위장 통증이 심하였다. 1518년 10월 12일 화요일부터 14일 목요일까지 루터는 추기경 카제탄 앞에서 3차례 심문을 당하였다. 심문관은 가에타(Gaeta)의 토마스 드 비오(Thomas de Vio, 1469-1534)였는데 그는 카제탄(Cajetan)으로 불렸다. 카제탄은 교황 대사이며 박식한 토미스트(Thomist) 신학자였다. 그는 도미니칸 교단의 총무(magister general)로 일하면서 교황의 권위를 변호하는 변호자가 되었다. 카제탄은 아우크스부르크에서 루터를 논박하고 심문하는 과제에서 자신을 스스로 탁월한 사람이라고 생각하였다.[8] 카제탄은 그의 지침에 따라 루터에게 3가지 요구를 하였다. 즉 루터는 교회 생활의 중심으로 돌아가야 하며 자신의 잘못들을 취소하고 앞으로 그러한 일들과 교회를 소란시킬 수 있는 모든 것들로부터 삼가해야 한다는 것이었다. 심문의 근거는 성서와 교회법(Canon law)이었다. 루터가 이러한 요구에 순수하게 응한다면 우리는 평화롭게 잠을 잘 수 있을 것이라고 심문관은 생각하였다. 그러나 루터는 지금 이곳 아우크스부르크에 단순히 자신의 입장을 철회하기 위해서 오지는 않았다는 사실을 기억하였다. 그는 자신이 제기한 문제들을 교회 대표자와 토론하기를 원했는데 카제탄이 이것을 허락하지 않자 실망하였다. 카제탄은 면죄부의 타당성을 지지하기 위해서 기존 교회 법에 호소하였고 루터가 믿음으로 이 법을 받아들이기를 기대하였다. 카제탄은 루터가 주장하는 신앙을 통한 구원(Justification by faith)의 가르침은 새로운 교회를 탄생시킬 수 있다라고 경고하였다. 하지만 루터의 입장은 조금도 변함이 없었다. 그는 면죄부 제도는 성서 어디에도 그 증거를 찾아볼 수 없다고 단호하게 말하였

---

8) *LW* 31:253-292("Proceedings at Augsburg," 1518) 참고.

다. 그는 자신의 견해를 취소하기보다는 오히려 자신의 문제를 다루기 위해서 관례에 따라 교회 공의회(Council)를 열어줄 것을 호소하였다. 이러한 호소는 공의회의 결정은 교황의 주장보다 앞선다는 중세 후기 공의회주의자들(Conciliarists)의 주장에 근거하고 있었다. 교황청 성서 교리위원회는 루터를 줄기차게 밀어붙이지 못하고 있었다. 이러한 상황은 루터에게 그의 운동을 조직화할 수 있는 여지를 주었다. 카제탄은 루터의 저술들을 주의 깊게 검토하고 몇 가지 간단한 질의서를 작성하였다. 카제탄은 루터에게 자신의 입장을 철회하기를 요청하는 것 외에는 더 이상 바라지 않았다. 그러나 루터는 그의 요구를 거부하였고 교황권과 그 권위 남용에 대한 문제를 계속 제기하였다. 이렇게 양자간의 만남은 아무런 소득 없이 실패로 끝났다. 1518년 10월 20일 밤에 루터는 비밀리에 아우크스부르크를 빠져 나와 10월 31일에 비텐베르크로 돌아왔다.

교황청의 심문을 받고 있는 동안에 루터가 제기한 문제들은 학문적인 영역에서 열띤 논쟁으로 번져 갔다. 루터는 잉골스타트(Ingolstadt) 교수 요하네스 엑크(Johann Eck, 1486－1543)와 라이프치히에서 1519년 6월과 7월에 논쟁을 벌였다.[9] 라이프치히로 향하는 길에는 이미 수많은 지지자들이 함께하였다. 루터는 약 200여 명의 무장한 학생들과 동료 교수인 칼슈타트, 멜랑히톤과 함께 1519년 6월 24일에 라이프치히에 입성하였다. 그 중에는 토마스 뮌처도 끼어 있었다. 엑크는 이들보다 이틀 먼저인 6월 22일에 열렬한 환영을 받으면서 도착하였다. 성 도마 교회에서 장엄한 예배를 본 후에 라이프치히 시문학 교수인 피터 모젤라너스(Peter Mosellanus)가 6월 27일에 공식논쟁을 개막했다. 루터는 계속되는 논쟁에서 분명하고도 논리 정연하게 은총, 자

9) 라이프치히 논쟁에 관해서는 *LW* 31:307-326("The Leipzig Debate," 1519)를 참고하라.

유의지, 교황 권위에 대한 문제에 대해서 자신의 입장을 설명하였다. 비록 교황 권위 문제에 대해서는 확실하게 단언적으로 설명하지는 못했다. 이 문제에 관해서 루터는 좀더 주의 깊은 연구를 통한 대답을 마련해야 했다. 루터는 말했다: "보통 사람들이 성 베드로의 권위나 교황의 능력에 관해 무차별적으로 논박하는 것은 필요하지 않다. 구원을 위해서 그것을 어떻게 사용하느냐가 좀더 중요하다."[10]

루터와 엑크 사이의 논쟁의 주요 테마는 교황의 우위성과 그 권위에 관한 것이었다. 라이프치히 논쟁이 세인의 관심을 끌면서 역사적으로 중요한 사건이 되었던 것은 바로 이러한 주제에 관해서 논쟁을 벌였기 때문이었다. 연옥이나 면죄부 그리고 고백성사와 같은 주제들은 상대적으로 논쟁의 초점 밖에 있었으며 청중들의 관심을 불러일으키는 데도 별로 효과가 없었다. 루터는 첫 번째 연설에서 교회의 최고 군주와 우위성은 신에게만 있으며 그 외 모든 것들은 이러한 신의 권리에 종속되어 있다고 주장하였다. 이에 대해서 엑크는 루터의 주장은 잘못이라고 지적하면서 세상 군주의 원리는 로마 교황권에도 마찬가지로 적용된다고 주장하였다. 만약 이 점에서 루터가 엑크의 주장이 잘못이라고 공격한다면 루터는 이단으로 쉽게 고소될 수 있었다. 왜냐하면 콘스탄스 공의회(1414－1418)는 교황권은 구원을 위해서 필요하고 신적으로 인가받았다고 결론을 내렸기 때문이다. 그래서 엑크는 교회의 최고 우두머리에 관한 질문을 던짐으로써 루터를 함정에 빠뜨리려고 하였다. "만일 전투적인 교회가 군주 없이 존재할 수가 없다면 나는 이 군주가 누구인지 그리고 로마 교황 외에 다른 사람이 있을 수 있는지 또한 그 자리의 첫 번째가 성 베드로와 그의 후계자들이 아니라면 누구인지를 알고 싶다."[11] 이 질문에 대해서 루터는 이렇게 대답했다. "전투적인

10) *WA* 2:248.
11) *WA* 2:256.

교회와 그 교회의 머리로서 나는 그리스도 자신 외에 어느 누구도 인정하지 않는다. 그리고 지도자로서 그리스도의 권위는 신의 권위에 의존한다."[12]

엑크는 루터를 1518년 10월에 아우크스부르크에서 처음 만난 적이 있었다. 그때에 루터는 그의 칭의론 신학(신앙으로만 구원)을 통한 새로운 구원관과 교회에 대한 새로운 이해를 제시하고 있었다. 엑크는 루터의 95개조 테제와 그 테제의 해설서(Resolutions)들을 세밀하게 연구 검토하였다. 해설서에서 루터는 그레고리 대교황(590−604) 이후로 로마 가톨릭 교회는 동방 교회에 대해서 어떠한 권한도 행사하지 못했다는 점을 지적하였다. 이러한 지적은 역사적인 사실이기 때문에 논쟁의 여지가 없었지만 엑크는 루터의 이러한 지적의 배후에는 위험한 사상이 도사리고 있다고 감지하였다. 즉 엑크는 교황 수장권과 로마 교회의 우위성에 대한 의심들이 루터의 테제들에서 이미 드러나 있음을 간파하고서 루터의 사상이 불순하다고 판단하였다. 그는 루터의 사상에 숨어 있는 이단적인 요소들을 지적하려고 하였다. 엑크는 로마 교회가 교황 실베스터(Sylvester, 314−335) 이전에 다른 교회들에 대해서 주도권을 행사하지 못했다는 루터의 주장은 잘못된 이해라고 반박하면서 루터를 비판하였다. 이번에는 루터가 엑크의 주장을 반박하면서 테제12(나중에 편집되어 테제 13)에서 다음과 같이 주장하였다. "로마 교회가 모든 다른 교회들에 대해서 주도권을 갖는다는 것은 지난 400년 동안 등장하였던 아주 빈약한 교황 교서들에서 증명되고 있을 뿐이다. 성서와 모든 공의회 회의들 중 가장 성스러운 니케아 회의 신조 그리고 지난 11세기 동안의 신뢰할 만한 역사는 이러한 교황 교서들의 주장들이 허위임을 보여 주고 있다."[13] 이 논제는 루터의 지적인 발전과정에

12) *WA* 2:257.
13) *WA* 2:161.

서 새로운 단계를 보여 주고 있는데 지금까지 그가 신앙의 기본적인 문제들, 즉 하나님 앞에서 인간의 위치, 그리고 예수 그리스도의 복음의 본질에 관한 분명한 이해를 주장하였다면 지금 그는 교회 헌법의 기본적인 문제를 검토하고 있는 것이다. 루터 스스로 엑크와의 논쟁에서 어떤 새로운 것이 도입되고 있음을 감지하였다. 루터는 라이프치히 논쟁을 위해서 교황 칙서들과 교회사를 상세하게 공부하였다. 엑크가 역사적인 논의의 관점에서 루터를 비판하였기 때문이었다. 엑크가 제시한 논제들은 로마 교회가 그 동안 얼마나 오랜 세월 동안 다른 교회들에 대해 우위성을 확보하면서 그 막강한 권한을 행사했는지에 대한 문제를 반영하고 있다. 아무튼 이 논쟁은 교회 본질에 관한 새로운 개념을 세우는 계기가 되었다. 엑크는 루터에게 교황이나 공의회는 오류를 범할 수 없다는 사실을 인정하도록 요구하면서 그를 위클리프나 후스와 비교하면서 이단으로 몰아세웠다. 그러나 어느 정도 지식 있는 대중들은 이 논쟁에서 루터를 진정한 승리자로 보았다. 라이프치히 논쟁은 수많은 종교개혁 논쟁들의 모델이 되었는데, 그것은 문제가 되고 있는 논쟁에서 성서만이 규범이다는 사실을 보여 주었기 때문이었다.

2. 나는 여기에 확고하게 서 있습니다

1518년 아우크스부르크 국회와 1521년 보름스 국회 사이에 루터는 놀라운 신학적이면서 문학적인 창조성을 발휘하면서 그의 새로운 신학을 체계적으로 발전시키고 있었다. 그가 당대의 가장 널리 알려진 저술가로 유명해지자 그의 사상은 여러 대학에 급속도로 파급되기 시작하였다. 1518년 비텐베르크 대학은 루터의 주도하에 커리큘럼 등 여러 부문에서 개혁작업을 시도하였는데, 특히 스콜라 신학을 성서연구로 대체하였다. 루터의 개혁 운동은 재빨리 마르부르크(Marburg), 튀빙겐(Tübingen), 라이프치히, 쾨니스베르크(Könisberg)에 있는 대학들로 퍼져 나갔고 이들은 모두 개신교 대학으로 새롭게 탈바꿈하게 되었다. 이러한 작업에서 루터의 가장 중요한 동역자는 젊은 인문주의자 필립 멜랑히톤(Philip Melanchthon, 1497-1560)이었다. 멜랑히톤은 나중에 루터의 입장과는 다른 개신교 신학 사상의 기초를 놓았지만 종교개혁 초창기에 그는 루터의 가장 든든한 지지자요 이론가였다. 이렇게 루터의 개혁사상이 급속하게 퍼져 나가고 있는 동안 우리가 한 가지 주목해야 하는 것은 1517년 이후 루터를 둘러싸고 가톨릭 교황청과 벌어진 양상들은 다분히 정치적인 성격을 띠고 있었다는 점이다. 1517년 이후 전개된 양상은 신학적인 문제를 다분히 정치적으로 판단하고 있음을 알아야 한다.

1520년 1월 9일에 열린 한 교회 재판소(consistory)에서 교황은 교회가 더 이상의 상처를 받기 전에 루터와 그의 후견인인 프레드릭 선제후에 대한 모종의 조치를 취해야 한다는 의견을 제기하였다. 이후 수개월 동안 교황청에서 몇 차례 회의가 열렸으며 이 문제를 다루기 위한 위원회가 조직되었다. 이 위원회 위원장은 교회 법률가인 아콜티(Accolti) 추기경과 신학자 카제탄 추기경이었다. 이 위원회는 루터의 저술들을 비판하는 칙령을 준비하였다. 이 칙령을 발표하기 전에 교회 재판관들은 5월 21, 23, 26일 그리고 6월 1일 네 차례나 토론하였다. 마침내 7월 24일 이 칙령은 성 베드로 바실리카에서 선포되었다. 이 칙령에는 루터를 파문하겠다는 위협이 포함되어 있었다. 이 칙령이 바로 교황 레오 10세에 의해서 선포된 "엑수르게 도미네"(Exsurge Domine)이다.[14] 이 칙령은 루터의 저술들은 로마 가톨릭 교리에 위배되며 그의 주장들은 이단으로 고소되어야 마땅하다고 선포하고 있다.

14) "엑수르게 도미네"란 말은 시편 74:22(23), "하나님이여 일어나사 주의 원통을 푸시고 우매한 자가 종일 주를 비방하는 것을 기억하소서."의 구절의 첫 단어를 따서 만든 것이다.

드디어 파문이라는 경고를 담은 이 칙령은 1520년 10월 10일에 비텐베르크에 전해졌다. 사실 루터는 그 해 7월에 자신에 대항한 칙령이 준비중이라는 사실을 알고서 마음속으로 이미 로마와의 단절을 준비하였고 더 이상 로마 교황청과 어떤 화해나 유대 관계를 회복하는데 관심 갖지 않았다. 루터는 또한 교황청이 자신에 대한 파문 결정을 철회할 수 없는 상황이라는 사실도 알았다. 이제 루터는 대중들의 지지를 호소하면서 자신이 선택한 길을 갈 수밖에 없었다. 1520년 12월 10일에 비텐베르크 엘스터 문(the Elster Gate) 밖에 있는 거룩한 십자가 교회(the Chapel of the Holy Cross)에서 루터는 상징적인 행동으로 교회 법(canon law) 복사본과 그의 적대자들의 책들과 교황 파문장(Exsurge Domine)을 불살라 버렸다. 이 사건에 대해 루터는 1521년 1월 14일 슈타우피츠에게 보고하였다.[15] 자신의 입장을 철회하는 대신에 교황의 파문장을 불태워 버린 루터에 대해서 교황 레오 10세는 최종적으로 위협을 가했다. 루터는 이미 "엑수르게 도미네" 칙령을 통해 자신은 파문당한 것으로 생각하고 있었는데, 사실 교황청은 1521년 1월 3일에 "로마 교황 법령"(Decet Romanum Pontificem)이라는 파문장(the bull of cxcommunication)을 발행하여 1월 28일에 집행하였다. 1521년 1월 3일에 발행한 파문장은 로마는 최종적으로 루터와 완전히 결별을 선언하였다는 것을 의미한다. 파문장에서 교황은 교회 내의 분란자들을 분명히 징벌할 권리를 가지고 있다는 점을 명시하였다. 루터는 자신의 책들이 불살라지고 여러 면에서 압력을 받기 시작했지만 오히려 이전보다 더 활발하게 자신의 행보를 계속하였다. 찰스 5세는 루터 문제에 너무 빨리 끼어들지 말라는 주위 참모들의 조언에 따라 잠시 이 문제에 즉각적인 반응을 보이지 않았다. 사실 황제는 제국 내의 다른 많은 문제들에 관심 가졌고 루터 문제는 그에게 가장 중요한 것은 아니

15) *LW* 48:191-194.

었다. 하지만 찰스는 마냥 기다리고만 있을 수 없었다. 제국 내에서의 종교적인 분란은 정치적인 분열로 이어질 수 있다고 판단하고서 찰스 황제는 루터 문제를 다루기 위해 보름스(Worms)에서 제국 국회(imperial diet)를 소집하였다. 루터는 그의 많은 다른 동료들도 예상하고 있었던 것처럼 심판 날이 임박했음을 알았다. 그는 1521년 3월 29일에 보름스 제국 국회에 참석하라는 소환장을 받았다. 이리하여 루터는 4월 2일 보름스로 향하였다. 니콜라우스 폰 암스도르프(Nicholas von Amsdorf), 피터 수웨반(Peter Suaven) 그리고 요한 페트젠스타이너(Johann Petzensteiner)가 동반하였다.[16] 금세공 크리스천 되링(Christian Döring)이 마차를 제공하였고 비텐베르크 대학은 여행을 위한 경비로 20달러[17]를 제공하였다. 루터는 보름스로 가는 도중에 에르푸르트와 아이젠나하에 들러 설교를 하기도 하였다. 1521년 4월 16일 화요일 오전 10시가 되기 바로 직전에 루터 일행은 보름스 시에 도착하였다. 루터가 온다는 소식은 미리 예고되어 있었다. 도시로부터 수마일 떨어진 곳에서 약 100명 가량의 귀족들이 그를 기다렸고 그를 에스코트하였다. 나팔이 울려 퍼졌고 수많은 군중들이 떼를 지어 루터 일행을 뒤따르면서 긴 행렬을 이루었다. 당시 보름스 시의 인구는 약 7,000여 명 가량 되었다. 루터가 마차에서 내려왔을 때 한 사제가 그를 껴안았다. 다음날인 1521년 4월 17일에 루터는 황제 앞에 섰다. 회의는 오후 4시로 예정되었으나 루터는 제국 국회로 입장하기 전에 2시간이나 기다려야 했다. 루터는 6시가 조금 못 되어서 회의장에 입장하였고 회의장에는 황제가 중앙에 앉아 있었고 황제의 참모들과 제후들이 그 주변에 앉아 있었다. 루터는 황제 앞에 약간 무릎을 구부리고 서 있었다. 트리어

16) *LW* 32:101-132(*Luther at the Diet of Worms*, 1521).

17) 당시 금화로 20길더(guilder). 길더는 네덜란드, 독일, 오스트리아에서 통용된 금화 화폐단위이다.

(Trier)의 대주교 장관(official) 요한 엑켄(Johann von der Ecken)이 제국 국회 대변인으로 선임되었다. 엑켄은 처음에는 라틴어로 다음에 독일어로 간단한 설명을 하면서 회의를 개회하였다: "존경하는 제국의 황제께서는 다음 두 가지 이유 때문에 마르틴 루터를 소환하셨습니다. 첫째는 당신의 이름으로 출판된 책들에 대해서 스스로 해명할 수 있는 기회를 제공하는 것이요, 둘째는 당신은 이러한 책들이나 또는 그 책들에서 펼치고 있는 어떤 주장들을 철회할 수 있는지에 관해 결정하기 위해서입니다."[18] 그러고 나서 약 20여 권의 책 목록이 큰 소리로 거명되었고 루터 스스로 확인하도록 하였다. 루터는 약간 부드러운 목소리로 그 책들은 자신이 직접 쓴 것들이라고 인정하였으며 철회 문제에 관해서는 생각할 시간을 달라고 요청하였다. 그의 요청은 받아들여졌고 다음날 오후 4시에 다시 제국 국회 앞에서 그의 최종 입장을 구두로 대답하도록 결정하고 첫날 회의는 이렇게 정회되었다.

4월 18일 목요일 오후 4시에 제국 국회는 루터를 다시 소환하였다. 국회 대변인 엑켄은 루터가 그의 책들에서 주장하고 있는 입장들을 철회할 수 있는지에 대해 물었다. 루터는 먼저 독일어로 다음에는 라틴어로 대답하였다. 지금 루터는 자신의 주장들을 철회한다면 목숨은 무사하겠지만 스스로 교황의 독재정치의 도구가 되는 것이라고 생각하면서 자신은 자신의 문제가 아니라 그리스도의 문제로 싸우고 있는 것이라고 판단했다. 그래서 이러한 주장들을 철회하는 것은 그의 능력 밖에 있다고 생각했다. 제국 심문관은 계속해서 다그쳤다. "분명하게 대답을 하라. 당신의 책들과 그 책들이 담고 있는 잘못들을 철회할 것인지 말 것인지에 대해서 명확하게 답변을 하라."고 요구했다. 이때 루터는 저 유명한 보름스 국회 최후 변론을 시작하였다. 그 한 토막을 들어 보자. "존경하는 폐하, 제후 여러분들께서 분명하고 간단하게 신뢰할 만

18) *WA* 7:828.

한 대답을 원하시기 때문에 나는 거기에 대해 이렇게 대답하겠습니다. …내 양심은 하나님의 말씀에 사로잡혀 있습니다. 나는 아무것도 취소할 수 없고 또 취소하지 않을 것입니다. 왜냐하면 양심에 어긋난 행동을 한다는 것은 옳지 않을 뿐만 아니라 안전하지도 않기 때문입니다. 하나님이여, 우리를 도우소서. 아멘." (My conscience is captive to the word of God. I cannot and I will not retract anything, since it is neither safe nor right to go against conscience. God help us. Amen.")[19] 맨 처음 인쇄물에는 "나는 여기에 확고부동하게 서 있습니다. 나는 달리 어찌할 도리가 없습니다." (I can do nought else; here I stand.)라는 말이 덧붙여져 있었다. 이 말이 현장에서 기록되지는 않았지만 그의 순수한 발언으로 볼 수 있다. 왜냐하면 당시 청중들은 너무 흥분되어 있어서 다 받아쓰지 못했을 수도 있었기 때문이다.[20] 이 구절은 훗날 루터가 첨가했을 수도 있고 긴 형태가 원래일 것일 수도 있다. 이 연설은 1521년 5월초에 비텐베르크에서 출간되었다. 제국 국회 원안은 보다 짧은 형식을 취했는데 "하나님 나를 도우소서, 아멘." 으로 축약되어 있다. 심문관은 교회 공의회는 결코 오류를 범할 수 없다고 주장했으나 루터는 공의회라 할지라도 잘못이 있을 수 있다고 주장했다. 그러나 황제는 퇴장시키라는 신호를 보냈고 회의는 끝이 났다. 루터가 회의장을 떠날 때 "불에 집어넣어라." (Al fuego.)라고 스페인 말로 위협하는 소리가 들렸다. 루터는 "드디어 나는 끝까지 해냈다, 나는 끝까지 해냈다." (I came through, I came through.)라고 외쳤다.[21] 찰스 황제는 분노했고 그를 악명 높은 이단으로 간주하였다. 연방 제후들은 루터의

19) *WA* 7:838; *LW* 32:112.

20) 베인톤, 『마틴 루터의 생애』, 198.

21) *Deutsche Reichstagsakten Jüngere Reihe*. Vol. 2(Göttingen: Vandenhoeck und Ruprecht, 1962), 853.

철회 거부도 황제의 비난도 모두 기쁘지 않았다. 그들은 그 문제가 원만하게 해결되기를 기대하면서도 교회와 신앙 문제에 일정한 권한을 행사하기를 원하였다.

루터는 4월 26일 아침 9시경에 보름스를 떠나 일행들과 함께 비텐베르크로 향하였다. 비텐베르크로 귀환여행을 계속하던중 5월 4일 오후쯤 알텐스타인(Altenstein) 숲 근처에 이르렀을 때 갑자기 말을 타고 복면으로 무장한 사람들이 나타나 루터의 일행을 포위하였고 루터 외에 다른 일행들은 계속 여행을 하도록 하였다. 그들은 바로 선제후 프레드릭이 보낸 사병들이었다. 밤 11시에 훈드 폰 벤크하임(Hund von Wenckheim)은 루터를 데리고 바르트부르크(Wartburg) 성에 도착하였다. 갑작스런 루터의 행방불명 소식은 갖가지 소문을 낳았다. 그가 살해되었다느니 다른 나라로 망명했다느니 하는 소문들이 허다하게 퍼졌다.

3. 바르트부르크에서

프레드릭 선제후의 돌봄이 없었다면 루터의 종교개혁은 과연 성공할 수 있었을까? 종교개혁의 성공은 개혁신학이라는 소프트웨어와 당시 정치권력이라는 하드웨어와의 절묘한 결합이 만들어 낸 작품이었다. 루터는 1521년 5월부터 1522년 3월까지 바르트부르크 성에서 그야말로 은둔과 고독에 둘러싸여 생활하였다. 그는 그 곳에 살고 있는 다른 사람들에게 자신의 신분을 알리지 않았다. 루터는 기사 복장으로 바꿔 입고 삭발을 하고 베레모를 썼으며 수염을 길게 기르고 옆에 칼을 차고 다녔다. 바르트부르크에서 루터는 종교개혁사에 길이 남을 만한 기념비적인 작업을 하였다. 그것은 라틴어 성서(Latin Vulgate)를 독일어로 번역하는 것이었다. 루터는 1522년 봄에 비텐베르크로 돌아가서 멜랑히톤의 도움을 얻어 자신의 번역을 다듬어서 1522년 9월에 독일어 신약성서를 출판하였다. 나중에 이 성서 번역본은 9월 성서로 불렸다. 이 성서는 출판되자마자 불티나게 팔려서 12월에 약간의 수정을 가한 개정판이 출간되었다. 이 번역작업은 1534년까지 계속되어 비텐베르크에서 1534년에 루터 성서 번역 완역판이 처음으로 출판되었다. 9월 성서가 독일어로 된 첫 번째 성서는 아니었고 그 전에도 14개 독일어판 성서가 있었지만 어느 것도 미적으로나 표현력에서 루터와 비교할 수 없었다. 루터의 성서 번역작업을 단지 언어적인 관점에서 하나의 업적으로 보면 오해이다. 그것은 역사적인 성취이며 지적이며 영적인 산실이었다. 종교개혁 운동에서 성서 번역작업의 중요성은 아무리 강조해도 지나치지 않는다. 교회개혁의 시작은 성서 번역작업에서 시작된다고 말할 수 있다. 자국어로의 성서 번역은 지금까지 성서를 소수 교회지도층이 독점하고 있던 독점권을 허무는 것이며 교황과 사제들의 손으로부터 성서를 빼앗아 평신도들의 손에 넘겨주는 것을 의미한다. 성서 번역으로 인해 성서해석은 소수 특권층들의 전유물이 아니며 이제 평신도들도 직접 하나님의 말씀을 읽고 해석할 수 있는 기회가 생긴 것이다. 보름스 칙령이 정치적인 의미에서 그 목적을 달성하지 못했던 원인은 황제는 제국의 영주들에 대한 어떠한 처벌 권한도 갖고 있지 않았기 때문이었다. 루터의 개혁 성공은 이러한 정치적인 틈새가 있어서 가능했나. 하나님께서는 이러한 조건들을 미리 예비하여 두셨던 것이 아니겠는가?

4. 하나님의 의에 대한 새로운 발견

루터의 개혁신학은 언제부터 시작되었는가? 그의 비약적인 신학적인 전환시기 문제에 대해 루터 연구 학계에서는 아직도 일치된 합의점을 찾지 못하고 여러 의견들이 분분하기만 하다. 많은 학자들은 이 문제를 루터의 '하나님의 의' (iustitia Dei)에 대한 새로운 발견과 연관 지어서 논의한다. 논의의 초점은 이것이다. 즉 루터가 '하나님의 의' 를 종래의 가르침에 따라 심판과 징벌을 통해서 정의를 세우시는 '공의로운 의' (impartial righteousness)라는 이해로부터 벗어나 죄인을 불러 회개시키시고 영원한 구원을 약속하시는 무한한 선물이요, 인자한 사랑으로 인식하기 시작했던 그 시기가 언제부터였는가 하는 점이다. 물론 우리는 이 문제와 관련한 루터의 내면적인 신앙 태도나 심리 변화를 자세히 읽을 수는 없다. 그러나 그의 증언이나 글들을 통해서 "하나님의 의"에 대한 그의 인식의 변화를 읽어 낼 수 있다. 먼저 루터가 직접 말한 내용을 들어 보자. 루터는 그가 죽기 바로 직전 해인 1545년에 그의 초기 저술들을 회고하면서 그의 첫 번째 라틴어 저작을 비텐베르크에서 출간하였다. 루터는 그 저작의 완성을 기념하면서 쓴 서문에서 자신의 개혁신학의 출발에 관해서 이렇게 증언하고 있다.

> 나는 수도사로서 흠 없이 생활하였지만 내가 극도로 혼란스러운 양심 속에서 하나님 앞에서 죄인이라고 느꼈다. 나는 하나님께서 나의 공로를 통하여 달래졌다고 믿을 수 없었다. 나는 죄인들을 벌하시는 의로운 하나님을 사랑하지 않았다. 아니 그러니까 미워하였다. …마침내 하나님의 자비로 밤낮으로 묵상하는 가운데 나는 그 단어들이 나오는 문맥에 주의를 기울였다. '하나님의 의가 나타나서 … 기록된 바 오직 의인은 믿음으로 말미암아 살리라 함과 같으니라.' 거기서 나는 하나님의 의는 이 의에 의하여 의인이 하나님의 선물, 즉 믿음으로 말미암아 살아가는 바 그 의라는 것을 이해하기 시작하였다. …여기서 나는 내가 완전히 새로 거듭나서 열린 문들을 통하여 낙원으로 들어갔다는 것을 느꼈다. 거기에서 성서 전체의 전혀 다른 면모가 보였다.[22]

그의 증언에 따르면 그가 '하나님의 의'에 대한 새로운 이해를 하게 된 시기는 치열한 면죄부(indulgence) 논쟁을 시작한 때부터 그 이후 로마 교황청으로부터 심문을 받기 시작한 그 사이에 일어났다. 그의 말대로라면 이것은 1517년 겨울부터 1518년 봄 혹은 가을 사이였을 것이다. 이 당시 루터의 근본적인 관심사는 로마서 이해였다. 로마서를 연구하면서 그가 부딪친 가장 큰 어려움은 로마서 1:17에 있는 "하나님의 의"를 어떻게 이해해야 하는가였다. 중세 후기 스콜라 신학, 특히 오캄주의(via moderna)에 깊이 영향을 받았던 루터는 '하나님의 의'에 대한 개념도 그러한 가르침의 관점에서 이해하였다. 즉 그는 하나님은 의로우신 분이시고 죄인들과 불의한 자들을 징벌하시는 분으로 이해하였던 것이다. 루터가 심각한 내적 갈등을 겪게 되었던 것은 정확히 바로 이 대목이었다. 한 수도승으로서의 흠잡을 데 없는 그의 생활에도 불구하고 루터는 스스로 자신은 하나님 앞에서 죄인이며 자기 양심은 극도로 고통과 번민 속에 있었다고 고백한다.[23] 그는 자신이 하나님 앞에서 선행을 함으로써 하나님의 분노를 누그러뜨리며 하나님을 만족시킬 만한 어떤 일을 할 수 있을 것이라고 도저히 확신할 수가 없었다. 따라서 그는 하나님을 사랑할 수가 없었고 오히려 죄인들을 징벌하시는 하나님의 의를 증오하였다. 이렇게 날마다 고통과 시련(Anfechtung) 속에서 지내던 그에게 하나의 획기적인 사건이 일어났다. 이른바 '탑의 경험'(Tumerlebnis)으로 알려진 '하나님의 의'에 대한 새로운 발견이었다. 루터는 이러한 발견은 획기적인 전환이었다고 그의 라틴어 저작 서문에서 진술하였다. 이러한 진술은 루터 신학의 비약적인 발전을 이룬 시기를 확정하는 문제를 야기시켰다. 이 문제는 루터의 개혁신학의 발견 시기 문제와 연관되어 있으며 현재까지도 분명한 합의점에 도달하

22) *LW* 34:336-337.
23) *LW* 34:336.

지 못하고 있다.[24] 이 문제와 관련해서 학자들의 견해는 뚜렷하게 양분되어 있는데, 한 그룹은 루터의 증언을 토대로 하여 그의 개혁신학의 발견 시기를 1518년부터 1519년 사이로 잡고 있고 또 다른 한 그룹은 그 이전, 즉 1513년에서 1515년 사이라고 주장한다.

마르틴 브레히트(Martin Brecht)는 루터의 증언에 근거하여 루터의 '하나님의 의'에 대한 새로운 발견은 1518년 봄이었을 거라고 주장한다. 브레히트는 스콜라주의와의 단절에도 불구하고 루터는 아직 자신의 확고한 입장에 도달하지 못했다고 주장한다. 더 나아가서 브레히트는 루터가 면죄부 논쟁에 가담했을 때 그는 아직은 '개혁적이지'(evangelical) 못했다고 말한다. 루터의 면죄부에 대한 신랄한 공격은 그가 깊이 영향 받은 후기 중세 신학과 경건의 바탕 위에서 일어났다는 것이다. 그러면서 브레히트는 루터는 나중에 자신의 삶을 회상하면서 그 문제를 제기했을 당시 자신은 수도승이요 열렬한 교황주의자였다고 분명하게 말하면서 교황의 가르침에 너무 푹 빠져 있어서 그에 대항해서 아무 말도 할 수 없었노라고 말하고 있다는 점을 부각시킨다. 더군다나 루터 초기 저술(1517－1519)에서 교황에게 사과하는 부분들이 여전히 발견된다고 브레히트는 말한다.[25] 브레히트는 이렇게 루터의 회상을 토대로 하고 또 그의 탁상담화 등에서 언급한 진술들에 근거하여 루터의 개혁신학의 발견 시기를 1518년에서 1519년 사이로 잡는다. 그러면

---

24) 루터의 새로운 신학적인 전환의 시기 문제와 관련한 중요한 연구는 다음을 참조하라.
오토 페쉬(Otto Pesch), "Zur Frage nach Luthers reformatorischer Wende," *Der Durchbruch der reformatorischen Erkenntnis bei Luther*, ed. B. Lohse(Darmstadt, 1968), 445-505; W. D. J. Cargill Thompson, "The Problem of Luther's 'Tower Experience' and its Place in his Intellectual Development," *Studies in the Reformation: Luther to Hooker* (London, 1980), 60-80; 79-80.

25) Martin Brecht, *Martin Luther: His Road to Reformation 1483-1521*, trans. James L. Schaaf(Minneapolis: Fortress Press, 1993), 221-222.

서 그는 1517년 겨울부터 1518년 가을 사이에 루터의 신학적인 발전 단계들을 추적해 보면서 이 기간에 이전과 비교해 볼 때 그의 신학적인 차이가 무엇인지를 밝혀 내려 한다. 브레히트는 '하나님의 의'에 대한 새로운 발견은 루터의 고백성사 이해와 관련해서 파악해야 한다고 주장한다. 그는 루터의 95개조 테제와 이어서 발표한 "해설서"(Resolutions)의 내용들을 비교해 보면서 전자와는 달리 후자의 글에서 루터는 칭의의 과정을 밝히고 있다고 주장하면서[26] 이 "해설서"에서 루터는 고백성사 이해에 대한 뚜렷한 발전을 보여 주고 있다고 주장한다. 면죄부 논쟁이 시작된 이후로 루터는 고백성사에 대한 그의 이해를 발전시키고 있었는데 하나님의 사랑이 먼저 인간에게 자신의 죄를 참회하도록 인도하신다면 이것은 단순한 변화(change)가 아니라 하나님께서 주시는 은총으로 이식된(transplantation) 완전한 변형(transformation)을 의미한다.[27] 브레히트는 또한 이 시기에 루터가 행한 히브리서 강해(1517년 여름부터 1518년 가을까지)에서 드러난 그의 신학적인 이해의 독특성을 부각시킨다. 브레히트는 히브리서 강해는 분명히 이전의 로마서 강해 내용보다 진일보한 사상을 보여 주고 있다고 평가하면서 히브리서 강해의 주요 내용은 그리스도와 그의 구속의 사역에 관한 것이라고 말한다. 브레히트는 이 강해에서 루터의 강조점은 우리를 순전하게 하는 것은 율법의 행위가 아니라 그리스도에 의존하는 신앙에 있다고 말한다.[28]

가톨릭 루터 연구가인 그리사(Hartmann Grisar)는 루터의 개혁신학의 출발을 그의 '탑의 경험'과 연결시킨다. 1532년경 "탁상담화"에서 루터는 '하나님의 의'의 진정한 의미를 깨닫게 된 자신의 신학

26) *LW* 31:98 이하.

27) *LW* 48:67.

28) Martin Brecht, *Martin Luther: His Road to Reformation 1483-1521*, 223.

적인 통찰은 '이 탑 안에서' 일어났다고 언급한다. 이러한 진술에 근거해서 그리사는 루터 신학의 전환은 1518년 봄이었다고 주장한다.[29] 사아르니바아라(Saarnivaara)는 루터의 개혁신학의 출발을 이보다는 훨씬 후대로 잡는데, 그에 의하면 루터는 1518–1519년 말까지도 그의 칭의론의 독특한 특징을 발전시키지 못했다. 이러한 그의 주장은 루터의 칭의론 신학에 대한 일반적으로 인정된 주장들에 도전하였다.[30] 에른스트 비저(Ernst Bizer)는 1545년 라틴어 저작 서문에서 밝힌 그의 자서전적인 진술과 1513–1519년 기간에 루터의 칭의론 신학에서 겸손(humilitas)의 역할에 대한 세밀한 연구를 토대로 루터의 신학적인 돌파구의 연대를 1519년 이후로 잡는다.[31] 비저는 1518년 이전에 루터에게 구원하는 신앙은 겸손에 의해서 형성된 신앙이었다고 주장한다. 이것은 하나님의 말씀을 듣는 것이 중요하다는 성숙한 종교개혁 신학의 신앙이 아니었다. 독일 신비주의자들에 대해 최대한 찬사를 보내고 있음에도 불구하고 루터는 독일 신비주의의 가르침들의 독특한 특징들인 자기포기(self-abnegation)를 통해서 하나님과 인간이 연합할 수 있다는 견해나 인간은 신적인 능력을 소유하고 있다는 입장에 특별히 주목할 만한 가치가 있다고 보지 않았다.

이렇게 루터의 비약적 발전은 1518년쯤 일어났다라는 주장들이 최근 루터 연구 학계에서 제기되고 있음에도 불구하고 그 시기를 훨씬 일찍 잡는 학자들도 있다.[32] 라틴어 저작 서문에서 한 루터 자신의

29) H. Jedin, 'Luthers Turmerlebnis in neuer Sicht', *Catholica* 12(1958), 203-236.

30) U. Saarnivaara, *Luther Discovers the Gospel: New Light upon Luther's Way from Medieval Catholicism to Evangelical Faith*(St. Louis, 1951), 74-87.

31) E. Bizer, *Fides ex auditu: Eine Untersuchung über die Entdeckung der Gerechtigkeit Gottes durch Martin Luther* (Neukirchen, 3rd end, 1966), 172-178.

32) 벤 라스(K. Benrath)나 뵈머(H. Boehmer)는 루터의 신학적인 전환은 1508-1509년경 그의 첫 번째 비텐베르크 시절에 일어났다고 주장한다. 그러나 이들의 주장

진술에도 불구하고 일부 학자들은 그의 초기 회상에 대한 역사적인 신빙성에 대한 의문을 표시한다. 이들에 의하면 루터가 이 진술을 할 때 그는 이미 기억력이 희미할 때였고 루터 자신도 30여 년 전에 일어난 일에 대해 혼돈하고 있다는 것이다. 또 이들은 루터가 그의 책을 읽을 독자들에게 자신의 종교개혁 운동은 면죄부 판매에 대한 공격을 시작한 때에 시작했다는 점을 말하려고 일부러 그렇게 진술했을 것이라고 추측한다. 보른캄(H. Bornkam)은 루터의 획기적인 신학적 발전은 그가 로마서 강해(1515)를 시작할 때부터 이루어진 것으로 보아야 한다고 주장하며,[33] 허쉬(E. Hirsch)에 의하면 루터는 그의 첫 번째 시편 강해(Dictata)에서 새로운 발견을 하고 있다고 주장한다. 그는 하나님의 의에 대한 새로운 이해는 루터의 시편 30편과 31편에 대한 주석에서 분명히 나타나고 있다고 주장한다.[34] 포겔장(Erich Vogelsang)은 '하나님의 의' 의 본질에 대한 루터의 이해는 그의 시편 70편과 71편의 강해에서 분명히 드러난다고 말한다. 그래서 그는 루터의 '하나님의 의' 에 대한 새로운 이해는 1514년 겨울에 일어난 것으로 주장한다. 슈비버트(E. G. Schwiebert)는 루터가 시편 강해를 시작했을 때 그는 여전히 중세적인 사고에 젖어 있었으나 1514년과 1515년에 커다란 전환점을 맞이했

은 신빙성이 없는 것으로 여겨졌다. K. Benrath, *Luther im Kloster*(Halle, 1905), 57; H. Bochmer, *Luther im Licht der neueren Forschung*(Leipzig, 1906), 32; 루프스(F. Loofs)는 루터는 그의 첫 번째 시편 강해(the Dictata)를 하기 이전 아마도 1512년 겨울이나 1513년에 일어났을 것이라고 주장한다. F. Loofs, 'Der articulus stantis et cadentis ecclesiae,' *Theologische Studien und Kritiken 90*(1917), 323-400; 352. 위의 모든 인용은 Alister E. McGrath, *Luther's Theology of the Cross* (New York: Basil Blackwell Ltd, 1985), 142-143에서 재인용함.

33) H. Bornkamm, 'Luthers Bericht über seine Entdeckung der Iustitia Dei,' *Archiv für Reformationsgeschichte 37*(1940), 117-128.

34) E. Hirsch, 'Initium Theologiae Lutheri,' *Der Durchbruch der reformatorischen Erkenntnis*, 64-95; 87-93.

다고 말한다.[35] 베인톤은 1513년과 1516년 사이에 행한 시편과 로마서 강의에서 이미 루터의 새로운 신학적인 통찰력은 발견되고 있으며 그의 신학의 원숙한 정수가 담겨져 있다고 말한다. 그는 "그 후에 나온 것은 설명으로서 뼈대가 잘못 조립되는 걸 막으려고 목청을 반음 정도 높인 것에 지나지 않는다. 이 모든 꽃잎이 둘려 있는 한가운데에 자리 잡고 있는 것은 죄의 용서에 대한 확언이었다."라고 말한다.[36] 베인톤은 루터가 시편 22편을 읽을 때 확실히 하나님에 대한 이해가 새롭게 바뀌었는데 그것은 '온통 소름끼치시는 분' (the All Terrible)에서 '온통 자비로운 분' (the All Merciful)으로 이해의 전환이 일어났다고 한다.[37] 맥그래스(Alister E. McGrath)는 '하나님의 의' 의 새로운 발견은 루터가 첫 번째 시편 강해(the Paslter)를 하고 있는 동안 1515년 어느 시점에서 일어났다고 주장한다.[38] 그는 이러한 신학적인 발견은 루터 초기 신학적인 발전의 끝이 아니라 시작을 의미한다고 말하면서 루터는 '하나님의 의' 에 대한 새로운 이해의 바탕에서 하나님께서 죄 된 인간을 어떻게 다루고 계시는가에 대한 그의 이해를 계속해서 발전시켜 나갔다고 말한다.

위에서 살펴본 바와 같이 루터의 신학적인 전환점의 시기 문제에 대해 오늘날 루터 연구 학계에서는 뚜렷이 두 견해로 나뉘어 있는데 이러한 견해 차이는 그들의 접근 방식에서 비롯된다. 한 그룹은 루터의 자서전적인 진술의 분석에 기초하여 1518년 겨울부터 1519년 사이에 그러한 신학적 전환이 일어난 것으로 주장하며 또 다른 그룹은 루터의 초기 저술의 분석에 기초하여, 특별히 그의 시편 강해(the Dictata)의 분

35) E. G. Schwiebert, *Luther and his times: The Reformation from a New Perspective* (Saint Louis: Concordia Publishing House, 1950), 285.

36) 베인톤, 『마틴 루터의 생애』, 71.

37) *Ibid.*, 65.

38) McGrath, *Luther's Theology of the Cross*, 98, 146.

석에 의거하여 1514년 혹은 1515년에 사고전환이 일어난 것으로 생각한다.

이 문제는 매우 복잡한 문제이다. 나는 루터의 신학적인 돌파구(breakthrough)의 시기 문제에 관해서 이렇게 풀어가야 된다고 생각한다. 먼저 우리는 루터의 개혁신학의 출발점을 왜 '하나님의 의' 에 대한 그의 새로운 해석에서 찾아야 하는지를 물어야 한다. 우리는 그의 개혁신학의 새로운 발견의 시기를 '하나님의 의' 에 대한 새로운 이해와 결부시키는 것에 이의를 제기할 수 있다. 물론 루터는 '하나님의 의' 를 새롭게 이해함으로써 지금까지 그를 괴롭혀 왔던 고민들을 해결할 수 있는 실마리를 찾았다. 그리고 루터는 분명히 '하나님의 의' 에 대한 새로운 해석을 강조하고 있지만 그것이 그의 신학적인 전환의 출발이라고 단정지어 말하지는 않고 있다. 여기서 우리는 '하나님의 의' 에 대한 루터의 발견이 그렇게 새로운 것이며 혁명적이었는가를 물어야 한다. 가톨릭 학자들은 '하나님의 의' 에 대한 이러한 통찰은 근본적으로 가톨릭적이며 루터 이전의 많은 성서 주석가들에게서도 발견된다고 주장한다.[39] 칼 홀(Karl Holl)은 루터의 새로운 발견을 "양심의 종교" 의 발견으로 평가하며, 비저(E. Bizer)는 "은총의 수단으로서의 말씀의 발견" 쯤으로 생각한다.[40]

또 하나 우리가 질문해야 할 사항은 '하나님의 의' 에 대한 루터의 새로운 발견이 그의 종교개혁 운동의 시작과 무슨 관련이 있는가 하는 것이다. 이 질문은 루터의 새로운 통찰력은 전반적으로 그의 종교

39) Heinrich Denifle, *Quellenbelege: Die abenländischen Schriftausleger bis Luther über Justitia Dei(Rom. 1:17) und Justificatio*, supp. vol. to *Luther und Luthertum in der ersten Entwicklung*, 2nd ed. (Mainz: F. Kirchheim, 1906); Heinrich Bornkamm, "Justitia Dei in der Scholastik und bei Luther," *Archiv für Reformationsgeschichte 39* (1942), 1-46.

40) Brecht, *Martin Luther*, 222.

개혁 운동과 특별히 어떤 연결고리를 가지고 있지 않다는 전제에서 출발한다. 이 질문은 또한 종교개혁 운동의 시작과 루터의 신학적인 전환기의 출발점 사이에는 서로 주의 깊은 구분이 세워져야 한다는 것을 의미한다. 이 둘은 어느 정도 서로 관련성을 맺고 있긴 하지만 동일한 지평에서 동시적인 사건으로 취급될 수 없다. 이런 점에서 우리는 '하나님의 의' 에 대한 루터의 새로운 통찰력과 종교개혁가로서의 그 자신의 소명의 시작과의 밀접한 관련성을 집중적으로 검토해야 할 것이다.

우리는 종교개혁을 루터라는 한 개인에 의해서라기보다는 당시 사회적인 제반 조건들과 특별히 비텐베르크의 신학적인 분위기와 연결시켜서 보아야 한다. 루터의 복음 체험은 어느 한 순간에 획기적으로 이루어진 사건으로 단정할 수는 없다. 그의 신학적인 전환은 단계적이다. 우리는 루터가 1513년 시편 강의를 시작으로 1515년 로마서 강해와 1516−1517년에 걸쳐서 한 갈라디아서 강해를 통해서 그의 개혁신학은 이미 발전되고 있었으며, 1518년 '탑의 경험' 을 통해서 자신이 안고 있는 문제해결의 실마리를 분명히 찾았던 것으로 보아야 한다. 그의 생애 제1기에서 살펴본 것처럼 루터와 로마 가톨릭 신학과의 차별성은 언제나 그의 열정적이고 치밀한 성서 주석 강의에서였다. 이러한 성서 강해를 통해서 루터는 자신의 신학을 발전시켜 나갔다. 루터는 오캄주의 전통에서 신학 훈련을 받은 사람이었다. 오캄 신학은 하나님의 역할을 창조자요, 세계 심판자로서 규정하면서 절대 의지로서의 하나님 개념을 가르쳤다. 이러한 하나님 개념은 루터로 하여금 하나님은 언제나 예측할 수 없는 우주의 독단자(arbitrator)로 생각하게끔 만들었다. 구원을 얻기 위해서 인간은 끊임없이 무엇인가를 해야 한다. 구원에 이르는 길은 인간과 신의 협력(synergism)을 통해서 가능하다. 신의 은총과 인간 업적의 균형 잡힌 결합, 이것은 정확히 후기 중세교회가 가르친 구원론 이었으며 '선행의인화' (works-righteousness) 신학의 핵심 내용이었다. 그러나 루터는 성서 연구를 통해서 후기 중세교회 구원관을 비판하고 복음적인 구원론을 주장하기 시작하였다. 성서는 그에게 하나님에 대한 새로운 이해를 제공하였다. 루터의 초기 성서 강해 분석에서 본바와 같이 그의 개혁사상은 이미 이러한 성서 주석 작업을 통해서 발전되고 있었다.[41] 그래서 우리는 루터의 초기 성서 강해에 이미 그의 개혁신학이 배태되어 있었고 이러한 강해들은 그의 개혁 운동의 신학적이고 사상적인 기반들을 제공하고 있었다고 보아야 한다. 95개조 테제를 발표하기 전까지 루터는 주로 은총의 문제와 죄인으로서의 인간의 본질 문제에 관해서 그리고 아리스토텔레스와 스콜라 신학에 대항해서 하나님 앞에서 인간의 선행은 타당하지 않다라는 문제에 주로 관심을 가졌다. 그의 시편 강해, 히브리서 강해, 로마서 강해, 갈라디아서 강해 등에서 루터는 종교개혁적인 의, 즉 '하나님의 의' 에 대한 새로운 이해들이 등장하고 있으며 '하나님의 의' 는 다름 아닌 '그리스도 안에서의 신앙의 의' 임을 분명히 밝히고 있다. 이처럼 그의 성서 주석을 놓고 볼 때 그의 종교개혁은 갑작스럽게 돌출한 운동이 아니라 점진적인 학문의 발전의 결과이다. 그가 말년에 고백한 대로 '하나님의 의' 에 대한 그의 새로운 발견도 그의 초기 성서 강해로부터 시작된 일련의 연속과정으로 보아야 한다. 따라서 루터가 개혁 운동을 펼치게 된 동기는 바로 이러한 갑작스런 탑의 경험에서 시작되었다고 보는 것은 그의 전 이해를 무시하는 결과이다. 그렇다면 우리는 이제 그가 말년에 고백한 진술을 어떻게 평가해야 하는가에 대한 과제만 남았다. 루터가 학문을 본격적으로 시작할 때 신학적인 방향은 '선행의인화' ―신의 은총과 인간 노력의 균형― 신학에 기초하고 있었다. 루터는 그러한 교회의 가르침을 충실하게 따랐다. 그러나 그가 교회의 가르침에 깊이 순종하면 할수록 그의 신앙적인 고민은 한층 더해 갔다. 그의 실존과 신앙의 내용은 전혀 통합되지 못

41) 김주한, "마틴 루터의 생애 연구" (I)-2, 「말씀과 교회」 27(2001), 72-78 참조하라.

하고 갈수록 번민과 고통의 중압감만 늘어갔다. 그러나 루터는 성서 강해를 시작하면서 '선행의인화' 신학의 실체를 알게 되었으며 성서에 비추어 그 신학을 평가해 본 결과 전혀 다른 결론이 나온다는 것을 깨닫게 되었다. 따라서 루터는 자신이 몸담고 있는 교회 제도와 하나님에 대한 인식태도 등에 근본적인 물음을 제기하였다. 그러나 "탑의 경험"을 통해서 그는 중세교회의 모순과 중세교회가 가르친 신학과 교리를 완벽하게 파악하고 그 이론의 모순까지 보완하려고 하였다. 루터의 초기 성서 강해에는 그의 개혁신학의 단초가 이미 마련되어 있었다. 그리고 루터는 "탑의 경험"을 통해서 '하나님의 의'에 대한 완벽한 이해에 도달하였다고 보아야 한다. 그리고 95개조 테제를 발표한 후에 그는 더욱 확신에 차서 그의 개혁사상을 신학화해 가는 작업을 시작하였다.

루터의 '하나님의 의'에 대한 새로운 발견은 확실히 이후 전개된 그의 모든 신학을 가늠하는 하나의 데이터 베이스였다. 루터는 '하나님의 의'를 통해서 하나님 앞에서의 인간의 위치에 대한 새로운 해석을 하였고 '오직 신앙만'의 원리의 길을 열었다. '하나님의 의'에 대한 새로운 해석은 그의 모든 신학에 녹아 들어 있고 그의 신학작업에 하나의 방향타로 작용하였다.

5. 루터의 개혁신학 3대 논문들

'하나님의 의'(iustitia Dei)를 새롭게 해석한 루터는 이제 기존 교회의 제도와 관습들, 그리고 신학을 전반적으로 재검토하면서 그의 새로운 사상들을 정열적으로 펼쳐 나가기 시작했다. 루터가 자신의 사상들을 동시대 교회와 신학자들에게 알리는 가장 효과적인 수단으로 택한 방법은 집필활동이었다. 개혁작업을 진행시키는 중에 그는 수많은 소책자들(treatise)과 강령들(tracts)을 발표하였다. 여기서 우리는 이 시기에 루터가 발표한 많은 글들 중에 — 그가 보름스 국회에서 철회하도록 명령받은 상당수 책들은 바로 이 시기에 쓰여졌다 — 세 편의 중요한 소책자들을 검토해 볼 것이다. 그 소책자들은 『독일 국민의 그리스도인 귀족에게』(*To the Christian Nobility of the German Nation on the Improvement of the Christian Estate*, August 1520), 『교회의 바빌론 포로』(*The Babylonian Captivity of the Church*, October 1520), 그리고 『그리스도인의 자유』(*The Freedom of a Christian*, November 1520)이다. 이 모두가 루터가 한창 로마 가톨릭 교회와 신학에 대항해서 개혁 사상을 이론적으로나 신학적으로 발전시켜 나간 시기인 1520년에 발표했다는 점에서 소위 '종교개혁 논문들'(Reformation Treatises)로 불린다. 따라서 우리는 1520년은 루터뿐만 아니라 유럽의 종교개혁 운동에서 하나의 분수령(watershed)을 이룬 해라고 말할 수 있다. 이 세 편의 소책자들은 교회 제도나 교리 그리고 신학적인 차원에서 루터가 로마 가톨릭 교회와 사실상 단절하고 있음을 보여 주고 있다. 1517년 무명의 수도승에 의해 면죄부 공격으로 시작된 개혁 운동은 1520년에 이르러서는 서방 그리스도교 세계를 양분하는 화해할 수 없는 갈등으로까지 발전되고 말았다. 이 세 편의 소책자들은 그 당시 교회에 대항한 루터의 개혁 사상의 핵심이며 오늘날 개신교 교회와 가톨릭 교회 내부에서 갈등을 야기시키고 있는 문제들, 즉 개인의 윤리적인 책임성에 대한 문제, 하나님을 믿느냐 인간의 능력을 믿느냐 하는 문제, 그리고 개인의 자유가 의미하는 바는 무엇인가 등에 관련된 것들을 다루고 있다.

『독일 국민의 그리스도인 귀족에게』에서 루터는 주로 교회 정치 문제에 관심 있다. 루터는 독일 영주들과 귀족들에게 교회와 모든 사회를 개혁하는 데 동참할 것을 촉구한다. 루터가 세속 정치인들에게 이렇게 교회 문제에 간섭할 수 있는 권리와 책임을 주장하는 것은 그의 만인 사제직론(the priesthood of believers)에 근거해 있다. 루터는 중세

교회의 유산인 영적 계급과 세속 계급, 사제와 평신도 사이의 구분을 철폐한다.

> 교황, 주교들, 사제들 및 수도승들을 '영적 계급' 이라고 부르는 것은 완전히 조작된 것이다. 참으로 이것은 순전히 거짓과 위선이다. 아무도 놀라서는 안 된다. 이것은 말하자면 모든 그리스도인은 참으로 '영적 계급' 에 속하며 그들 사이에 직무상의 차이 외에는 아무것도 없다. 이것은 바울이 고린도전서 12장에서 우리는 다 한 몸이나 모든 지체가 다른 지체를 섬기기 위하여 각기 자기대로의 임무를 가진다(12:12 이하)고 말하는 것과 같다. 세례와 복음과 신앙만이 우리를 '영적으로' 되게 하고 같은 그리스도인이 되게 하기 때문이다.[42]

루터는 교황과 교회 공의회들은 리더십을 이미 상실했다고 보았다. 따라서 그는 이 세상과 사람들 간의 질서 유지를 위해 하나님께서 세우신 것으로 간주한 세상 국가에 관심을 가졌다. 루터는 독일 정치 지도자들에게 교황권에 강압적이고 비타협적인 자세로 대항하면서 모든 교회 직제들을 철저하게 개혁해야 한다고 요구하였다. 그는 교황은 성서의 유일한 해석자도 아니며 세상 문제들에 관여할 수 있는 아무런 법적인 근거나 신적인 권위도 가지고 있지 않다고 주장한다.[43] 교황은 또한 교회 회의들을 소집할 유일한 권리를 가지고 있지도 않다. 따라서 정부는 독일 국민들로부터의 재정적인 착취와 종교 문제들을 매매하는 것과 같은 악들을 단절해야 할 뿐만 아니라 교황으로부터 모든 정치적인 권리를 박탈해야 한다. 이 논문 끝 부분에서 루터는 개혁을 위한 몇

42) *LW* 44:127.
43) *LW* 44:136 이하.

가지 대안을 제시한다. 즉 그는 교황에게 상납하는 성직 수입세(annates)를 폐지할 것과 교회는 정치 권력으로부터 벗어나 사람들의 경건 훈련에 힘을 쏟아야 하며 특별히 가난한 자들을 위해 공적인(civil) 구제 장치 등을 세울 것을 제안한다. 이 외에도 루터는 교육 문제, 독일 백성들에게 해를 끼치는 경제 사회적인 질병들을 다룬다.

『교회의 바빌론 포로』에서 루터는 교회의 주요한 근거인 성례전 제도를 다룬다. 이 논문의 중요성은 루터가 기존의 성례전들에 대해 과감하게 해석하고 있다는 데 있다. 루터는 로마 교회 전체 입장에 대해 적극적인 공세를 폈다. 루터는 단지 두 개의 성례전, 즉 세례(baptism)와 주의 만찬(Lord' s Supper)만을 인정하였다.[44] 실제로 그는 하나님과 개인 사이에 자유로운 직접적인 접촉에 근거한 죄의 용서를 선포하는 하나의 성례전만이 존재한다고 주장한다. 루터가 말하는 하나의 성례전이란 주의 만찬을 가리킨다. 주의 만찬과 관련해서 루터는 교황은 수 세기 동안 그리스도인들에게서 잔을 빼앗고, 화체설을 주장하면서 성례전 그 자체를 하나의 선행으로 간주하였고 또한 그것을 하나의 희생으로 간주함으로써 그리스도인들을 포로로 잡아 두었다고 말한다.[45] 루터는 미사를 하나의 희생으로 간주하는 것을 강력히 비판하였고 화체설을 거부하였다. 루터에게 주의 식탁은 그리스도 안에서 신앙을 통한 하나님의 죄의 용서의 가시적인 표지였다. 루터에게 세례의 성례전은 단지 신앙을 통한 죄의 용서의 약속뿐만 아니라 인간의 거듭남을 포함하고 있다. 그것은 원죄를 마술적으로 씻어 내는 단 한 번의 성례전적인 행동이 아니며 일생을 통해 계속되는 과정이다.[46]

『그리스도인의 자유』에서 루터는 칭의론(신앙에 의한 의로움)

44) *LW* 36:18 이하.
45) *LW* 36:35 이하.
46) *LW* 36:58 이하.

과 그 결과들에 대해 새로운 주장을 편다. 이 책은 크게 두 부분으로 구성되어 있다. 첫째 부분에서는 영적(spiritual) 인간을 다루고, 둘째 부분에서는 육적인(flesh) 인간을 다룬다. 루터에 의하면 영과 육은 인간의 두 본성인데 이 둘은 서로 대비된다. 루터는 영은 주인 됨의 속성을 지니고 있고 육은 종 됨의 속성을 지니고 있다고 주장한다. 영과 육에 대한 그의 논지를 가장 잘 드러내 주는 말은 이것이다: "그리스도인은 지극히 자유로운 만물의 지배자이며 그 누구에게도 예속되어 있지 않다. 그리스도인은 지극히 충실한 만물의 종이며 모든 사람에게 예속되어 있다."[47] 이 명제는 상호 모순되는 것처럼 보이긴 하나 그리스도인들의 이중적인 본성을 잘 말해 주고 있다. 루터는 그리스도께서 만물의 지배자였음에도 불구하고 자유인임과 동시에 종의 형상을 입으신 것처럼 우리도 이웃을 섬기고 돌보는 일에서 자유인이지만 종의 위치에 있다는 사실을 역설하였다. 루터는 진실한 그리스도인의 자유는 행위에 의존하는 것으로부터 해방되는 것이며, 자아를 채찍질하면서, 세상의 제도적인 형식으로부터 벗어나, 오직 신앙에 의해서 의롭게 된다는 즐거운 확신을 바탕으로 해서 적극적으로 살아가는 것을 의미한다고 주장한다.[48] 루터에게 그리스도인의 자유는 칭의론에서 결과하는 자유였다.

이 세 편의 소책자들에서 루터는 로마 가톨릭 신학에 대항해서 자신의 새로운 복음신학을 명확하게 정립하였다. 그는 로마 교황들이 권위를 앞세워 세속 통치자들에 대항하는 것을 비판하였고 교회의 성례전 제도를 문제삼았다. 또한 그는 그의 복음 신학이 그리스도인들의 삶에 어떻게 적용되는지를 적극적으로 일목요연하게 설명하였다. 이 소책자들을 통해서 우리는 종교개혁의 원리들, 즉 오직 신앙, 오직 성

47) *LW* 31:344.
48) *LW* 31:350 이하.

서, 오직 은총이 어떻게 루터의 사상에서 구현화(embodiment)되었는지를 알 수 있다.

6. 다양한 개혁 운동들이 분출되고

바르트부르크 성에 유배되어 있는 동안 루터는 비텐베르크 시의 소요사태를 들었다. 루터가 없는 시이에 비텐베르크 교회에서 점점 논란이 되었던 문제들은 성례전과 화상들(images), 그리고 사제들의 의무에 관한 것들이었다. 개혁 초기부터 개혁노선에 대한 다양한 흐름들이 분출되고 있었던 것이다. 루터가 비텐베르크에 없는 동안 칼슈타트(Karlstadt, 1480?—1541)가 대신해서 비텐베르크 교회에서 미사를 집전하고 설교하였다. 칼슈타트는 루터가 비텐베르크 대학에서 박사학위를 받을 때 구술시험 담당교수였다. 그는 루터의 개혁사상에 크게 영향을 받아 새로운 신학을 주창하였다. 그가 종교개혁 캠프에 가담하자 루터는 크게 고무되었다. 종교개혁 초반에 칼슈타트는 루터와 협력관계를 유지하고 있었다. 그러나 루터와 칼슈타트는 종교개혁 운동을 전개하는 과정에서는 서로 동지였지만 신학적인 입장은 서로 달랐다.[49] 이러한 입장 차이는 나중에 두 사람이 갈라서게 된 원인이 되었다. 루터

49) 칼슈타트의 생애와 신학사상에 대해서는 다음 책들을 참고하라. Calvin Pater, *Karlstadt as the Father of the Baptist Movements: The Emergence of Lay Protestantism*(Toronto: University of Toronto Press, 1984); James S. Preus, *Carlstadt's "Ordinaciones" and Luther's Liberty: A Study of the Wittenberg Movement 1521-1522*(Cambridge, MA: Harvard University Press, 1974); Ronald J. Sider, *Andreas Bodenstein von Karlstadt: The Development of his Thought 1517-1525*(Leiden: E. J. Brill, 1974); Ronald J. Sider, *Karlstadt's Battle with Luther: Documents in a Liberal-Radical Debate*(Philadelphia: Fortress, 1978).

의 칭의론 신학은 그의 심원한 종교적인 경험에서 나왔다는 것은 잘 알려진 사실이다. 죄인에 대한 하나님의 은총은 '우리 밖에서' (extra nos), '우리를 위해서' (pro nobis)라는 용어로 표현되었고 율법과 복음의 변증법적인 긴장관계에서 이해되었다. 루터의 율법과 복음의 변증법적인 신학 주제와 대조해 볼 때 칼슈타트는 문자(the letter)와 영(the spirit)의 대조를 강조하였다. 그리스도인은 죄인이면서 동시에 의인(simul iustus et peccator)이라는 루터의 주장에 반해서 칼슈타트는 좀 더 윤리적인 용어로 그리스도인은 선한 사람인 동시에 악한 사람(simul bonus et malus)이라고 말하였다. 그의 신학은 '우리 안에서' (in nobis) 그리스도에 대한 복종과 내적인 갱신을 강조하였다. 루터와 마찬가지로 칼슈타트도 그리스도의 대속을 통한 죄의 용서를 강조하였다. 그러나 루터와는 달리 그는 자기 고행과 내적 갱신(regeneration)을 더 강조하였다.[50] 칭의를 강조한 루터와 갱신을 강조한 칼슈타트 사이에 내재되어 있는 갈등들은 그들의 목회 패턴에서도 그대로 드러났다. 두 사람의 논쟁이 격렬하게 진행됨에 따라 종교개혁 전선에서 그들 사이는 더욱더 벌어졌다. 두 사람 다 약자들에 관심 가졌다. 하지만 루터는 점진적인 개혁을 주장했고 칼슈타트는 즉각적인 개혁을 원했다. 이러한 개혁방법론의 차이는 루터가 비텐베르크에 없는 동안 1521년과 1522년 봄 사이에 첨예하게 드러났다.

1521년 봄에 첨예한 이슈로 등장한 문제는 성직자들이 독신을 유지해야 하느냐 아니면 그들도 결혼할 권리가 있느냐 하는 문제였다. 왜냐하면 일부 사제들이 실제로 결혼하면서 파계하였기 때문이다. 그 해 6월에 칼슈타트는 독신 문제에 대한 토론을 제안하면서 모든 사제들은 결혼해야 한다라고 주장하였다. 칼슈타트는 사제들의 결혼을 옹호

50) Hans J. Hillerbrand, "Andreas Bodenstein von Carlstadt, Prodigal Reformer," *Church History* 35(1966), 379-398.

하는 글을 썼다. 60세 이하의 사람은 누구도 수도원에 들어가지 말아야 한다. 60세 이하의 수도승이나 수녀들은 수도원에서 결혼 생활을 하면서 살 수 있는 자유가 부여되어야 한다. 루터가 보기에 자신도 1520년 『독일 국민의 그리스도인 귀족에게』에서 독신생활을 폐지할 것을 주장하였지만[51] 칼슈타트의 주장은 충분히 성서에 근거하지 않았다고 판단하고 유감을 표시했다. 바르트부르크에서 루터가 처음으로 독신문제에 관한 칼슈타트의 글을 받아 보았을 때 그는 무척 혼란스러웠다. 그 해 11월에 그는 "수도원 맹세에 관하여"(On Monastic Vows, 1521)라는 논문을 발표하였다. 이 글에서 루터는 강압과 강제로 행한 사제들의 독신 맹세는 그리스도인의 자유에 위배된다고 주장하였다. 그렇다고 루터는 수도원에서 사제들의 독신생활을 폐지해야 한다고 주장하지는 않았다. 다만 독신 맹세는 자유로운 양심과 자발적인 행동에 근거해서 행해져야 한다는 것을 강조하였다.[52]

그 당시 더 큰 문제는 칼슈타트가 성례전을 대폭 간소화시켰다는 것이다. 비텐베르크 교회에서 주일 미사를 집전하면서 칼슈타트는 빵과 포도주를 성도들에게 분배하였다. 전통적으로 교회는 평신도들에게 오직 빵만 나누어 주었던 것이다. 칼슈타트는 "빵과 포도주에 참여하는 사람들은 보헤미아 사람들이 아니라 참 그리스도인들이다. 나의 견해로는 오직 빵만 받은 사람들은 죄를 범하는 것이다."라고 주장하였다.[53] 루터는 성찬식에서 오직 한 가지 형태, 즉 빵의 형태(sub una)만을 수용하는 것이 죄라는 칼슈타트의 견해에 반대하였다. 루터는 교회

---

51) *LW* 44:177-179.

52) *LW* 44:245. 이외에도 루터의 결혼에 대한 입장은 *LW* 44:3-14(*A Sermon on the Estate of Marriage*, 1519); *LW* 45:11-50(*The Estate of Marriage*, 1522); *LW* 46:259-320(*On Marriage Matters*, 1530) 등을 참고.

53) Hermann Barbe, *Andreas Bodenstein von Karlstadt: Karlstadt als Vorämpfer des laienchristlichen Puritanismus* Vol. 1(Nuwkoop: De Graaf, 1968), 291.

의 모든 여타 다른 문제들처럼 성찬식도 그리스도인들의 자유라는 의미에서 수용되어야 한다고 주장하였다. 성례전에 관한 문제는 나중에 다시 논의하겠지만 아무튼 성찬식에서 본질적인 것은 신앙이라는 점을 루터는 강조하였다.[54)]

칼슈타트의 급진적인 사상은 당시 비텐베르크의 동료들을 부추기기도 하였다. 사실 그 동안 루터라는 걸출한 인물에 가려 빛을 보지 못했던 사람들은 루터의 공백은 자신들의 입지를 세울 수 있는 절호의 기회라고 생각하였다. 이 점에서는 어거스티니안 수도원 동료들뿐만 아니라 대학 동료들도 마찬가지였다. 그중에서도 두각을 나타낸 사람은 가브리엘 츠빌링(Gabriel Zwilling)이었다. 츠빌링은 '제2의 루터'라고 불릴 정도로 루터의 개혁 운동에 적극적으로 동참했다. 그는 수도원들을 폐쇄시키면서 많은 수도승들을 떠나도록 강요했다. 츠빌링은 루터의 암묵적 이해가 있었다고 소문날 정도로 설교를 많이 했고 미사의 형태도 변경시켰다. 어거스티니안 수도원뿐만 아니라 비텐베르크 교회에서도 두 종류(빵과 포도주)의 성찬식이 거행되었고 멜랑히톤도 학생들을 데리고 참석하였다. 여기에 반발해서 일부 수도승들은 비텐베르크의 어거스티니안 수도원을 떠나기도 하였고 이러한 변화는 도시 전체를 혼란의 도가니로 몰아넣었다.

바르트부르크에서 루터는 멜랑히톤과 서신 교환을 통해서 비텐베르크의 상황을 알고 있었다. 루터는 지금 비텐베르크에서 일어나고 있는 일에 대해서 무거운 책임감을 느꼈다. 왜냐하면 이러한 모든 일들이 일어날 수 있었던 것은 자신의 칭의론 신학에 기인한다고 생각했기 때문이다. 루터는 가만히 앉아 있을 수만은 없었다. 그는 한 필의 말

54) 루터의 성만찬에 관한 입장들은 다음을 참고하라. *LW* 36:127-230(*The Misuse of the Mass*); *LW* 36:231-268(*Receiving Both kinds in the sacrament*, 1522). 루터 전집 *LW* 36, *LW* 37, *LW* 38에는 "말씀과 성례전" 이란 제목하에 루터의 성례전에 관한 논문들과 소책자들을 모아 엮어 놓았다.

을 제공받아 변장을 하고서 비텐베르크로 향하였다. 비텐베르크에 도착하여 루터는 그의 친구 니콜라스 암스도르프(Nicolas Amsdorf) 집에 머물렀다. 비텐베르크에서 루터는 개혁의 큰 물줄기가 이미 흐르고 있음을 감지하고서 거기서 3일을 보낸 후에 다시 바르트부르크로 돌아왔다. 그는 돌아오자마자 "폭동과 반역을 피하기 위해 모든 그리스도인들에게 보내는 진정한 충고"(An Sincere Admonition by Martin Luther to All Christians to Guard Against Insurrection and Rebellion, 1522)라는 글을 발표하였다.[55] 이 글에서 우리는 루터가 지금 진행되고 있는 종교개혁 운동을 어떻게 인식하고 있는지를 엿볼 수가 있다. 우리는 하나님의 말씀을 사람들을 향해서 계속 주장하고 선포해야 한다. 그러나 어떠한 경우에도 그러한 일을 무력으로 해서는 안 된다. 반역은 향상(improvement)을 가져오기보다는 무죄한 사람들에게 피해를 줄 뿐이다. 하나님은 반역을 금하셨다. 반역은 의심 없이 마귀의 제안이다.[56] 루터는 귀족들과 영주들, 왕들에게 모든 무기를 동원해서 '지상의 역병'을 퇴치하라고 호소하였다. 그에게 종교개혁의 메시지와 목적은 사회 변혁이 아니라 하나님 말씀을 위한 자유였다.

칼슈타트와 츠빌링이 보인 행동들은 비텐베르크 도시 전체를 큰 혼란으로 몰아넣었다. 1521년 12월 3일에 비텐베르크에서 학생들과 시민들은 시 교회에서 드리는 미사를 방해하였다. 그들은 칼을 들고 미사를 집전하는 성직자를 제단으로부터 밀어냈다. 시의회는 이러한 소요를 진정시키기 위해 몇 가지 조치를 단행하였다. 제후 프레드릭은 칼슈타트에게 설교 중지 명령을 내리고 츠빌링에게는 침묵할 것을 요청하였다. 하지만 칼슈타트는 막무가내였다. 칼슈타트는 12월 25일 크리스마스 날 미사 복장도 걸치지 않고 미사를 집전하면서 두 종류의 성찬

55) *LW* 45:51-74.
56) *LW* 45:63 이하.

식을 거행하였다. 그리고 그 다음날 16세의 소녀와 약혼을 하였다. 이것은 제후의 명령을 거스르는 명백한 도전이었고 그로 인하여 새로운 긴장이 고조되면서 예배가 중단되고 불안감은 더욱 가중되었다. 이 문제를 해결하기 위해서 시의회는 여러 차례 회의를 열었고 마침내 오랜 협상 끝에 시의회는 1522년 1월 24일에 법령을 공포하였다. 이 법령은 예배 질서를 유지하기 위한 새로운 제안을 담고 있었다. 성찬식은 두 종류로 할 것과 제정사는 독일어로 하며 성화나 성상들은 교회로부터 철거하기로 결정하였다. 이러한 결정은 실로 루터의 개혁 운동이 급속하게 확산되면 될수록 갈등도 그만큼 컸다는 것을 보여 준다.

멜랑히톤은 바르트부르크에 머물고 있는 루터에게 비텐베르크로 돌아와서 질서를 회복해 줄 것을 호소하였다. 비텐베르크 소요사태 때문에 루터가 바르트부르크 성을 떠나기로 했다는 소식은 프레드릭의 마음을 불안하게 했다. 프레드릭은 재빨리 루터에게 그대로 거기에 머물러 있으라고 말했다. 그러나 루터는 확고한 신앙과 신념을 가지고 이렇게 대답하였다.

> 나는 존경하는 제후님께 보호를 요청할 의도는 없습니다. 실로 나는 당신이 나를 보호할 수 있기보다는 당신이 통치하고 계신 지역을 보호해야 할 것이라고 생각합니다. 당신께서 나를 보호할 수 있고 보호하시고자 한다고 내가 생각한다면 나는 가지 말아야 합니다. 칼은 이와 같은 문제를 도울 수도 도와서도 안 됩니다. 오직 하나님만이 그 일을 하셔야 합니다.[57]

루터는 바르트부르크에서 비텐베르크로 돌아가기로 결심하였다. 그는 늦어도 부활 주일에는 비텐베르크 교회에서 예배드리기를 갈

57) *LW* 48:391(*Letter to Elector Frederick*, March 5, 1522).

망하고 있었다. 루터는 당시 수염을 길게 기르고 기사 복장차림을 하고 있어서 처음에 사람들은 그를 알아보지 못했다. 비텐베르크로 돌아오는 길에 루터는 예나(Jena)에 있는 어느 여관에 들렀다. 그 여관에는 비텐베르크 대학으로 가는 두 명의 학생들도 있었다. 그들은 루터를 알아보지 못하고 대화중에 루터가 살아 있다는 소문이 돌고 있다고 말하자 루터는 말하기를 "그는 지금 여기 없지만 곧 나타날 것이다."라고 제법 여유 있는 농담도 건넸다. 이제 루터는 자신감에 차 있었다. 제후의 도움과 보호도 필요 없다고 느꼈다. 그는 지금 자신이 깨닫는 복음은 자신의 복음이 아니라 우리 주 예수 그리스도를 통해서 하늘로부터 온 복음이라고 스스로 확신하였다.[58] 그는 스스로 하나님의 도구라고 생각하였다. 1522년 3월 6일, 금요일에 루터는 비텐베르크로 돌아왔다. 멜랑히톤은 안도의 한숨을 쉬었다. 그 동안 그에게 부여된 짐이 너무 무거웠던 것이다. 다른 비텐베르크 개혁 운동가들도 루터가 돌아온 것에 대해서 기뻐했다.

드디어 루터는 비텐베르크 교회 회중 앞에 나타났다. 3월 9일부터 16일까지 루터는 매일 설교를 하였다. 이때 한 설교는 참으로 중요하다. 왜냐하면 루터가 바르트부르크 망명을 끝내고 돌아와서 그의 개혁 노선을 대중들 앞에 알리는 첫 기회였기 때문이다. 소위 "신에의 기원"(Invocavit)으로 불린 이 사순절 설교들은 두 가지 목적을 지니고 있다. 첫째 목적은, 루터는 이 설교를 통해서 지금까지 개혁이 진행되어 오면서 이룩한 성과들을 더욱 강화시키고 그러한 성과들은 합법적이라는 것을 제시하는 것이었고, 둘째 목적은, 영주와 특정 도시 사이에 일시적으로나마 생긴 흠집들을 치유하면서 그들 사이의 관계를 개선하는 것이며 또한 정부 당국자들과의 타협안을 거부한 사람들을 달래면서 그들에게 과격 행동을 자제하도록 요청하는 것이었다. 루터의 자제 요

58) *WA Br.* 2:455 참고할 것.

청은 특별히 칼슈타트를 향하였다. 이 사순절 설교에서 루터는 칼슈타트의 이름을 직접 언급하지는 않았지만 이 설교에 담긴 그 신학적인 내용들은 주로 칼슈타트를 향한 것이었다.

이 설교에서 루터는 비텐베르크 개혁 방식들을 비판하였다. 개혁의 방법론 문제의 배후에는 언제나 내용의 문제가 숨어 있기 마련이다. 이 설교들의 주제는 복음적인 '가능' (may)과 율법적인 '당위' (must) 사이의 구분이었다. 이 설교에서 루터는 복음의 자유가 결코 율법으로 전환될 수 없다는 점을 줄기차게 강조하였다. 그는 복음의 핵심, 즉 하나님께서는 인간을 죄에서 해방시키시고 자녀로 삼으셨다는 사실을 먼저 강조한다. 그러고 나서 그는 계속해서 신앙과 사랑의 불가분리성을 말한다. 사랑 안에서 역사하는 신앙은 우리처럼 신앙심이 강하지 않은 이웃에 대해 인내할 것을 우리에게 가르쳐 준다. 그의 관심은 이미 시작된 개혁이 아니라 오히려 그러한 개혁이 주춤거리고 강제력이 행사된 것에 대한 것이었다. 루터는 말한다. "내가 만일 여기에 있었다면 나는 당신들이 했던 것만큼 멀리 나아가지 않았을 것입니다. 결과는 좋습니다. 그러나 너무 많은 망설임이 있었습니다. 우리편에 있지만 그러나 여전히 개종되어야 할 다른 입장을 가진 많은 사람들이 여전히 있기 때문입니다."[59] 루터는 신앙은 어느 누구도 강제할 수 없는 자유로운 선물이라고 말한다. 확실히 그는 교황체제에 반대했지만 그 반대는 무력이 아닌 오직 하나님의 말씀에 근거해 있었다. "나는 어떤 사람도 무력을 통해서 구속하지 않을 것입니다. 왜냐하면 신앙은 강압으로가 아닌 자유롭게 흘러나와야 하기 때문입니다. … 나는 면죄부와 모든 교황들을 반대합니다. 그러나 결코 무력으로가 아닙니다. 나는 단순히 하나님의 말씀을 가르치고 설교하고 썼습니다. 그렇지 않다면 나는 아무것도 아닙니다."[60] 루터는 하나님 말씀만이 인간의 마음을 사로잡을 수 있고 계

59) *LW* 51:72 (*Eight Sermons at Wittenberg*, 1522).

몽(Enlightenment)시킬 수 있다고 주장하였다. 만일 우리가 신앙 문제에 대해 강제성을 띤 열정을 가지고 사람들을 밀어붙인다면 약자들을 침해할 뿐만 아니라 다른 사람들보다 우리가 더 나은 그리스도인이라는 것을 증명하기 위해서 그리스도인의 자유를 자랑하고 있다는 의심을 받을 수 있습니다. "당신은 단지 당신 손으로 직접 성례전에 참여하고 또한 두 종류의 성찬을 받기 때문에 다른 사람들보다 더 훌륭한 그리스도인으로 간주되기를 열망한다면 내가 보기엔 당신은 나쁜 그리스도인입니다."[61] 루터는 두 종류의 성찬을 받는 것은 옳다고 말한다. 그러나 성찬은 오직 신앙으로 받는 사람들에게만 타당하다고 주장한다. 그러므로 성찬을 거행할 때는 신앙이 약한 사람들을 항상 고려해야 한다. 루터는 성찬을 받아들일 준비가 되어 있지 않은 사람에게는 성찬을 강제로 받아들이도록 해서는 안 된다는 점을 강조했다.

루터는 사제들의 결혼 문제에 대해서도 언급하였다. 확실히 사제들은 결혼할 수도 있고 수도승이나 수녀들은 수도원을 떠날 수도 있다. 그러나 '가능'(may)이 '필연'(must)은 아니다. 그럴 수도 있다는 말은 반드시 그렇게 해야 한다는 것을 의미하지는 않는다. 성상(icons)이나 화상(images)도 마찬가지이다. 확실히 성상들이나 화상들이 예배받을 수는 없다. 그러나 성상이나 화상들을 설치하는 일은 반드시 우리는 그것들을 예배해야 한다는 것을 의미하지는 않는다. 여기서 우리는 루터가 주장한 '오직 믿음'(sola fide)의 원리는 종교개혁의 목적이 되었고 또 종교개혁을 달성하기 위해 도입한 여러 방식들의 표준이 되었다는 점을 알 수 있다.

루터가 사순절 설교들에서 개혁의 방향을 확실하게 제시하자 비텐베르크 시의 질서는 즉시 회복되었고 개혁 운동은 한동안 중단되

60) *LW* 51:77.
61) *LW* 51:91.

고 폭력도 그쳤다. 그리고 루터의 예전의 권위는 다시 힘을 발휘하기 시작하였다. 츠빌링은 루터의 권위를 받아들였으나 칼슈타트는 저항하였다. 칼슈타트는 루터보다 연장자였다. 루터가 바르트부르크에 머물러 있는 동안 그의 입장은 비텐베르크에서 맹위를 떨쳤다. 칼슈타트는 시교회에서 설교하는 것이 금지되었다. 루터는 그와 논쟁하는 데 관심이 없었고 쓸데없이 자신에 대한 논쟁의 글을 쓰지 말라고 충고했다. 그러나 칼슈타트는 굽히지 않고 자신의 입장을 정당화시키는 글들을 발표하였다.

비텐베르크 소요사태는 모든 개혁 운동이 안고 있는 질문들을 야기했다. 개혁은 점진적이어야 하는가 아니면 급진적이어야 하는가? 누가 그 개혁을 인도할 것인가? 그 개혁은 어떻게 조절되어야 하는가? 개혁의 방향은 어디인가? 개혁은 어디에서 멈추어야 하는가? 비텐베르크 개혁이 진행되면서 개혁 운동은 사회 정치적인 성격을 띠게 되었다. 이 운동에는 제후나 도시 의회, 그리고 도시 공동체 전체가 각자의 입장을 가지고서 참여하였다. 한마디로 루터의 개혁 운동은 종교개혁 운동들(reformation movements)로 발전하였고 그 과정에서 다양한 개혁 운동들이 분출하였던 것이다.

7. 그리스도인들의 정치참여 문제에 대해서

루터는 종교개혁 급진파들과 대면하면서 그리고 정치인들의 요청을 받으면서 교회와 국가와의 관계, 그리스도인들의 정치참여 문제 등에 관해서 입장을 밝히기 시작하였다. 루터의 정치이론은 저 유명한 그의 두 왕국론, 혹은 두 정부론에 잘 드러나 있다. 루터의 정치이론들은 그의 수많은 글들에 여기저기 흩어져 있어서 일목요연하게 정리하기란 쉽지 않지만 여기에서는 이 시기에 쓴 『세속권력: 어디까지 복종해야 하나』(1523)라는 소책자를 분석해 보기로 하겠다. 이 소책자는 삭소니 주영주인 듀크 요한(John Duke of Saxony)과 그 주변의 정치 지도자들이 루터에게 그의 정치적인 입장을 밝혀 줄 것에 대한 요청을 받아들여 쓴 글인데, 루터의 향후 정치이론을 연구하는 데 가장 중요한 글이다. 여기서 루터는 세속 권력의 본질과 그 한계에 대해서, 그리고 그리스도인 국민과 그리스도인 통치자들의 책임에 대해서 설명하고 있다. 한마디로 이 글에는 그의 정치 사상의 핵심적인 내용들이 들어 있다.

루터에 의하면 하나님은 두 왕국, 즉 영적 왕국과 세상 왕국을 세우셨다. 루터는 인류를 그리스도인과 비그리스도인 두 그룹으로 나눈다. 그는 이렇게 말한다. "우리는 인류를 두 계급으로, 즉 아담의 자손들과 그 밖의 사람들로 나누어야 한다. 전자는 하나님 왕국에 속하고 후자는 세상 왕국에 속해 있다. 하나님 왕국에 속해 있는 사람들은 그리스도 안에서 그리스도의 가르침을 받고 있는 모든 진실한 신자들이다. 왜냐하면 그리스도는 하나님 왕국에서 왕이며 주이시기 때문이다. …그리스도인이 아닌 사람들은 모두 세상 왕국에 속해 있으며 율법 아래 놓여 있다."[62] 처음에 루터는 두 왕국을 서로 대립된 위치에 놓았다. 루터의 여러 논문들을 보면 하나님의 왕국과 사탄의 왕국은 뚜렷하게 대립된다. 이러한 두 왕국론은 끊임없는 투쟁 속에 있다. 이렇게 두 왕국을 서로 대립해서 설명하게 된 이유는 어거스틴의 영향 때문이었다. 『하나님의 도성』에서 어거스틴은 인류를 두 부류로 구분하고 있는데, 한 부류는 신앙의 진실한 집을 이 세상 삶을 넘어선 하나님 왕국에 두는 신자들이고 또 한 부류는 이 세상에 살면서 '악마들' 에게 봉사하는 사람들인 불신자들이다.[63] 어거스틴에게 하나님의 도시(the civitas

62) *LW* 45:88, 90.

63) Augustine, *City of God*, Book 19, Chapter 21(London: Penguin Books, 1972), 883.

Dei)와 악마의 도시(the civitas diaboli)는 세상 끝 날까지 끊임없이 대립한다. 루터는 처음에 어거스티니안 전통을 따르면서 세상 역사를 하나님과 악마와의 묵시론적 갈등의 역사로 보았다. 루터의 초기 두 왕국론은 어거스틴의 이론을 따라서 이 세상은 하나님과 악마, 아벨과 가인, 선과 악, 선한 사람과 악한 사람들 간에 끊임없이 투쟁하고 있는 것으로 보았다.[64)]

그러나 루터는 나중에 하나님의 두 정부론을 설명하면서 그의 초기의 입장을 수정하였다.[65)] 하나님은 두 정부를 세우셨다. 영적 정부는 사람들을 그리스도인들로 만들며 그리스도 안에서 의롭게 만든다. 이 목적을 위하여 사용하는 도구는 오직 말씀이다. '어떠한 세상 법이나 칼도' 영적 정부에서는 명령을 내릴 수 없다.[66)] 영적 정부는 인간 양심을 교도(instruct)하고 구원으로 인도하는 길을 보여 준다. 그 정부의 시민들은 참다운 신앙 안에서 하나님의 말씀에 반응하는 하나님의 선택받은 자들이다. 영적 정부는 전적으로 비강압적이고 따라서 그리스도인들은 기꺼이 하나님의 통치를 받아들인다. 영적 정부는 인간과 세상을 위한 법들을 제정할 수 없다. 왜냐하면 그것의 권위는 세상적인 의미에서 강압적이거나 강요하는 권위가 아니기 때문이다. "세상 정부는 비그리스도인과 사악한 사람들의 악한 행동들을 억제하며 외적인 평화

64) *LW* 45:86-88.

65) 두 왕국에 관한 어거스틴과 루터와의 비교에 관해서는 다음을 참고하라. Ernst Kinder, "Gottesreich und Weltreich bei Augustin und Luther," Friedrich Hübner et al., eds., *Gedenkschrift für Werner Elert*(Berlin: Lutherisches Verlagshaus, 1955), 24-42; Paul Althaus, *The Ethics of Martin Luther* (Philadelphia:Fortress Press, 1972), 51 이하; Heinrich Bornkamm, *Luther's Doctrine of the Two Kingdoms in the Context of His Theology*, tr. Karl H. Hertz (Philadelphia:Fortress Press, 1960), 19-28.

66) *LW* 45:89, 91, 93. 루터는 이렇게 쓴다. "세상 칼과 법은 그리스도인들에게 해당되지 않는다. … 바울은 디모데전서 1:9에서 말한다. '율법은 의인들을 위해서가 아닌 율법 없는 자들을 위해서 주어진 것이다.'" *LW* 45:89.

와 질서를 유지하는 의무를 지니고 있다."[67]

하나님께서는 이 세상 정부라는 왼손을 가지고 죄 된 인간을 다스리시기 위해서 공적인 법(civil law)과 칼(sword)을 고용하신다. 또한 하나님께서는 영적 정부라는 오른손을 가지고 복음과 영을 통해서 사람들을 다스린다. 구원받은 신자들인 그리스도인들은 오직 하나님의 오른손만 필요로 한다. 그러나 그리스도인들은 또한 죄인들이기 때문에 그들도 다른 사람들과 마찬가지로 세상 정부가 행사하는 징벌의 위협과 교도(correction)를 받을 필요가 있는 사람들이다.[68] 루터는 나중에 이들 두 정부는 서로 반대되는 것이 아니라 상호 보충적이라고 주장하였다.[69] 두 정부는 하나님께서 세상을 통치하는 두 가지 방식들이다. 정부 관리들, 법, 칼과 같은 것들은 사악한 자들을 제압하기 위해 하나님께서 사용하시는 모든 도구들이다. 두 정부를 뚜렷이 대조되는 것으로 보았던 초기 입장—이는 어거스틴으로부터 받은 영향 때문이었다—과는 대조적으로 나중에 루터는 세상 정부는 하나님에 의해서 임직받은(ordained) 것으로 간주하였다. 세상 정부는 죄와 악 때문에 존재

67) *LW* 45:91.

68) *LW* 45:91-92.

69) 요한 헤켈은 루터의 두 왕국론을 하나님 왕국과 사탄에 의해서 통치된 이 세상의 죄 된 왕국 사이의 분명한 차이를 강조한 루터의 초기 신학적인 입장에서 이해하였다. 헤켈에 따르면 루터의 두 왕국은 그리스도와 사탄과의 끊임없는 투쟁 속에 존재하고 있다. 그리스도인들은 결코 동시에 두 왕국에 종속될 수 없다. 그들은 오직 영적인 왕국에 속해 있을 뿐이다. 헤켈은 이것이 루터의 최종 입장이라고 이해하였다. Johannes Heckel, *Lex Charitatis: Eine juristische Untersuchung über das Recht in der Theologie Martin Luthers*(Köln: Böhlau-Verlag, 1973), 32-50. 알트하우스는 헤켈은 루터의 두 왕국론을 완전히 잘못 이해하였다고 말한다. Althaus, "Die beiden Regimente bei Luther. Bemerkungen zu Johannes Heckels 'Lex Charitatis,'" *Theologische Literaturzeitung* 81(1956), no. 3, cols. 129-136 참고. Althaus, "Luthers Lehre von den beiden Reichen im Feuer der Kritik," *Luther-Jahrbuch* 24(1957), 40-68.

한다. 루터는 "만일 세상이 모두 진정한 그리스도인들로 구성되어 있다면" 세상 정부는 필요하지 않을 것이라고 말한다.[70] 그러나 세상에는 그리스도인들이 아주 적기 때문에 이 세상 정부가 없다면 사악한 사람들은 그리스도인들과 이 세상의 평화를 위협할 것이다. 사악한 사람들은 끊임없이 세상을 무질서와 파괴로 빠져들게 하고 있다. 따라서 하나님은 이 세상이 악마적인(devilish) 혼돈으로 빠져드는 것을 막기 위해서 세상 정부를 세우셨다. 루터는 세상 정부가 없다면 "어느 누구도 아내와 아이들을 지키거나(support) 스스로 먹거나, 하나님께 봉사할 수가 없다."라고 말한다.[71] 세상 정부가 없다면 이 세상 삶은 지속될 수가 없다. 왜냐하면 세상 정부는 주로 죄에서 태어나고 강제적인 요구들을 하기 때문에 그 역할은 주로 악에 대항해서 시민 사회를 변호하는 것으로 이해되어야 한다. 그러나 이러한 변호는 공동선(common good)을 촉진하고 사회 평화와 질서를 보존하는 것으로 적극적으로 이해될 수도 있다. 이러한 목적들을 수행하기 위해서 사용되는 도구들은 공적인 법, 칼, 폭력, 무력 그리고 권위(authority)이다.

위에서 살펴본 바와 같이 루터는 세상 직무들은 인간들이 만들어 놓은 것이 아니라 하나님께서 제정하신 것으로 간주한다.[72] 루터는 종교의 직무(office)와 세속 직무 사이의 어떤 질적인 차이를 인정하지 않았다. 그들은 각기 다른 목적을 가지고 있지만 하나님 앞에서는 동등하다. 따라서 루터는 중세교회에서 특별한 지위를 갖고 있는 것으로 간주된 직위들을 평가절하하고 시민 정부를 포함한 모든 세상의 직무들을 높이 평가하였다. 루터는 "세상 권력은 하나님께서 사악한 자들을 징벌하고 선한 자들을 보호하기 위해서 세우신 것이기 때문에 그것은

70) *LW* 45:89.
71) *LW* 45:91.
72) 루터는 이러한 이론을 성서에 근거한다. 그가 자주 인용하는 성서 구절들은 로마서 13:1-5, 베드로전서 2:13-14 등이다. *LW* 45:91; *LW* 30:72 이하.

제약받음 없이 그리고 사람들에 관계없이, 즉 세상 정부가 교황, 주교, 사제, 수도승, 수녀들 혹은 그 밖에 누구에게 영향을 주든지 그리스도교 왕국에서 그 직무를 자유롭게 수행하도록 해야 한다."라고 말한다.[73)]

그러나 루터는 세상 정부의 권력 행사를 이 지상의 영역으로 분명하게 제한하였다. 말하자면 그 권한은 재산, 법, 그리고 다른 물리적인 영역들에 제한된다. 이러한 주장은 루터가 개혁자들을 억압하기 위해서 교황과 한 노선에 서 있는 세상 정부 권력자들과 벌인 논쟁에서 중요한 요소이다. 루터는 그들과의 갈등은 재산이나 세상 권력이 아닌 신앙 문제와 관련되어 있다고 주장하면서 그 갈등은 세속 권력자들이 사법권을 가지고 있다고 해서 발생하는 문제는 아니라고 말한다. 마찬가지로 루터는 종교 지도자들에게도 충고하였다. 이단은 엄격히 영적인 문제이므로 이단은 "결코 무력으로 제압될 수 없다. 우리는 그 문제를 어떤 다른 방식으로 다루어야 할 것이다. 왜냐하면 이단은 칼로 다스리기보다는 다른 방식으로 다루어져야 하며 논박되어야 하기 때문이다. 여기서 하나님의 말씀은 이단에 대항하여 싸움을 해야 한다."[74)] 교황은 무력을 행사하거나 강제력을 사용할 권리가 없다. 루터는 교황권의 확장과 교회 직제와 세상 권력의 모호함을 강력하게 비난하였다. "그러므로 그들은 잘못된 발에 구두를 말끔하게 신는다. 그들은 철로 영혼을, 문자로 몸을 다스린다. 그래서 세상 왕들은 영적인 방식으로 통치하고 영적인 영주들은 세상적인 방식으로 통치한다."[75)] 세상 정부의 한계를 이렇게 주장하는 루터의 입장은 사도행전 5:29, "우리는 사람들(어느 인간의 권력)보다는 하나님께 복종해야 한다."라는 구절에 근거해 있다.[76)] 이와 관련하여 칼 홀(Karl Holl)은 루터의 두 왕국론은 두 가

73) *LW* 44:130.
74) *LW* 45:114.
75) *LW* 45:116.
76) *LW* 45:111. 괄호는 필자 첨가.

지 결과를 초래하였다고 주장한다. 하나는 "국가이론에 대한 깊이 있는 통찰"과 또 다른 하나는 "국가 권력에 대한 분명한 제한"이다.[77] 세상 권력은 그 자체가 인간 삶과 사회의 외적인 문제들에 관심 가져야 한다. 그 권력이 하나님에 의해서 주어졌기는 하지만 신앙 문제에 관여해서는 안 된다. "세상 정부는 지상에 생명과 재산 그리고 외적인 문제들 외에 더 이상 연장(extend) 할 수 있는 법들을 지니고 있지 않다. 왜냐하면 하나님은 자신 외에는 영혼을 통치할 수 있는 권한을 그 누구에게도 허락하지 않으실 것이기 때문이다. 그러므로 세상 권력이 인간 영혼들을 위해 법률을 제정하려는 시도는 하나님의 정부를 침식하는 것이며 영혼들을 잘못 인도하고 파괴하는 것이다."[78]

실로 하나님 외에 어느 누구도 인간 양심이나 영혼 문제에 대해 명령을 내리거나 내려서는 안 된다. 세상 통치자들은 재산, 사업, 공적인 문제들과 같은 외적인 물리적인 문제들만을 다루도록 되어 있다.[79] 루터는 세상 통치자들은 언제나 그들의 권력을 남용할 수 있는 가능성에 노출되어 있음을 잘 알고 있었다. 따라서 그는 세상 통치자들은 "어떤 도적이나 악당들보다 더 나쁘게 행동할 수 있다."라고 말한다.[80] 교회 지도자들이 인간의 영혼 문제를 다루는 일에서 어떤 폭력을 사용하거나 세속적인 힘에 의존해서는 안 되는 것처럼 이 세상 정부의 통치

77) Karl Holl, "Luther' s Contribution to the Progress of Western Culture," Sessions, Kyle C. ed., *Reformation and Authority* (Lexington: Raytheon Education Company, 1968), 77.

78) *LW* 45:105. 베드로전서 2:15 주석에서 루터는 말한다. "세속 통치는 외적인 문제 외에 그리스도의 직무와는 전혀 아무런 관련을 맺고 있지 않다. … 사람들을 그리스도인이 되게 하거나 그렇지 않거나 하는 문제는 세속 정부나 권한의 문제가 아니다." *LW* 30:76.

79) *LW* 45:109.

80) *LW* 45:109. "영주가 현명하거나 의롭거나 그리스도인이라면 그것은 그 지역에 내린 신의 은총의 가장 값진 표시인 위대한 기적들 가운데 하나이다." *LW* 45:113.

자들은 그들의 권력을 절대로 남용해서는 안 되고 "오직 잘못이 있는 사람들이 법적으로 비난받은 후에" 만 거기에 상응하는 어느 정도의 강제력은 필요하다.[81] 루터는 세상 지도자들이 강제력을 동원하는 문제에 대해 아주 신중할 것을 촉구하였다. 통치자들은 백성들을 어떻게 하면 평화와 번영 속에서 잘살 수 있도록 할 것인가에 관심 가져야지 그들을 어떻게 지배하고 통치할 것인가에 신경 쓰면 안 된다.[82] 루터는 세상 정부를 국가보다는 훨씬 폭넓게 포괄적으로 정의하였다. 여기서 정부(Regiment)라는 말은 우리가 말하는 누구누구의 정권을 말하지 않는다. 루터가 말하는 세상 정부는 결혼, 재산, 사업 등 지상의 삶에 필요한 모든 영역을 포함하고 있다.[83]

위에서 살펴본 바와 같이 두 정부는 하나님께서 세우셨다. 하나님은 두 정부의 창조자이시요, 보호자이시며 주인이시요, 지배자이시며 보증자이시다. 그러나 루터는 두 정부의 역할에 관해서는 철저한 구분을 한다. 두 정부의 서로 다른 역할들을 구분하지 못한 것은 율법과 복음을 혼동하는 것이요, 인간 사회를 혼돈과 무질서로 몰아넣는 것과 마찬가지이다. 영적 정부는 인간들로 하여금 말씀을 통해서 하나님이 보시기에 적합한 진실한 의인들이 되도록 하며 세상 정부는 칼을 가지고서 지상의 평화와 정의(justice)를 유지해 나간다. 영적 정부는 신앙과

---

81) *LW* 45:114. 루터는 우리는 무조건적으로 정부 통치자들에게 복종해야 된다고 주장하지는 않았다. "영주가 잘못을 저지를 때에는 어떻게 해야 하나? 그 백성들은 그 때에도 역시 그를 따라야 하는가? 대답은 아니다이다. 왜냐하면 잘못을 저지르는 것은 우리의 의무가 아니기 때문이다. 우리는 사람들보다는 하나님께 복종해야 한다." (사도행전 5:29) *LW* 45:125.

82) *LW* 45:120.

83) 하나님은 세 가지 기본적인 직업을 세우셨다. 목회, 가족(사업과 경제와 관련된 것을 포함하여), 그리고 국가이다. *LW* 3:217; *LW* 37:364; *LW* 41:177. 여러 곳에서도 루터는 세상 정부는 "세상 정의와 법, 관습, 습관, 태도, 재산, 다양한 직무들, 인간들, 의복 등" 을 포함하고 있다고 말한다. *WA* 23:513, 36 이하.

은총, 구원과 영생의 영역이요, 세상 정부는 보복과 징벌을 수행하는 영역이다. 이러한 의미에서 영적 정부와 세상 정부는 서로 행동 양식에서 양극단에 서 있다. 그러므로 루터는 두 정부의 본질적인 구분을 주장하면서 로마 가톨릭 교권과 혁명적인 열광주의자들(뮌처 등)이 두 정부를 혼합하는 것에 대해 맹렬한 공격을 퍼부었다. 루터는 말한다. "어느 누군가 모든 사람들이 세례를 받아야 한다는 요구 때문에 세상을 복음으로 다스리고 모든 세상 법과 칼을 폐지하려고 시도한다면… 그는 야만스런 사나운 짐승들을 해를 끼치지 않고 순종 잘하는 유순한 동물들이라고 주장하면서 그들을 묶고 있는 사슬과 밧줄을 풀어놓는 것이나 마찬가지이며, 그 결과 그들이 서로 물어뜯고 모든 사람들을 갈기갈기 찢도록 내버려두는 것이나 마찬가지이다."[84] 루터가 보기에 로마 가톨릭 교황권과 뮌처는 교권에 의해 이 세상 권력을 취함으로써 모든 세상을 지배하려고 했다. 따라서 루터는 두 정부를 혼동하지 않는 것이 중요하다고 줄기차게 주장한다.

두 정부들이 서로 다르다 할지라도 그들은 상호보완적이다. 영적 정부는 복음을 선포하기 위해서 지상의 평화를 필요로 하며 지상의 정부는 세상을 구원하기 위하여 복음이 필요하다. 루터에게 두 정부는 하나님의 통치(governance) 안에서 나란히 존재한다. "어느 정부도 상대방이 없이는 이 세상에서 충분하지 않다."[85] 하나님께서는 비록 다른 방식들이긴 하지만 선과 사랑과 자비를 가지고서 두 정부 안에서 적극적으로 일하신다. 두 정부는 사랑 안에서 이웃들에게 봉사하도록 되어 있다. 루터는 사제들과 주교들의 정부를 "힘이나 권위의 문제가 아닌 봉사의 직무로써" 정의를 내린다.[86] 마찬가지로 지상의 정부(통치

---

84) *LW* 45:91.
85) *LW* 45:92.
86) *LW* 45:117.

자들)는 사랑 안에서 그들의 힘을 행사해야 한다. “자기의 이익과 유익을 추구하고 살아가는 인생은 저주와 비난을 받을 것이다. 사랑으로 행치 않는 모든 행위들은 저주를 받을 것이다.”[87] 확실히 세상 권력은 그 자체의 목적을 위해서가 아니라 이웃의 이익과 하나님의 영예를 위해서 창조되었다.[88] 분명히 두 정부와 그 정부들이 기능하는 방식에는 중요한 차이들이 존재한다. 그러나 하나님은 개인의 영역과 사회 문제들의 영역에서 인간들에게 유익을 주기 위해서 두 정부를 세우셨다. 루터의 두 왕국론은 개인 경건과 사회적인 책임성을 역동적으로 통합한다. 그래서 그것은 확고하게 성서적으로 기초된 이웃 사랑을 위한 모델이다.[89]

그런데 루터는 많은 비판가들로부터 사회 변혁보다는 개인 경건을 강조하며 사회적인 책임을 상대적으로 등한시함으로써 현상유지를 고착시킨다는 비난을 받았다. 트뢸취, 니버, 바르트, 몰트만과 같은 루터 비판가들은 루터의 두 왕국론은 그리스도인들로 하여금 세상 문제들에 무관심하도록 만든다고 주장한다. 이들은 루터의 두 왕국론은 세상 통치자들에게 권력의 합법성을 부여하며 그들의 권력을 이론적으로 정당화시켜 줌으로써 그들에게 과도한 권력과 자유로운 통치구조를 부여했다고 주장한다. 따라서 통치자들은 그들의 전제적인 통치구도를 정당화시키기 위해 루터의 두 왕국론을 얼마든지 오용할 수 있는 기회

87) *LW* 45:118.

88) *LW* 21:337.

89) 루터의 두 정부 이론은 성서적으로 기초되어 있다. 루터가 가장 빈번하게 인용하는 성서 구절들은 로마서 13장과 베드로전서 2:13-14이다. 이 구절들은 정부 권력자들은 하나님께서 임명하셨다는 점을 분명히 증명하고 있다고 루터는 말한다. 루터는 또한 구약성서에서도 비슷한 증거를 발견한다. 창세기 9:6, 출애굽기 21:14와 21:23 이하. 루터는 이들 구절들을 모든 세상 권력은 하나님으로부터 나왔으며 그러므로 권력에 대한 반역은 결국 하나님께 대한 반역을 의미한다라고 해석한다. *LW* 45:87.

를 갖고 있으며 또한 그들은 루터의 두 왕국론을 오용해 왔다는 것도 사실이다. 니버는 루터는 "국가 권력에 대한 무자격적인 보증"을 주었다고 주장한다.[90] 트뢸취는 루터의 신학은 오늘날 부적절한 것으로 보았다. "윤리적인 관점에서 볼 때" 루터 신학은 "오늘날 정치 사회적인 삶과는 꽤 거리가 멀다."[91] 비판가들은 루터의 두 왕국론은 교회에 대한 국가의 지배를 정당화시켜 주었으며 루터 신학은 그리스도교 사회 윤리에 부적절하고 반대된다고 주장하였다.[92] 이러한 비판들은 루터의 입장들 중에서 복음을 변호한다는 명목으로 폭력을 사용하려는 시도를 거부한 그의 견해들을 고려할 때 타당한 것처럼 보인다.[93]

그러나 루터의 두 왕국론은 그 시대의 상황에서 그리고 그의 두 왕국론을 종합적으로 파악한 바탕 위에서 이해되어야 한다. 루터의 두 왕국론의 기본적인(underlying) 원리는 사랑 안에서 역사하는 신앙이다. 루터에게 이웃사랑은 그리스도인의 도덕성의 중심에 서 있다. 루터의 사회 정치 윤리는 그의 모든 생애와 사상의 틀 안에서 이해되어야 한다. 스타인메츠(David C. Steinmetz)는 루터에 대한 니버의 이해를 비판하면서 "루터에게 하나님과의 수직적인 관계와 이웃에 대한 수평적인 관계는 신앙 안에서 너무나 밀접하게 결합되어 있어서 이 둘의 관계에서 어느 하나를 배제하면서 다른 한 쪽만을 생각할 수 없다."라고 말한다.[94] 보른캄도 루터는 결코 사랑 없는 두 왕국을 말하지 않았다고

90) Reinhold Niebuhr, *Christian Realism and Political Problems* (New York: Charles Scribner' s, 1953), 127.

91) Troeltsch, *The Social Teaching of the Christian Churches*, Vol. 2, 577.

92) Niebuhr, *The Nature and Destiny of Man*, Vol. 2, 194-198; Jacques Maritain, *Three Reformers: Luther, Descartes, Rousseau* (New York: Charles Scribner' s 1950), 21-22; J. N. Figgis, *Studies of Political Thought from Gerson to Grotius, 1414-1625* (Cambridge: Cambridge University Press, 1916), lecture 3, "Luther and Machiavelli," 55-93.

93) *LW* 46:49-53을 참고하라.

주장한다. 오히려 루터는 사랑은 이 양자를 모두 포함하고 있다고 주장한다.[95]

루터가 그의 두 왕국론에서 주장하고 있는 궁극적인 내용은 하나님께서는 창조의 모든 영역에 대한 주(Lord)이시며 끊임없이 두 가지 다른 방식으로 세상 안에서 적극 활동하고 계신다는 것이다. 모든 권력자들은—교회에 속해 있든 세상 정부에 속해 있든—하나님의 주권에 계속해서 종속되어 있고 그들은 이 세상에서 공동선(the common good)을 촉진하기 위해 존재한다. 또한 루터의 두 왕국 신학은 교회와 국가와의 새로운 관계를 설정하고 있는데 두 왕국론은 두 영역에 있는 권력자들이 상호 협력을 할 수 있는 하나의 모델을 제공하며 또한 그들이 각자의 영역에서 서로 적절한 기능과 역할을 할 수 있도록 하게 함으로써 교회와 국가와의 관계 문제에 대한 해답을 제공한다.

8. 혁명이냐 개혁이냐

16세기 유럽의 종교개혁 무대에 등장한 개혁 그룹들 가운데 루터와 토마스 뮌처(Thomas Müntzer, 1489－1525)는 그들의 신학사상과 개혁 운동 방식에서 가장 뚜렷하게 대조된다. 뮌처는 루터의 개혁방식은 너무 중세적이며 가톨릭 교회와 본질적으로 아무런 차이도 없다고 불만을 터뜨리면서 독자 노선을 택하였고 루터는 뮌처의 개혁 운동은 너무 혁명적이며 성서를 사회변혁의 수단으로 오용하면서 복음의

94) David C. Steinmetz, *Luther in Context* (Bloomington: Indiana University Press, 1986), 124.

95) Heinrich Bornkamm, tr. Karl H. Hertz, *Luther's Doctrine of the Two Kingdoms in the Context of His Theology* (Philadelphia: Fortress Press, 1960), 9.

본질을 심각하게 훼손하였다고 비판하였다. 두 사람 모두 중세 후기 교회에 저항하였다. 하지만 성서의 가르침들을 세상에서 어떻게 실천하느냐의 방법론에 대해서 그들은 서로 입장이 달랐다.

토마스 뮌처는 루터의 개혁사상에 크게 감명을 받은 사람들 중에 하나였다. 뮌처가 어떻게 해서 루터의 사상을 접하게 되었는지 정확히 밝혀진 것은 없지만 1519년 라이프치히 논쟁에 뮌처가 참석한 일이라든가 그 이후 츠비카우(Zwickau) 등 몇 개 도시에 있는 교회 설교자로 루터가 추천한 일 등을 보면 종교개혁 시작 단계에서부터 루터는 뮌처를 개혁 운동의 동역자로 여기고 있었던 것 같다. 그러나 뮌처는 츠비카우와 알스테드(Allstedt), 프라하(Prague) 등지를 전전하면서 보여 준 과격성으로 인해 루터와는 더 이상 개혁 공동전선에서 함께할 수 없게 되었고 그와 루터는 서로를 맹렬하게 비난하는 위치에 서게 되었다.

루터와 뮌처의 개혁 운동 방식을 결정적으로 차이가 나게 만든 것은 성서에 대한 해석에서였다. 뮌처는 성서를 전적으로 거부하지는 않았지만 성서에 대한 그의 해석은 루터에 의해서 주장된 것과는 달랐다. 뮌처는 그리스도교 진리란 성서의 문자나 성례전, 교회 직제(ecclesiastical hierarchy)에서가 아니고 주관적으로 경험된 신앙 안에서 발견된다고 믿었다. 따라서 뮌처는 하나님으로부터의 확고한 직접계시(direct revelation)를 강조하면서 그의 신학 시스템에서 축자주의(literalism)를 거부하였다.[96] 뮌처에게 하나님의 계시는 성서의 문자에

---

96) 1524년 7월에 뮌처는 다니엘서 2장을 본문으로 하는 "영주들에 대한 설교"(Sermon to the Princes)를 하였다. 여기에서 우리는 뮌처의 성서 주석 방법론을 볼 수 있다. 그는 성서의 문자적 해석을 거부하면서 하나님으로부터 오는 직접적이고 개인적인(personal) 계시를 강조하였다. 뮌처는 또한 종말론적 대격변기에 직면해서 사회의 급진적 혁명을 주장하였다. Michael G. Baylor 편역, *Revelation and Revolution: Basic Writings of Thomas Müntzer* (London and Toronto: Associated University Press, 1993), 32, 98-114. 이하 *BWTM*으로 표기함

제한됨이 없이 오히려 그것을 넘어선다. 사실 뮌처에게 영과 문자(the Spirit and the letter)는 서로 날카롭게 대립되어 있다.[97] 그의 프라하 선언(Prague Manifesto, 1521)에서 뮌처는 성서 말씀을 "죽은 문자"(dead letter)로 간주하면서 그것을 사람의 마음에 직접적으로 말씀하시는 "하나님의 살아 있는 목소리"와 대비시킨다.[98] 그는 성서는 신앙에 대한 증거이지 신앙 그 자체는 아니라고 말한다. 뮌처는 신자들의 본질적인 변화는 하나님의 살아 계신 음성인 성령에 의해서만이 가능하다고 주장하였다. 그에게 성서는 "계시의 과정에 대한 역사적으로 제한된 표현"이었으며[99] 하나님의 계시는 기존의 세상 질서를 혁명적으로 변혁하기 위한 자원이었다. 그러므로 우리는 매일의 삶 속에서 성령의 직접성을 기대해야 한다. 루터의 '오직 성서'(sola scriptura)의 원리는 뮌처에게 와서는 '오직 성령'(sola spiritus)이 되었다. 이것은 뮌처가 성서를 이차적인 자료로 취급했다거나 또한 그것을 무시했다는 것을 의미하지 않는다. 성서는 루터나 뮌처 모두 그들의 개혁신학을 위한 핵심적인 자료였다. 그러나 그들은 성서를 어떻게 사용하는가에 대해서는 서로 철저하게 달랐다. 루터가 외부로부터 전가된(imputed) 하나님의 외적인 말씀을 강조하고 있다면 뮌처는 성령의 내적인 증거에 의한 인간의 거듭남(regeneration)을 강조하였다. 뮌처에게 성서는 성령 안에서만 의미와 중요성을 갖는다. 따라서 그는 성서는 물론 다른 어떤 외적인 객관적인 권위들에 의해서 지배받는 것을 거부하였고 성령의 직

97) 뮌처와는 달리 루터는 영과 문자와의 유기적인 일치를 강조하였다. 영과 문자의 관계에 대한 이 두 사람의 입장 차이에 관해서는 다음의 책을 참고하라. Eike Wolhagast, *Thomas Müntzer. Ein Verstorer der Unglaubigen. Personlichkeit und Geschichte*(Göttingen, 1981);Paul Althaus, *The Theology of Martin Luther*, 35-42.

98) *BWTM*, 62.

99) Carter Lindberg, *The European Reformations* (Cambridge: Blackwell Publishers, 1996), 148.

접적인 인도함을 받기 원하는 종교적인 주관주의자였다. 뮌처는 성령은 심령이 가난한 사람들에게만 주어진다고 주장한다. 그는 심령이 가난한 사람들을 경제적으로 소외된 가난한 사람들과 동일시하였다. 예수께서 산상설교에서 말씀하신 것처럼 심령이 참으로 가난한 사람들은 지상에서 하나님 왕국의 대리자들이다. "고통과 인내를 통해서 심령이 가난해지기"를 열망하지 않는 사람들은 더 이상 "하나님에 의해서 통치받을 가치"가 없는 사람들이다.[100)]

뮌처는 철저하게 성서의 율법에 기초한 그리스도교화된 세상을 꿈꾸었다. 그는 하나님 법의 순수성을 분명하게 강조하면서 그 법에 의해서 새로운 사회가 건설될 수 있다고 믿었다. 따라서 그에게 이 세상을 통치하기 위한 표준은 성서의 율법이었다. 그리스도교 왕국에서 악한 사람들은 "율법을 통해서 정의롭게 변해야 한다."[101)] 뮌처의 이와 같은 성서 이해는 사회 구조를 변혁시키려는 그의 이상과 밀접하게 연결되어 있다. 그에게 성서는 그것에 의해서 이 세상의 질서가 변혁되어야 하는 하나님의 법이었다. 이런 점에서 그의 비전은 혁명적인 율법주의(revolutionary legalism)였다. 이러한 입장에 근거해서 그는 혁명적인 프로그램을 그의 목회 현장에서 실천해 나갔다. 뮌처와 그의 추종자들은 지상에서의 하나님 왕국 실현은 기존 질서의 변혁에 의해서 가능하다고 자신했다. 뮌처의 혁명적인 비전은 빈번히 루터의 종교개혁 노선과 갈등을 일으켰는데 그는 루터의 종교개혁은 "부패하고 무능한 사회의 인격화(personification)"라고 공격하였다.[102)] 그가 보기에 루터의 종교개혁은 기존 통치자들과의 강력한 연대 속에서 진행되고 있으며 따라서 그의 운동으로는 기존 사회질서를 개혁하기란 불가능하다고 판

100) *BWTM*, 61.

101) *BWTM*, 145.

102) Peter Matheson, "Thomas Müntzer' s Vindication and Refutation: A Language for the Common People?" *The Sixteenth Century Journal* 20(1989), 611.

단하였다. 뮌처에게 그리스도인들의 삶의 거듭남은 사회-정치적인 관계들의 재편성과 불가분리 연결되어 있다. 뮌처는 기존의 통치자들을 강력하게 비난하면서 정치적인 혁명가가 되었다. 그의 종말론적이며 혁명적인 비전은 농민 전쟁과 밀접하게 결합되었다. 그는 농민 전쟁을 기존의 사회가 전복되고 선택된 자들에 의해서 다스려지는 새로운 사회가 건설될 수 있는 묵시적인 사건으로 보았다. 결국 뮌처의 혁명적인 프로그램은 비극적인 대량학살로 끝을 맺고 말았다.

뮌처의 개혁 프로그램은 종교적이며 도덕적인 개혁뿐만 아니라 사회 질서의 급진적인 혁명을 포함하고 있다는 점에서 제도권 종교개혁가들(the magisterial Reformers)과는 달랐다. 뮌처는 루터를 향해 "거짓말쟁이 박사", "교활한 여우", "비텐베르크 교황", "버릇없고 염병할(testicled) 박사" 등 격렬한 말투로 신랄하게 비판하였다. 뮌처는 루터의 칭의론을 비판하면서 행위가 없는 오직 신앙에 의한 의로움은 "거짓 신앙"이며 "위선적인 신앙"이라고 주장하였다.[103] 이 지상에서 하나님 나라를 건설하려는 그의 시도에서 뮌처는 개인적이며 사회적인 동시에, 영적이며 종교적이고, 정치적이며 경제적인 삶의 차원들을 신자들의 혁명적인 공동체의 이상과 결합하였다. 이 때문에 그는 교회 지도자들뿐만 아니라 이 세상의 권력자들과도 충돌하였다.

루터는 뮌처와 그의 동료들을 위험한 광신주의자들, 유토피안들, 그리고 반역의 주창자들(the instigators)로 여겼다. 그리고 종교와 사회질서 유지를 위해서 집권자들이 뮌처의 혁명을 제압한 것에 대해 찬사를 보냈다.[104] 루터는 뮌처나 농민들과 같은 광신주의자들이나 종

---

103) *BWTM*, 64-77, 115.

104) *LW* 40:49-50(*Letter to the Princes of Saxony Concerning the Rebellious Spirit*, 1524)을 보라. 농민전쟁과 관련해서 루터가 쓴 글들은 *LW* 46:3-44(Admonition to Peace, 1525), *LW* 46:45-56(Against the Robbing and Murdering Hordes of Peasants, 1525) 등이다. "평화를 위한 제언"에서 루터는 영주들과 농민들 모두

파주의자들을 “복음 안에서 그들 자신들의 이익만을 추구하고 있는 사람들”로 간주하였다.[105] 루터에 의하면 뮌처는 본질적으로 하나님의 율법과 심판을 복음 안에 있는 하나님의 자비와 혼돈하였다. 그 결과 뮌처는 복음을 법률적인 코드로 만들었다는 것이다. 루터가 보기에 뮌처의 결정적인 오류는 말씀과 영을 혼돈한 것이었다. 성령의 내적인 경험을 통해서 세상의 질서를 재편성하려는 뮌처에 대항해서 루터는 성령은 절대적으로 외부의 말씀과 연결되어 있다고 주장하였다. 확실히 루터에게 말씀은 성령보다 우선성(priority)을 가지고 있었다. 루터는 성서의 말씀과는 유리된 채로 성령에 의한 하나님으로부터의 직접적인 계시에 호소하고 있는 뮌처의 입장은 사회질서를 재편하기 위해서는 성서가 유일한 자료이며 규범이라고 주장하는 그의 성서에 대한 확신과는 모순된다고 주장하면서 뮌처 자신은 스스로 성서를 가치 폄하하고 있다고 말한다. 루터는 뮌처의 노선은 그리스도인의 삶에서 칭의와 성화에 대한 적절한 관계를 왜곡하고 있다고 판단하였다. 확실히 뮌처는 성화(sanctification)에 대한 그 자신의 신학을 가지고서 루터의 칭의론 신학에 도전하였다. 이것은 루터가 그의 신학에서 성화론을 발전시키지 않았다는 것을 의미하지 않는다. 오히려 그것은 루터가 율법과 복음 사이에는 적절한 구분이 필요하다는 점을 역설하는 것으로 보아야 한다. 확실히 루터에게 칭의론은 성화론과 같은 다른 어떤 교리보다도 훨씬 더 우선적이었다. 루터가 보기에 뮌처의 입장은 선행에 기초한 중세 교회의 도덕관의 다른 측면에 불과하였다. 뮌처에게 선행들은 윤리보다는 주로 개인의 영적 경험의 영역에 위치해 있었다. 뮌처는 하나님의 은총보다는 인간의 성취(achievement)에 초점을 두었다는 것이 루터

에게 자신들의 입장에서 한 발씩 물러나 타협할 것을 제안하고 있으나 그 이후 농민들의 저항이 폭력적으로 흘러가자 영주들에게 그들을 무력으로 제압할 것을 요구하였다. 루터는 항상 질서와 평화유지를 우선적으로 생각하였다.

105) *LW* 21:107.

의 판단이었다.

우리는 루터와 뮌처의 개혁 운동을 어떻게 평가해야 하는가? 우리는 이 두 사람을 평가할 때에 당시의 시대정신, 사회적인 현실여건, 문화 등 여러 조건들과 결부시켜서 보아야 한다. 루터와 뮌처가 주로 상대한 사람들의 사회적인 신분상의 구분들은 명확했다. 루터는 주로 수도승들, 학생들, 학자들, 귀족들과 친했고 영주들과 서신 왕래도 자주 하였다. 반면에 뮌처는 상인들, 광부들, 도시 빈민들, 노동자들, 농민들을 주로 상대하였다. 표면적으로 보면 루터는 개혁을 지향하고 뮌처는 혁명을 꿈꾸었던 사람으로 비쳐진다. 뮌처는 '민중의 힘' 을 내세우고 루터는 '법과 질서' 를 외친 사람으로 보인다. 뮌처의 농민전쟁 참여는 사람들로 하여금 그는 기존 정치 체제의 근본적인 변혁을 추구한 혁명가였고 기존 질서의 사악한 악들을 제거하고 사회 조건들을 평등하게 하기 위해서 정부체제의 철저한 변혁을 추구한 급진주의자였다는 견해를 갖게 했다. 반대로 농민전쟁에 대한 루터의 반대와 정부의 제도권 정치인들과의 연대는 사람들로 하여금 그는 기존 질서를 고수하고 정치적인 진전을 가로막은 보수주의자 혹은 심지어는 반동가였다는 견해를 갖게 했다.

그러나 우리는 루터와 뮌처의 신학과 신앙 노선의 차이들은 사소한 친구와 적과의 관계에서가 아니라 역사 변증법적인 관계에서 보아야 한다. 역사적으로 루터와 뮌처는 동시대에 함께 활동하였다. 루터 없는 뮌처의 종교개혁이나 뮌처 없는 루터의 종교개혁은 그 성격을 온전히 파악하기는 힘들다. 루터는 교회개혁을 우선시하고, 뮌처는 사회개혁에 헌신한 사람으로 단정지어 말할 수는 없다. 교회개혁과 사회개혁은 서로 분리될 수 있는 것이 아니다. 질서를 어지럽히는 사람들을 바로잡는 루터의 포용 목회(ministry of acceptance)는 언제나 현상유지를 바라면서 기득권을 고수하려는 기존 체제에 도전하면서 변혁을 시도하려는 뮌처의 대결목회(ministry of confrontation)를 필요로 한다.

그 역도 마찬가지이다. 목회현장에서 기능적인 사고와 갈등적인 사고는 언제나 필요하다. 루터의 목회에서 놀라운 사실은 개인과 사회가 불안한 가운데서도 그는 사람들에게 그들이 무엇을 해야 할 것인가보다는 오히려 하나님께서 그들에게 무슨 말씀을 하셨는지를 말했다는 점이다. 죄 용서와 받아들임을 선포하고 있는 하나님의 말씀에 근거하지 않는 개혁 프로그램은 쉽게 인간 자신의 프로그램이 되어 버린다. 뮌처의 목회에서 중요한 사실은 복음에 대한 헌신은 현행 사회적인 문제들을 무시하지 못하게 만든다는 확신 아래 그의 신앙을 사회변혁과 연결시켰다는 점이다. 우리는 루터의 판단이 옳았는가 하는 문제와 뮌처의 운동에서 복음의 진리의 문제가 그렇게 가혹하게 공식화되어야 할 만큼 실제로 상황이 신학적으로 명확했는가 하는 문제는 역사적으로 규명되어야 하지만, 이 두 사람의 개혁 운동에서 이론과 실천은 늘 함께하였다는 점을 기억해야 한다. 루터에게서 믿음에 의한 칭의는 사회 윤리적인 결과들을 수반하지 않는 신학적인 추상이 아니며 개인 칭의는 그 자체가 사회적인 차원을 지니고 있음을 알아야 한다. 뮌처에게서 사회개혁은 성령의 내적 확신을 통한 인간 자신의 내적인 갱신을 전제로 하고 있음을 알아야 한다.

루터나 뮌처가 분노하며 도전했고 응답했던 신학적인 성찰들(reflections)은 현재의 상황에 아무런 연관성이 없거나 중요성이 상실된 것은 아니다. 그 당시 그들이 제시한 해법들은 시대에 뒤짐이 없이 오늘날 교회에서도 여전히 적용될 수 있는(transferable) 것들이다. 우리는 이 두 사람이 취한 입장에서 무엇이 보존될 수 있는지 그리고 그에 따른 과제들은 무엇인지를 물어야 한다. 첫째로, 우리는 교회 선포를 새롭게 개혁해야 한다. 루터가 깨달은 복음은 오직 믿음에 의한 구원이었다. 이것은 당시 그가 교회 선포를 근본적으로 변화시켰다는 사실을 의미한다. 업적주의 사회에 살고 있는 우리는 구원에 대한 이해를 분명히 해야 한다. 한국 교회는 우리의 선한 행동이나 공로로 인하여 하나님으로부터 복을 받고 구원에 이를 수 있다고 가르치고 있지 않는가? 자신도 모르게 공로주의가 우리의 신앙 의식을 지배하고 있지는 않은지 스스로 물어보아야 한다. 공로주의는 보상심리와 통한다. 대가를 바라는 신앙은 루터의 칭의론에 정면으로 위배되며 중세 후기 로마 가톨릭 교회의 가르침과 조금도 다를 바가 없다. 둘째로, 교회개혁은 사회개혁으로 연장되어야 한다. 루터나 뮌처의 개혁 운동은 중세교회의 우상들을 철거하고 교회의 불합리한 구조들을 타파하면서 중세기적 질서의 해체를 가져왔다는 사실을 알아야 한다. 실로 루터와 뮌처 시대에 정치, 사회, 경제적인 주요 가치와 제도들은 이제 더 이상 전통적인 종교적인 합법화에 의해서 설명되거나 정당화될 수 없었다. 교회개혁이 교리나 제도 개선(renovation)에 머물고 만다면 그것은 무의미하다. 신앙 개혁은 사회적 실천을 통해서 가능하다. 우리가 루터나 뮌처의 개혁 운동에서 배울 점은 그들은 개인적인 성결을 사회적인 성결로 연결시키기 위해서 부단히도 노력하였다는 점이다. 그들에게 신학과 신앙이란 실천적인 훈련이었다. 한국 교회의 개혁 운동에 대한 나의 관심은 그 운동이 지향하는 방향성(direction)에 있다. 물론 운동의 내용과 방향성은 맞물려 있다. 교회개혁 운동의 목표가 교회 내의 구조나 제도 개선, 그리고 신자들 각자의 성화에만 있지는 않을 것이다. 개인 성결이 믿음의 내면이라면 사회적 성결은 믿음의 외면인 것이다. 이 둘은 나누어질 수 없으며 분리되어서도 안 된다. 우리는 종교개혁 이념이 규격화되고 율법주의적 경향으로 흐르는 것을 경계해야 하며 종교개혁적인 사고의 역동적인 성격을 견지해야 한다. 교회는 항상 개혁한다!(ecclesia semper reformanda).

제3장 종교개혁 교회 운동의 확산과 정착 (1525-1546)

루터의 생애에서 이 기간은 유럽 사회의 판도를 바꿔 놓았던 종교개혁 운동이 과연 각 지역 교회들에서 뿌리를 내릴 수 있는지를 시험하는 기간이었다. 이 시기에 루터는 종교개혁을 정착시키기 위해 활발하게 대중들과 접촉하면서 그 어느 때보다도 목회활동에 전념하였다. 그는 개혁 그룹들 내에서의 다양한 목소리들을 어떻게 수렴하여 개혁을 연착륙시킬 것인가 노심초사하는 가운데, 때로는 적대자들과 논쟁하면서도 그들과 평화적인 관계를 유지하기 위해서 무척 심혈을 기울였다. 특히 뮌처가 중심이 되어 폭력 운동으로 비화했던 농민전쟁을 겪고 난 후에 루터는 각 지역을 순방하면서 순회 설교(preaching tour)를 강행하였고 그런 가운데 교회 조직을 재정비함은 물론, 잘못되거나 모호한 신앙문제들을 바로잡기 위해 최선의 노력을 다했다. 그의 좀더 성숙한(mature) 신학과 개신교 신앙 유형을 형성하는 데 기초가 된 여러 교리문답들은 이때에 완성된 것들이다. 여기서 우리가 기억해야 할 점은 그의 신학은 언제나 개혁 운동 초기에 설계한 개혁신학들로부터 발전되어 나왔다는 것인데 예를 들면 칭의론, 십자가 신학, 율법과 복음의 관계, 두 왕국론 등은 언제나 함께 상호 교차하면서 루터 신학의 데이터 베이스 구실을 하였다. 이제 우리는 종교개혁 수확기라 할 수 있는 이 시기에 루터가 쓴 논문들과 설교들, 그리고 서신들을 중심으로 그의 생애 말기를 탐구해 볼 것이다.

1. 내 사랑 카타리나

루터는 1525년 6월 13일 카타리나 폰 보라(Katharina von Bora)와 결혼하였다. 당시 루터는 42세, 카타리나는 26세였다. 루터의 결혼은 전혀 예상치 못했던 일이었고 많은 사람들을 놀라게 만든 사건(?)이었다. 당시 사제나 수도승, 수녀들의 결혼 문제는 교회 내에서뿐만 아니라 사회에서도 큰 관심거리이자 이야깃거리였다. 그리스도인들에게 그들의 결혼은 그리스도인의 자유가 무엇인지, 그리고 그 자유를 어떻게 행동으로 옮길 수 있는 것인지를 가늠하는 잣대였고 또 로마 가톨릭 교회의 가르침을 정면으로 거부하는 것을 의미하였다. 루터는 강압으로 행한 사제들의 독신 서약은 그리스도인의 자유에 위배된다고 비판하면서 독신생활을 폐지할 것을 주장했지만[1] 정작 자신은 결혼할 생각이 없었다. 루터가 결혼을 망설인 이유는 여러 가지 요인들이 복합적으로 작용하고 있었다. 루터는 자신이 직접 결혼함으로써 사제들의 독신을 명령하는 로마 교회의 강압적인 법에 대항하여 보란 듯이 하나의 본보기를 보여 줄 수도 있었지만 그는 그렇게 할 수가 없었다.[2] 그 이유는 무엇보다도 현재 자신이 주도하고 있는 종교개혁 운동을 성공적으로 정착시켜야 한다는 책임감이 언제나 그의 어깨를 짓누르고 있었고 또 자신은 언제 어디서 적대자들로부터 이단으로 공격받아 죽을지 모

1) *LW* 44:225 이하(*On Monastic Vows*, 1521).

2) 사제들의 결혼을 찬성하는 루터는 결혼에 관한 논쟁을 하면서 당시 마인츠 주교 알브레히트에게 보기 좋게 자신이 직접 하나의 예로 보여 주기를 원하기도 하였다. *WA Br.* 3:482, 81-83.

른다고 판단하고 있는 이런 긴박한 상황에서 한 여자와 결혼한다는 것은 무책임하다고 생각하였다.[3)]

하지만 루터는 다른 사람들에게 자주 결혼하라고 충고하였다. 1520년대에 그는 독신주의를 비판하면서 결혼과 관련된 몇 편의 글들을 발표하였다. 이러한 글들의 주요 주제는 남녀의 결혼은 하나님께서 제정하신 창조질서이며 이러한 질서는 인간의 법이나 세상 법에 의해 규제될 수 없다는 것이다. 루터는 결혼을 창조질서의 부분으로 보았다. 독신으로 살기를 고집하는 사람은 그렇게 살기로 선택한 사람의 자유이지만 어느 누구도 어떤 강제 명령에 의해서 결혼을 해야 한다든지 아니면 반드시 독신으로 살아야 한다라는 율법에 매여 있지는 않다. 루터는 창세기 2:18("남자가 혼자 있는 것이 좋지 않으니 그를 돕는 사람, 곧 그에게 알맞은 짝을 만들어 주겠다.")을 인용하면서 남녀가 성적인 관계(sexual relationship)를 맺는 것은 인간의 자연스런 본능적인 욕구에 속하는 문제이다라고 주장한다.[4)] 결혼은 확실히 그리스도교 신앙과 부응하며 그것을 금지하는 것은 우리를 율법적인 선행 의인화(works-righteousness)로 인도하는 것이다. 루터는 결혼은 지상에서의 위대한 기적이라고 찬양하면서 "나는 결혼을 찬양(lauds)하고 사랑하는 사람으로서 죽을 것이다."라고 말하기도 하였다.[5)]

루터는 결혼 문제와 관련해서 사제들의 독신을 그렇게 공격하고 그렇게 이 문제에 대해 글을 많이 썼고 또 여러 수녀들과 사제들을 직접 결혼시킨 사람이었지만 정작 자신은 독신으로 남아 있었다는 사실은 아이러니였다. 사실 루터는 결혼 준비를 하고 있었던 동료 조지 슈팔라틴(George Spalatin)보다 먼저 결혼할 수도 있었다. 분명히 루터는

3) *LW* 49:93.
4) *LW* 44:3-14(*A Sermon on the Estate of Marriage*, 1519).
5) *LW* 54:89-90.

농민 전쟁이 일어나기 전에 구체적인 결혼 계획을 세워 놓고 있었다.[6] 그러나 그는 동료들이나 주변의 다른 사람들이 자신에게 결혼할 것을 제안했을 때는 언제나 웃어 넘겼다. 당시 루터는 수녀원을 탈출한 수녀들이 자신들의 고향으로 돌아갈 수 있도록 돕는 일을 3년 넘게 하고 있었다. 1523년 4월에 그리마(Grimma) 근처에 있는 님브쉔(Nimbschen) 수녀원을 탈출한 아홉 명의 수녀들이 한밤중에 루터가 살고 있는 집을 찾아왔다. 나중에 그의 부인이 된 카타리나도 그중 한 명이었다. 루터는 이들 아홉 명의 수녀들이 각자 연고지를 찾아갈 수 있도록 최선을 다했다. 그들 중 일부는 집으로 돌아갔고 일부는 결혼하였다. 마지막으로 세 명이 남았다. 이때 루터는 친구들에게 나는 부인이 세 명이나 된다고 농담을 건네기도 하였다. 이들 중 두 명은 결혼을 하였고 마지막으로 남은 사람이 카타리나였다. 그녀는 법관이요 비텐베르크 시장으로 일했던 마스터 라이첸바하(Master Reichenbach) 가족의 보살핌을 받았다. 카타리나는 귀족 집안 출신답게 사교성을 발휘하여 비텐베르크 시장을 여러 차례나 지냈고 당시 유명한 예술가요, 서점 주인이며 약사였던 루카스 크라나하(Lucas Cranach)의 부인인 바바라 크라나하(Barbara Cranach)와도 친하게 지냈다. 루터는 사실 당시 수녀원을 탈출한 세 명 중에 아베 알레만(Ave Alemann)에게 결혼을 요청하였다.[7] 아베 폰 쉔펠드(Ave von Schonfeld)에게도 결혼하면 어떻겠느냐고 물었다. 정작 카타리나에게는 어떠한 매력도 갖지 못했다. 그는 카타리나가 너무 거만하다고 생각했다. 루터는 그녀에게 적당한 신랑감을 골라 결혼하도록 조언하였다. 그는 자신의 친구 니콜라스 암스도르프(Nicholas Amsdorf)를 추천했으나 암스도르프는 결혼을 원하지 않았다.

루터는 사제들의 결혼을 지지하는 뜻에서 그가 직접 결혼해야

6) *LW* 49:104-105.
7) *WA Br.* 4:3, 7-9.

한다고 주변의 많은 사람들이 권면했을 때 그 가능성을 배제하지는 않았다. 그 역시 성적인 욕구가 없는 무쇠나 나무가 아니었다. 그는 결코 독신주의자는 아니었지만 그러나 아직은 결혼할 뜻이 없었다. 그런데 그가 결혼을 할 수밖에 없는 상황이 다가왔다. 수녀원을 탈출한 아홉 명의 수녀들 중 여덟 사람은 각자 자신들의 길을 찾아 떠났고 카타리나만이 남게 되었다. 루터는 카타리나를 어떻게 보살펴야 할지 수차례 여러 길들을 모색하였으나 뾰족한 방도가 없었다. 가장 좋은 해결책은 자신이 직접 그녀와 결혼하는 수밖에 없었다. 루터가 결혼하기로 결심하게 된 또 한 가지 이유는 농민전쟁으로 인해 혼란스런 여러 지역들을 순방하며 설교하는 동안 루터는 만스펠드(Mansfeld)에 살고 있는 아버지를 방문하였다. 아버지는 죽기 전에 루터가 결혼해서 아이들을 낳는 것을 보고 싶다고 소원하였다.[8]

마침내 루터는 카타리나와 결혼을 하게 되었다. 그들이 결혼하기로 결정했다는 소식은 1525년 5월이나 6월초에 비텐베르크에 알려진 것 같다. 마침내 6월 13일 화요일 저녁에 약혼식이 있었고 이어서 관습에 따라 곧바로 결혼식이 거행되었다. 결혼식은 어거스틴 수도원에서 열렸는데 훗날 함부르크의 교회 개혁자가 되었던, 부겐하겐(Bugenhagen)의 주례로 거행되었다. 유스투스 요나(Justus Jonas), 법관인 존 아펠(John Apel), 크라나하(Cranach) 부부가 증인들로 참석하였다. 멜랑히톤은 결혼식에 참석하지 않았다. 사실 멜랑히톤은 이미 결혼한 상황이었지만 루터가 결혼한다는 소식을 듣고 몹시 당황하기도 하고 화가 났다. 1525년 6월 16일 카메라리우스(Camerarius)에게 쓴 한 편지에서 그는 자신의 분노를 그대로 드러냈다.[9] 멜랑히톤은 지금 상황이 대단히 복잡하고 힘든 농민전쟁중이고 또 이런 혼란한 시기에

---

8) *WA Br.* 3:531, 9-10; *LW* 49:117.

9) *WA Br.* 3:535, 3-4.

루터의 절대적인 권위가 필요한 때에 왜 하필 결혼이냐고 반문하였다. 그는 루터가 전직 수녀의 꾐에 넘어갔다고 생각했다. 당시 그들의 결혼을 두고 세간에는 루터가 카타리나와 혼전 성 관계를 가졌기 때문에 어쩔 수 없이 결혼하게 되었다는 소문이 퍼지고 있었는데 멜랑히톤은 그러한 소문을 일고의 가치도 없는 것으로 간주하였다. 나중에 멜랑히톤은 루터의 처지를 이해하면서 결혼을 통해 그가 더욱 겸손해지고 사람들에게 많은 다른 좋은 영향을 미칠 수 있다고 생각하면서 그를 위로하였다.

모두가 농민전쟁의 재난으로 혼란스러운 이때에 이들의 결혼은 분명 사람들 사이에 이야깃거리가 되었다. 결혼 리셉션은 14일이나 연기되었다. 이유는 먼 거리에 있는 아버지와 친구들을 초청하기 위해서였다. 초청장을 받은 친구들마다 모두 놀랍고 의아스럽게 생각했다. 루터는 당시 지인이었던 돌지히(Dolzig)를 피로연에 초대하면서 이렇게 말하였다. "내가 신랑이 되어 당신을 초대하는 일은 의심의 여지없이 놀라운 모험 사건이오. 이러한 일이 얼마나 나에게는 낯선 일이오! 나는 여전히 거의 나의 결혼을 믿을 수가 없소."[10] 그러면서 루터는 돌지히에게 올 때 가장 좋은 토르가우 맥주 한 통(keg)을 가져오라고 요청하였다. "만약 그 맥주가 좋은 것이 아니라면 당신 혼자서 한 통을 다 마셔야 한다는 것을 경고하는 바이오."[11]

루터와 카타리나와의 결혼 생활은 행복하였다. 루터는 카타리나의 약점들을 익히 알고 있었지만 최선의 노력을 다해 그녀를 기쁘게 하였다.[12] 하지만 마냥 그들이 행복한 것만은 아니었다. 루터와 카타리나 사이에 여섯 명의 자녀들이 태어났다. 둘째 아이는 태어나자마자 죽

10) *WA Br.* 3:537 이하.
11) *WA Br.* 3:539.
12) *LW* 54:7-8, 25-26.

었고 셋째도 열네 살 되던 해에 죽었다. 카타리나는 루터보다는 현실적인 사람이었다. 결혼을 축하하기 위해 많은 동료들이 선물을 보내 왔다. 마인츠의 알브레히트도 20 굴덴(Gulden)의 선물을 보내 왔을 때 루터는 거절하였지만 카타리나는 받아 두었다. 당시 비텐베르크 대학 교수의 월급으로는 생활조차 꾸려 나가기가 힘들었다. 그래서 루터는 글과 설교, 강연을 통해서 번 돈으로 근근히 생활해 나갔다. 루터는 남을 돕는 일이라면 입고 있던 옷까지도 그 자리에서 벗어 주곤 했다. 그런 그였기에 집에 식량이 남아 있을 리가 없었고 또 집안 살림이 어떻게 돌아가는지조차 놀랐을 정도로 자기 일에만 몰두하였다. 신혼 부부의 살림은 정말 어려웠다. 1525년 12월 결혼 한 지 6개월이 지난 후에 루터는 스스로 평범하고 가난한 사람이라고 말했다.[13] 루터는 자신의 일에 너무 몰두해 있었기 때문에 돈이 바닥이 나 있었어도 전혀 알아채지 못했고 집안 일은 전적으로 아내에게 맡겨 두었는데 카타리나도 귀족 가문 출신인지라 그런 궁핍한 살림살이를 해본 경험이 없었던 사람이었다. 그럼에도 불구하고 카타리나는 매우 검소했고 어려운 집안 살림을 잘 꾸려 나갔다. 그들의 집은 언제나 사람들로 들끓었다. 가족들 외에 항상 학생들이나 외부 손님들이 거주하면서 지냈고 이들의 모든 식생활을 카타리나는 불평 없이 기쁨으로 잘 감당하였다. 루터와 카타리나가 살고 있던 수도원의 일부 방들은 양조장으로 사용되었고 루터가 자주 거닐었던 뜰은 채소와 여러 과일 나무들을 심는 밭으로 사용되었다. 카타리나는 넓은 뜰을 개간해서 각종 과일 나무들을 심었다. 루터는 집안에서 주로 책상에 앉아 글 쓰는 일이 많았다. 카타리나는 아주 당찬 전형적인 독일 여성이었다. 부엌과 방 청소부터 시작해서 루터의 원고들을 꼼꼼히 챙겨 정리하는 일을 도맡았다. 루터가 책상에 앉아서 글만 쓰고 자신에게 아무런 관심을 보이지 않을 때는 카타리나는 "박사님!" (Herr

13) *WA Br.* 3:555, 8-9.

Doctor) 하고 부르면서 그의 일을 중단시키곤 하였다.[14)]

루터에게 결혼은 개인적으로는 그의 수도원주의의 종말을 고했고 이 세상 삶으로의 진입을 뜻했다. 루터는 수도원에 입회한 이후로 수도원 생활 시작단계부터 어거스티니안 수도원 규율들을 아주 철저하게 준수하였다. 그의 수도원 생활은 대단히 금욕적이었기 때문에 독신으로 지내는 것은 그에게는 어떤 특별한 도전이 아니었다. 그가 수도원주의와 갈등을 일으킨 것은 이러한 엄격한 수도원 규율들 때문이 아니라 구원에 이르는 길에 대한 그의 개념에서였다. 독신을 통해서 자연스러운 인간의 욕망을 억제하여 본질상 죄인인 인간이 어떤 무흠의 경지에 올라 완벽한 존재를 추구하여 구원을 얻을 수 있다는 것은 근본적으로 성서 말씀에 위배되며 인간의 편에서 구원을 획득(acquire)할 수 있다는 공로주의 신앙을 낳게 만든다. 루터의 칭의론 신학의 관점에서 볼 때 이러한 사상은 결코 용납될 수 없었다. 루터의 결혼은 바로 이러한 관점에서 이해해야 한다.

2. 의지의 자유냐 의지의 속박이냐

1525년쯤에 이르러 종교개혁은 확고하게 삭소니(Saxony), 헤세(Hesse), 만스펠드(Mansfeld) 등 제국의 주요 도시들과 여러 작은 소도시들에서 정착되었다. 대부분 개혁에 찬동한 지역들은 가톨릭 지역들에 둘러싸여 군데군데 배치되어 있었다. 게다가 종교개혁 교회를 위해 제정된 새로운 교회 규정들은 여전히 임시적이었고 어느 지역이 가톨릭 교회지역인지 아니면 종교개혁 교회 형태를 채택한 지역인지 특별히 구분하기란 어려웠다. 농민전쟁 이후 사실상 '아래로부터의 종교

14) *LW* 54:191.

개혁' 은 상실되었지만 종교개혁의 정치적인 기반은 오히려 확장되고 있었다는 사실은 종교개혁의 계속성을 위해 아주 중요하였다. 루터는 이러한 흐름들을 간파하고 있었고 개인적으로나 친구들을 통해 제국 안팎에서 자신의 입장과 사상들을 전하면서 가능한 한 많은 지역에서 권력자들을 자기 편으로 끌어들이기 위해 노력하였다.

이런 상황에서 루터의 최대의 정치적인 후원자인 선제후(Elector) 프레드릭이 1525년 5월 5일에 죽었다. 그의 죽음으로 인해 종교개혁이 과연 계속해서 지속될 수 있을지 사람들의 최대의 관심거리였다. 루터에게 프레드릭의 죽음은 그의 막강한 정치적인 후원자가 사라진 후에도 혼자 힘으로 과연 종교개혁의 거대한 물결을 계속 이끌어갈 수 있을지에 대한 시험을 의미하였다. 루터는 바이마르 지방 순회 설교를 하고 있을 때에 프레드릭이 사망했다는 소식을 전해 들었다. 그는 서둘러 비텐베르크로 돌아왔다. 사실 프레드릭은 살아생전에 루터와 가까이 만나거나 접촉한 사실은 거의 없었다. 단 한번 보름스 국회에서 루터가 심문을 받을 때에 근접에서 만났고 슈팔라틴(Geoge Spalatin)이 두 사람 사이의 중개역할을 많이 했다. 프레드릭의 장례식 전날 밤인 5월 10일 저녁에 필립 멜랑히톤이 라틴어로 조사를 했고 루터가 독일어로 설교를 했다. 그 다음날인 5월 11일 장례 예배에서 루터는 다시 독일어로 설교를 했다.

이제 루터에게는 정치적인 후원자가 사라진 지금 그의 개혁 운동과 신학은 시험무대 위에 올랐나. 그 첫 번째 시험은 로테르담(Rotterdam)의 인문주의자 에라스무스(Desiderius Erasmus, 1467?—1536)와 벌인 인간 의지의 자유에 관한 논쟁에서였다. 종교개혁과 인문주의는 밀접한 관련을 맺고 있다. 인문주의자들은 고전적인 세계관(그레코—로만 세계의 사상과 철학)의 재해석을 통해 당시 종교적인 세계 질서에 도전하였다. 그들은 신적 질서에 함몰되어 버린 인간의 진정한 자유를 외쳤고 종교라는 율법의 굴레로부터 인간 본연의 참 자아를 해방시켜야 한다고 부르짖었다. 그들은 헬라 문명의 힘을 빌려서 인간의 합리적인 사고를 되찾기를 원하였다. 소위 근대적인 의미에서 개체적인 존재로서의 인간의 주체성은 이들에 의해서 확립되었다고 보아야 할 것이다.

1525년 가을, 루터는 일년 동안 연기해 왔던 필요한 과제를 해결하고자 했다. 그것은 바로 수년 동안 에라스무스가 제기한 문제에 답변하는 것이었다. 사실 에라스무스가 루터의 사상을 비판하고 나섰을 때에 루터는 그에게 즉각적으로 반응하지 않았다. 그 이유는 당시 칼슈타트와 긴급한 논쟁을 해야 했고 신명기 주석을 완성해야 했으며 또 농민 전쟁과 그의 결혼이 계속 이어져서 에라스무스의 사상을 충분히 검토한 후 답변할 시간적인, 정신적인 여유가 없었기 때문이었다. 루터는 자신과 에라스무스와는 서로 다른 사상을 갖고 있다고 느꼈다. 사실 루터는 에라스무스의 사상을 일찍이 비판하려고 했다. 그러나 그가 한동안 침묵했던 이유는 종교개혁의 동반자를 비판하고 싶지 않았기 때문이었다. 루터는 에라스무스가 당시 가톨릭 교회를 비판하고 나섰을 때 자신의 입장과 같은 줄로 생각하고 그를 동료로 간주하였다. 어쨌든 루터는 에라스무스와 논쟁을 피하고 싶었는데 논쟁을 제기한 쪽은 에라스무스였다. 루터와 에라스무스와의 논쟁에서 우리는 인간 존재를 이해함에서 휴머니스트들과 종교개혁자들 사이의 차이를 엿볼 수 있다.

에라스무스는 1524년 9월에 "자유의지에 관한 논쟁"(De Libero Arbitrio)을 발표하였다. 이 논문은 루터의 사상을 공격하기 위해 쓴 논문이었다. 이 논문에서 에라스무스는 루터 신학의 핵심들을 공개적으로 비판하였다. 이 논문은 서론적인 고찰과 세 개의 장(Part I, II, III)과 에필로그로 구성되어 있다.[15] 에라스무스는 논쟁을 위한 논쟁은

15) Erasmus, *De Libero Arbitrio, The Library of Christian Classics* Vol. XVII, Luther and Erasmus: Free Will and Salvation, trans. E. Gordon Rupp and Phillip S.

하고 싶지 않았다. 다만 그는 확고부동한 화석화된 교리들에 반감을 보였고 그것들에 대해 회의주의(skepticism)를 고수하기를 원했다.[16] 광신적인 복종은 그가 가장 꺼리는 문제였다. 서론의 두 번째 부분은 방법론적인 문제를 다루고 있다. 진리를 위한 표준은 무엇인가? 성서 외에도 전통들이 포함될 수 있는가? 에라스무스는 루터는 오직 성서 권위만을 받아들이고 교회 교부들이나 성인들, 순교자들, 그리고 교회 공의회들의 가르침들을 거부하였다고 주장한다.[17] 에라스무스는 교회 전통들에 상응해서 자신의 입장을 세우기를 원하였다. 여기에서 휴머니즘의 전통주의와 종교개혁자, 특히 루터의 성서 중심주의와의 심각한 차이들이 드러난다. 교회 역사에서 성서의 모호한 부분들을 해석해 주는 탁월한 해석자들의 입장들을 존중하면서 에라스무스는 교회에 대한 자신의 지지는 변함이 없다는 점을 분명히 표명하였다.[18]

첫 부분(Part I)에서 에라스무스는 자유선택(free choice)을 지지하는 성서 구절들을 증빙 구절들로 제시한다. 에라스무스가 주장한 자유의지란 "인간 스스로 영원한 구원에 이르도록 하는 것들에 적용할 수 있거나 혹은 그러한 것들로부터 벗어날 수 있는 인간 의지의 능력"(a power of human will)을 의미한다.[19] 에라스무스에 의하면 타락으로 인해 인간의 능력과 선택할 수 있는 의지는 실로 어두워졌다. 그러나 사라진 것은 아니다. "자유선택은 죄에 의해 심하게 훼손되었지만 그럼에도 불구하고 그것에 의해 사라진 것은 아니다."[20] 의지의 자유가 없다면 인간은 죄에 대해 책임을 주장할 수 없다. 물론 자유의지의 능력들

Watson(London: SCM Press LTD, 1960), 35-97. 이하 *Libero*로 표기함.

16) *Libero*, 37 이하.

17) *Libero*, 42-43.

18) *Libero*, 44-46.

19) *Libero*, 47.

20) *Libero*, 51.

에 관해서는 전통적으로 아주 다양한 다른 견해들이 있음을 지적하면서 에라스무스는 자유의지는 죄를 짓는다는 어거스틴의 엄격한 공식과 자유의지를 공허한 공식으로 보는 루터의 좀더 과격한 진술에 대해 주로 문제 제기를 하였다.[21] 그는 자유선택을 의미하는 수많은 구약성서 구절들을 인용하면서 이러한 구절들은 구원을 선택할 수 있는 인간의 능력에 대해 말하고 있다고 주장하였다.[22] 회개하라는 훈계들은 그렇게 할 수 있는 인간의 능력을 전제로 한 것이고 인간의 개종이 불가능하다면 그것들은 무의미할 것이다. 복음서에서도 인간은 하나님으로부터 보상을 받을 수 있다고 말한다.[23] 에라스무스는 바울이야말로 인간의 자유선택을 주장한 챔피언이라고 말하면서 심판에 대한 바울의 견해는 한 인간이 그 자신의 행동에 대해 책임이 있다는 것을 전제로 할 때 오직 의미가 있다고 주장한다.[24] 이러한 성서 증빙 구절들에 비추어 볼 때 자유의지를 거부하는 루터의 입장을 받아들여야 할 이유가 없다고 그는 주장하였다.

둘째 부분(Part II)에서 에라스무스는 성서에는 또한 자유의지에 대해 반박하는 구절도 있다고 하면서 관련 구절들을 제시하면서 거기에 대한 자신의 입장을 피력한다.[25] 그는 루터가 노예의지론을 주장하기 위해서 그러한 구절들에 호소하고 있기 때문에 그 부분을 다룬다.

21) 자유의지에 관한 다양한 견해들에 관해서 에라스무스는 어거스틴과 루터 외에도 펠라기우스(Pelagius)와 스코투스(Scotus)의 견해들을 언급하고 있다. *Libero*, 51-54.

22) 이와 관련해서 에라스무스가 주로 인용하는 구약성서 구절들은, 창 4:6-7, 신 30:15-19, 사 1:19-20, 21:12, 렘 15:19 등이며 이 밖에도 수없이 증빙 구절들을 언급한다. *Libero*, 55-58.

23) *Libero*, 59 이하. 에라스무스는 신약성서에서 자유선택을 지지하는 구절들을 수없이 언급하는데, 마 23:27, 눅 9:24, 요 14:15, 15:7 등이다.

24) *Libero*, 61.

25) *Libero*, 64.

특별히 파라오는 자신의 의지와는 상관없이 하나님에 의해서 마음이 완고하게 되었다는 주장에 대해 에라스무스는 파라오가 자신의 의지와는 관계없이 하나님께서 그의 마음을 완고하게 하셨기 때문에 그의 마음이 완고해졌다는 사실을 들어 인간의 의지는 노예 상태에 있다고 주장하는 것은 잘못이라고 주장한다. 파라오는 자신의 악 때문에 하나님께서 스스로 자신의 마음을 완고하게 하시는 것에 대해 책임이 있다.(출 9:12)[26] 하나님의 예지(foreknowledge)는 필수적으로 인간 의지의 자유나 책임성을 제거하지 않는다. 궁극적으로 자유의지를 이미 하고 있는 성서 진술들 사이에 긴장들이 존재하고 있기 때문에 주석적인 해결로 그러한 긴장과 갈등들을 서로 화해시킬 수 있다는 사실을 우리는 발견해야 한다. 에라스무스는 그것을 인간의 의지와 신의 은총과의 결합의 개념에서 발견하였다. "서로 갈등이 있는 것처럼 보이는 이러한 구절들은 우리 의지의 갈망을 신의 은총의 도움과 결합시킨다면 쉽게 조화를 이루게 된다."[27] 따라서 에라스무스는 은총이 없다면 인간은 전적으로 죄인이며 어떠한 선도 행할 수 없다는 루터의 견해를 논박한다. 하나님의 '도우심' 이나 '지지' 와 같은 성서 안에 있는 표현들은 한 인간 안에 어떤 능력을 전제로 한 것이다.[28]

마지막 에필로그 부분에서 에라스무스는 그의 결론을 제시하면서 이 주제에 대한 해결책을 제시하려고 노력한다.[29] 그는 우리의 모든 신뢰를 하나님에게 두는 것은 기본적으로 경건한 것이라고 인정한다. 그러나 하나님께 대한 이러한 전적인 신뢰가 우리가 행하는 모든 선한 행위들이나 공로들이 아무것도 아닌 그저 하나님께 대한 복종에 지나지 않는 것으로 간주된다면 문제라고 에라스무스는 지적한다. 우리

26) *Libero*, 64.
27) *Libero*, 74.
28) *Libero*, 81 이하.
29) *Libero*, 85.

는 의로우신 하나님께서는 선한 행위에 대해 보상하실 수 있다고 기대할 수 있다. 어거스틴이나 루터는 인간의 자유의지를 거부하면서 그 점을 놓쳤다. 하지만 에라스무스는 하나님의 은총은 우리의 구원이 시작되는 본질적인 길이라는 사실을 또한 주장하였다. 그렇지 않다면 하나님은 악에 대해 책임져야 할 것이다.

이 논문에서 에라스무스는 자유선택(혹은 자유의지)을 지지하거나 반대하는 성서에서 발견할 수 있는 많은 서로 모순되고 상반된 구절들을 다룸으로써 루터의 주장에 대항한 가장 효과적인 논점들을 발견할 수 있다고 믿었다. 왜냐하면 그는 인간 자유의지와 관련한 주제에 대해서 어떠한 분명한 대답이나 절대적인 확실성들도 성서로부터 도출해 낼 수 없다고 결론을 내렸기 때문이다. 이 논문에서 에라스무스의 관심은 그리스도인은 좀더 나은 것을 갈망해야 하며 죄로부터 돌아서서 자비를 추구해야 한다는 것이었다. 처음 보면 이 논문은 이해할만하고 중도적인 입장(a mediating view)처럼 보인다. 그러나 타협의 대가는 종교개혁의 은총론과 인간의 죄성을 부분적으로 제한하는 것이었다. 스콜라주의도 이 주제에 대해 타협적인 견해를 제시했는데 인간은 자신의 구원을 위해 어떤 것을 할 수 있는 능력을 지니고 있다는 견해는 일찍이 어거스틴에 의해서 문제 제기되었고 루터의 좀더 신랄한 공격으로 인해 루터 당시에는 현대적인 이슈로 부각되었다.

루터는 에라스무스와 논쟁을 벌일 생각이 없었다. 그는 지금 가톨릭 교회의 공격으로부터 그리고 같은 개혁 그룹 내에서의 과격파들과도 논쟁을 해야 했기 때문에 에라스무스와 특별히 논쟁하고 싶지는 않았다. 그래서 루터는 자신에 대한 에라스무스의 공격에 즉각적으로 답변을 하지 못했다.[30] 하지만 그가 계속해서 그리스도교 핵심 교리

30) 루터는 에라스무스가 그리스도교 교리들 중에서 아주 중요하고도 난해한 주제를 탁월하게 설명하고 있다고 칭찬하면서 자신의 답변이 왜 늦었는지를 설명한다.

를 건드리면서 공격해 오자 그에 대한 대답을 피할 수 없었다.[31] 처음에 루터는 의지의 자유에 관한 주제를 간헐적으로 다루곤 했다. 1524년 크리스마스 때에 그는 교인들에게 모든 것은 행위나 자유의지가 아닌 우리를 위해 희생하신 그리스도 안에서의 신앙에 의존한다고 말하였다. 자유의지는 악마, 죄, 죽음에 대항해서 아무것도 달성할 수 없다. 1525년 초에 신명기 주석을 위해 준비한 자료들을 보면 루터는 이미 자유의지에 관한 문제를 진지하게 다루고 있었다는 점을 알 수 있다.[32]

드디어 루터는 1525년 12월 31일에 에라스무스의 "자유의지론"(De Libero Arbitrio)을 반박하는 논문을 발표하였다.[33] 루터의 논문 제목은 "노예의지론"(De Servo Arbitrio)이었다.[34] 이 논문 제목은 어거스틴에게서 빌려온 형식이며 논문 제목 자체는 에라스무스의 논지(thesis)와 즉각적으로 반대되고 있다는 점을 보여 주고 있다. 이 논문은 루터의 신학 논문들 중 금자탑이라고 할 만하다.[35] "노예의지론"의 구조는 루터의 다른 많은 저술들처럼 문제 제기(여기서는 에라스무스의 자유의지론)에 대한 답변서 형식을 취하고 있다. 본 논문은 총 여섯 장(Part I-VI)과 서론과 결론으로 구성되어 있다. 제1장과 2장은 에라스무스의 서론들을 검토하면서 거기에 코멘트를 하고 있으며 제3장은 자유선택을 지지하는 논의들을 반박하고 있다. 제4장에서 루터는 자유선택에 대항해서 여러 성서 구절들을 분석하면서 자신의 입장을 변호하고 있으며 제5장에서는 자신의 주장들(Assertio)을 비판하는 에라스무스

Luther, *De Servo Arbitrio, The Library of Christian Classics*, 101-104. 이하 *Servo*로 표기함.

31) *LW* 49:88.

32) *LW* 9:36, 89, 164.

33) *LW* 49:140.

34) 이 논문은 *LW* 33:3-295에 실려 있다.

35) 나중에 자신의 전집(collected works)을 구성하면서 루터는 이 논문을 가리켜 "실로 나의 책이다."라고 말했다. *LW* 50:172-173.

의 비판을 논박한다. 제6장에서 루터는 바울과 요한, 그리고 두 왕국론 등을 전거로 삼으면서 자신의 입장을 적극적으로 전개한다. 본 논문의 신학적인 강점은 개별적인 논의들과 성서 해석들에 있다. 루터는 이 논문의 3분의 1 이상을 에라스무스가 서론에서 제기한 문제들을 집중적으로 다루고 있다.[36] 루터는 사실 에라스무스의 자유의지론이 제기한 중도적인 입장들은 이미 스콜라 신학이 제기한 것 이상 어떤 새로운 것도 아니며 또 자신과 멜랑히톤이 이미 모든 것에 답변을 했기 때문에 특별히 따로 답변해야 할 필요성을 느끼지 못했다는 점을 밝힌다.[37] 시작부터 루터는 자유의지는 순전히 허구이며 에라스무스는 신학적으로 자격이 없는 사람으로 간주하였다.

루터는 에라스무스가 회의론적인 입장을 취하면서 자신을 "완고한 독단적인 주장"(obstinate assertiveness)의 소유자라고 비방한 데 대해 공격한다.[38] 루터는 그리스도인은 자신이 확고하게 고수하고 있는 신앙의 분명한 주장(assertion)이 없다면 아무것도 할 수 없다고 말하면서 확고 부동한 주장들은 그리스도교 신앙고백에서 피할 수 없다고 주장한다 : "주장들을 제거한다면 당신은 그리스도교를 제거하는 것이다." (Take away assertions and you take away Christianity)[39] 신앙의 필수적인 주장들 가운데는 자유의지나 부자유한 의지에 관한 문제들이 포함된다. 루터에게 비교리적인 그리스도교 같은 것은 존재하지 않는다. 물론 에라스무스는 자신은 성서와 교회의 가르침을 받아들이고 있다고 주장하고 있지만 루터가 보기에 그것은 전혀 진지한 입장이 아니었다.

36) *Servo*, 105-169.

37) 루터 개혁신학의 최초의 조직적인 설명으로 간주되는 멜랑히톤의 『조직신학』(*The Loci communes rerum theologicarum*)에서 멜랑히톤은 이 주제에 대해 이미 답변했음을 루터는 밝힌다. *Servo*, 102.

38) *Servo*, 105 이하.

39) *Servo*, 106.

루터는 에라스무스가 성서에서 어떤 부분들은 모호하다고 주장한 것에 대해 우리는 단지 경건하게 그 부분들을 받아들여야 한다고 말한다.[40] 성서의 핵심 내용은 그리스도의 계시이고 구원에 대한 그의 사역이다. 루터에 의하면 성서의 모든 내용은 그리스도에 근거해서 해석되어야 하며 그리스도는 성서의 중심이다. 성서에는 모호한 어떤 것들이 있으며 모든 것이 명백하지 않다고 보는 것은 신앙 없는 철학자들(Sophists)이나 말하는 입장이다.[41] 루터는 모호하게 보이는 성서의 일부 구절들은 명백한 구절들에 기초해서 해석될 수 있다고 주장한다. 복음은 모든 사람들에게 공공 장소에서 태양이 한낮에 비치는 것처럼 너무도 밝게 선포되었다. 복음은 동굴의 어둠 속에 감추어져 있지 않다. 그럼에도 불구하고 성서가 이해되지 않았다면 문제는 성서가 아니라 인간에게 있는 것이다.[42] 결론적으로 루터는 성서는 성령의 도움을 통해서 명확하게 해석될 수 있다고 주장한다.

루터는 에라스무스가 자유의지의 문제를 신앙의 쓸모없고 불필요한 조항들로 간주하면서 단지 인간은 경건에 힘써야 한다는 주장을 비판한다.[43] 루터에 의하면 은총이 없다면 인간은 악마의 포로이다. '자유선택' 은 오직 하나님에게 속해 있다. 루터는 자유선택이란 말을 사용하기를 좋아하지 않았지만 피할 수는 없었다. 그래서 루터는 자유선택의 범위를 이 세상에서 행해진 결정들에만 제한시킨다. 자유선택은 인간의 구원과 관련해서는 전적으로 배제된다. 루터는 자유선택에 대한 에라스무스의 정의(definition)가 모호하다고 말하면서 자유선택이란 말 대신에 '변덕스러운 선택' (mutable choice)을 말하는 것이 더

40) *Servo*, 109-112.
41) *Servo*, 110.
42) *Servo*, 110.
43) *Servo*, 113 이하.

옳다고 주장한다.[44] 에라스무스의 자유선택론은 신적인 능력들을 인간에게 부여하고 있는 것이다. 루터가 보기에 이것은 참된 그리스도인으로부터의 변절이며 펠라기우스주의이다.

루터는 에라스무스가 성서에서 자유의지를 지지하는 것처럼 보이는 증빙 구절들을 주석하면서 자신의 입장을 변호한다. 예를 들면 에라스무스가 창세기 4:7(하나님께서 가인에게 하신 말씀, 즉 "네가 올바르지 못한 일을 하였으니, 죄가 너의 문에 도사리고 앉아서 너를 지배하려고 하니 너는 그 죄를 잘 다스려야 한다.")을 인용하면서 인간은 자신의 의지로 악을 향한 마음의 움직임들을 극복할 수 있고 죄를 짓지 않을 수도 있다고 주장한 것에 대해 루터는 "만약 자유선택이 악을 향한 마음의 움직임들을 극복할 수 있다면 하나님, 그리스도, 성령은 무슨 필요가 있겠는가?" 라고 반문한다.[45] 또한 자유선택은 선(good)을 바라지 않을 수도 있다는 것을 의미할 수도 있지 않는가라고 반문하면서 그렇다면 여기에서 악에 대한 승리는 어떤 선한 행위를 하지도 바라지도 않는 것으로 여기게 된다고 말한다. 루터는 이와 같은 구절들은 인간이 할 수 없는 것이 아닌 해야 하는 것을 보여 주고 있다고 말한다. 가인은 죄를 지배해야 하고 죄에 대한 욕망을 자신의 지배하에 두어야 한다는 점을 듣고 있는 것이다. 그러나 그는 이렇게 하지도 못했고 할 수도 없었다. 왜냐하면 그는 이미 사탄의 지배하에 있었기 때문이다.[46] 이밖에도 루터는 신명기 30:15, 19, 이사야 1:19, 45:20, 22, 예레미야 15:19 등을 주석하면서 에라스무스의 주장들을 조목조목 반박한다.[47] 이러한 구절들을 주석하면서 루터는 율법의 요구들은 성취될 수 있다고 보지 않았

44) *Servo*, 170.
45) *Servo*, 188.
46) *Servo*, 189.
47) *Servo*, 189-194.

다. 오히려 율법은 바울이 해석한 대로 인간의 무능력을 보여 주는 것이다. 가인은 단순히 죄를 조절(control)할 위치에 있지 않으며 이스라엘은 생명을 선택할 수 없다. 에라스무스는 이러한 구절들로부터 잘못된 결론을 도출해 냈다. 루터에 의하면 에라스무스는 인간의 도덕적인 노력을 강조하는 과정에서 율법과 복음을 구별하지 못했다.[48]

루터는 인간들이 하나님을 믿게 되는 것도 인간의 능력으로 하는 것이 아니라 그것은 하나님의 약속이고 은총의 행동이라고 말한다. 에라스무스에게는 하나님의 요구들(commandments)이 성취될 수 없다면 더 이상 의미가 없었다. 루터도 그 점에는 동의한다. 이와 관련해서 루터는 하나님의 의지는 감추어져 있다(God' s will Secret)고 말한다. 그러나 에라스무스는 그 감추어진 신비를 설명하기를 원했고, 루터는 그것을 감추어진 채로 내버려두며 성육신하신 그리스도 안에 계시된 하나님을 믿는 것이 전부다라고 주장한다.[49]

루터는 신약성서에서 인간의 자유선택을 지지하는 것처럼 보이는 구절들을 다룬다. 특별히 하나님의 계명을 지킨다면 보상(merit)을 받을 수 있다는 구절들은 자유의지를 주장하는 데서 강력한 증빙구절들이다.[50] 루터는 이러한 신약성서의 약속들은 자유의지에 관련해서 아무것도 증명해 주고 있지 않다고 주장한다. 루터는 구약성서가 율법과 위협들(treats)로 구성되어 있는 것처럼 신약성서는 약속들과 훈계들(exhortations)로 구성되어 있다고 말하면서 신약성서는 예수 그리스도의 십자가 사건에 의해 성령과 은총의 도움으로 우리의 죄가 용서받았다는 메시지 외에 아무것도 선포하고 있지 않다고 주장한다.[51] 루터는

48) *Servo*, 194 이하.

49) *Servo*, 200-205.

50) 루터는 그러한 구절들로는 마 19:17, 21, 눅 9:23 이하, 요 14:15, 15:7 등을 언급한다. *Servo*, 208.

51) *Servo*, 210.

보상을 약속한 그 약속들은 서약, 언질, 담보, 보증으로 이해하였다. 루터는 콘스탄스 공의회에서 정죄받았던 위클리프(Wycliffe)가 했던 말, 즉 "모든 것들은 당연히 일어난다."(All things happen by necessity)라는 진술을 받아들인다.[52] 루터는 자유의지론에 대항해서 자신의 노예의지론을 증거해 주는 증거로 주로 파라오의 마음을 완고하게 하는 이야기(출 9:12), 야곱의 선택과 에서의 거부(말 1:2, 3), 진흙을 사용하는 토기장이 이미지(사 45:9) 등을 주석한다.[53] 이러한 구절들을 주석하면서 루터는 하나님의 예지(foreknowledge)와 하나님의 전능성(omnipotence)을 분리하는 것을 거부하였다.[54] 루터에 의하면 하나님의 선택은 인간의 행위의 공로에 근거해서 일어나지 않았다.

루터는 이제 자유의지론에 대항해서 자신의 입장을 변호하는데 머무르지 않고 노예 의지론에 대한 자신의 입장을 적극적으로 전개해 나간다. 그는 특별히 로마서를 주로 인용하면서, 바울이 말한 인류의 보편적인 죄성은 자유 선택을 무효화시킨다고 주장한다.[55] 그는 로마서 3:20 이하를 인용하면서 우리가 의롭게 되는 것은 율법의 행위들이 아닌 그리스도 안에서 신앙을 통해 명백해졌다(롬 3:20, 21, 28)고 말한다.[56] 여기에는 인간의 공로나 자유의지가 공헌을 할 수 있는 어떠한 공간도 없다.[57] 결론적으로 루터는 다시 한번 자신의 신학적인 논의들을 열거한다: 하나님의 전능성은 자유의지를 배제한다. 이 세상의 군주인 사탄은 모든 힘을 다해 그리스도 왕국과 영원히 싸우고 있으며 그가 포로로 잡고 있는 사람들은 성령의 능력이 임해서 그들을 해방시키라고

52) *Servo*, 219.
53) *Servo*, 219.
54) *Servo*, 232-246.
55) *Servo*, 293.
56) *Servo*, 304.
57) *Servo*, 304-312; *LW* 33:246-288.

강요할 때에 비로소 그의 포로들을 해방시킬 것이다. 원죄의 결과로 인간은 선을 선택할 수 있는 능력이 상실되고 단지 악을 선택한다. 유대인들이나 헬라인들도 그들 자신의 노력에 의해서 의롭게 될 수 없다. 여기서 중요한 점은 그리스도를 통한 구속은 모든 인간은 죽을 수밖에 없는(lost) 운명에 처해 있다는 점을 전제한다. 그렇지 않다면 그리스도는 피상적이거나 단지 불완전한 구속자이며 그것은 신성모독이다.[58]

지금까지 우리는 인간 자유의지에 관한 주제를 놓고 에라스무스와 루터가 벌인 논쟁들을 그들의 저술들을 통하여 검토하였다. 사실이 둘의 갈등은 놀라운 것은 아니었다. 에라스무스의 헬라어 신약성서판(1516)이 발간되었을 때에 루터는 에라스무스는 자신과는 다르게 바울을 이해하였다는 점을 알아차렸다. 루터는 인간의 도덕 능력을 높게 평가한 휴머니즘과 자신의 칭의론 신학과는 양립할 수 없음을 인식하였던 것이다. 그럼에도 불구하고 루터와 에라스무스는 중요한 공통분모를 갖고 있었는데, 그들은 성서의 정확한 문자적인 주석을 주장하면서 교회가 성서를 남용하는 일을 비판하는 데서 보조를 같이 하였다. 에라스무스도 당시 교회 개혁에 관심을 보였다. 에라스무스가 보기에는 루터의 교회 비판은 급진적이긴 하나 정당하다고 보았고 1520년 말에 그는 루터와 교황과의 갈등을 해결하려는 시도까지 하였다. 하지만 그는 결코 루터의 추종세력은 아니었다. 루터는 일찍이 1518년 하이델베르크 논쟁에서 논쟁했던 문제를 에라스무스가 다시 제기했을 때에 그 문제를 기꺼이 받아들였다. "많은 다른 사람들 중에 당신만이 문제의 핵심을 인식하였다. 그리고 당신은 교황권, 연옥, 면죄부 그리고 비슷한 시시콜콜한 것들로 나를 귀찮게 굴지 않는다. …당신만이 그 밖의 모든 것들이 의존하고 있는 것을 파악하였고 당신은 면도를 목에다 갔다 댔

58) *Servo*, 332-333. 루터의 이러한 비판에 대해 에라스무스는 나중에 "논쟁(Diatribe)의 보호자(Hyperaspistes)"라는 제목으로 자신의 입장을 변호하였다.

다. 그 때문에 나는 당신에게 마음으로부터 감사한다."[59)]

그러나 루터는 에라스무스의 모든 추론 방법은 용인될 수 없다고 판단하였다. 여기에서 다시 그가 에르푸르트 대학에서 씨름했던 것, 즉 하나님으로 인도하는 것은 신학인가 철학인가? 라는 문제에 직면하였다. 루터는 만약 에라스무스가 주장하고 있는 것처럼 그리스도교 신앙과 관련된 문제에서 아무런 확신이나 확고한 주장들이 세워질 수 없다면, 교황권에 도전할 이유도 없고 자신이 지금까지 싸워 온 모든 모험들은 무가치한 것이며 어릿광대 짓에 불과하다고 생각하였다. 에라스무스의 회의주의에 대해 루터는 말한다. "성령은 회의적이지 않다. 성령은 우리의 가슴속에 의심이나 게으른 가르침을 새겨 넣지 않으며 삶 자체보다 그리고 모든 경험보다 확실하고 확고한 주장들을 심어 넣는다."[60)] 루터의 이러한 신념은 에라스무스와의 논쟁을 통해서 더욱 확신 있게 주장되었다.

이 두 사람의 논쟁 근저에 흐르고 있는 근본적인 이슈들은 세 가지로 정리할 수 있다. 첫째는 구원과 인간의지와의 관계 문제이고, 둘째는 하나님의 예정과 인간의지와의 상관관계 문제이며, 마지막 셋째는 인간 행동의 책임의 한계에 대한 문제이다. 이 세 가지 이슈들은 그리스도교 신앙의 핵심 문제이며 또한 매우 어렵고도 복잡한 문제들이다. 첫째 이슈는 인간은 과연 자신의 구원을 위해서 어떤 것을 할 수 있는 역량을 가지고 있는가? 인간 의지는 어떤 것에 공헌할 수 있는가? 즉 의지가 구원을 위해서 어떤 것을 할 수 있는가 아니면 아무것도 할 수 없는가? 구원의 과정에서 하나님은 무엇을 하시고 인간은 또 무엇을 하는가? 라는 질문을 낳게 만든다. 에라스무스는 인간 구원과 같은 중대한 문제에 관해 피상적인 조언을 하거나 불분명한 답변을 주는 것은 용서할 수 없

59) *WA* 38:786.
60) *WA* 38:605.

는 죄라고 생각하였다. 그래서 그는 자유의지에 의해 인간이 구원을 얻는 것과 관련해서 이전과는 다른 방식으로 접근한다. 여기에서 에라스무스는 하나님의 자비를 간절히 원하면서 인간의 온갖 노력으로 구성된 경건을 주장하였다. 이것은 당시 그리스도교적인 경건으로 발전되고 있었다. 그러나 이것은 구원 문제에서 하나님의 역할이나 인간의 능력들에 관해서 아무것도 말해 주지 않는다. 인간의 자유의지를 외치는 에라스무스의 주장은 얼핏 보면 분명한 것처럼 보이지만 여전히 자연적인 자유와 하나님 은총에 의해 수여되는 자유 사이를 구별하고 있지 않기 때문에 모호하다. 에라스무스는 이 문제를 너무 쉽게 만들어 버린 경향이 있다. 이 점이 바로 루터와의 모든 갈등의 결정적인 부분이었다. 여기에는 에라스무스가 가르친 훌륭한 도덕과 루터의 복음적인 가르침과의 갈등이 존재하고 있다. 에라스무스가 보기에 루터에게는 복음적인 부드러움과 중용이 결여되어 있고 오직 완고한 주장만이 있을 뿐이었다. 루터가 보기에 에라스무스의 인간 경건 업적과 구원과의 상관 관계성의 논의는 자신의 칭의론 신학에서는 결코 용납될 수 없었다.

둘째 이슈는 인간 의지는 전적으로 은총에 의존하며 하나님의 결정에 의해 미리 결정되는가? 하는 질문을 제기하게 만든다. 이 질문 또한 피할 수 없이 하나님은 그의 예지(foreknowledge)에서 한 인간의 의지의 결정들에 의존하시는가 그렇지 않는가 하는 어려운 문제와 결부되어 있다. 여기서 우리는 휴머니즘적인 사고는 원죄설에 동의하지 않았다는 사실을 알아야 한다. 에라스무스는 인간 본성은 전적으로 타락해 있으며 그 자체가 어떠한 선한 의지도 갖고 있지 않으며 은총과 격리되어서는 인간 의지는 아무것도 아니며 아무것도 할 수 없다는 루터의 은총의 신학에 동의할 수 없었다. 에라스무스는 이러한 주장들이 성서에 기초해 있고 신학적인 체계 안에서 성립되고 수용될 수 있다 할지라도 인간 존엄성과는 화해할 수 없는 것들이라고 보았다. 루터는 에라스무스의 자유의지론은 지극히 단순하고 깊이가 없는 논의라고 비난하였다. 루터는 그리스도인이 구원을 위해 알아두어야 할 필요가 있는 것들은 하나님의 전능성과 절대불변의 예정이라고 말한다. 물론 이것은 의지의 자유와는 양립할 수 없는 것이었다. 루터는 나중에 모든 것은 하나님의 의지에 의해서 필수적이고 변함 없이 일어난다고 좀더 완강한 주장을 편다. 여기에서 루터의 근본 의도는 신의 의지는 인간 의지로부터 독립해 있다는 사실을 증명하는 것이었다. 모든 것들이 운명에 의해서 미리 결정되어 있다는 사실은 고대로부터 많은 사람들의 관심거리였지만 하나님 약속의 신뢰성은 궁극적으로 하나님의 예정에 의존한다는 사실이 루터에 의해 다시 한번 강조되었다. 하나님의 약속들은 그리스도인들에게는 위대한 위로이다. 루터는 이 문제를 쓸데없이 학문적으로 따지는 일에 결코 관심이 없었다.

셋째 이슈는 인간이 어떠한 자유의지도 소유하고 있지 않다면 어떻게 인간은 자신의 행동에 대해 책임을 질 수 있는가? 어떻게 인간은 선과 악을 결정할 수 있는가? 라는 문제를 제기하게 만든다. 사실 이러한 논의들은 오래 전부터 루터가 인식했던 것들이며 수없이 그에게 제기된 문제들이었다. 이에 대해 루터의 대답은 명료하면서도 간단하였다: 하나님만이 구원이시다. 하나님만이 죄를 평가하시고 측정하신다. 하나님만이 정죄하신다. 하나님만이 당신이 하시고자 할 때에 그리고 당신이 원하는 사람들에게 은총을 수여하시고 그들을 의롭게 하고 구원하신다. 인간은 이러한 신의 특권에 대항해서 아무것도 할 수 없다. 왜냐하면 하나님만이 무오류하시고 하나님은 은총과 자비의 하나님이시기 때문이다. 사실 루터는 에라스무스와의 논쟁을 통해 자신의 예정론을 발전시켰다. 루터에게 예정의 문제는 합리적인 토론거리가 아니라고 아예 처음부터 못박았다. 루터는 예정론에 대한 논의들은 하나님의 주권에 대항한 인간 본성에 기인하고 있다고 보았다. 루터에게 예정론은 휴머니스트들의 양심의 무조건적인 해방에 대한 절대적인 변호의 문제였다. 인간 본성은 자유의지를 소유하고 있지 않다. 인간 본성은 하나님이나 혹은 악마에 의해 운행되는 말과 같다. 마차를 운행하는 자만이 의지를 소유하고 있으며 말은 단지 주행자에 복종하는 것이다.

에라스무스의 불만은 이것이었다: 만약 모든 일들이 신에 의해 필수적으로 일어난다면 그것은 인간의 도덕적인 동기를 위태롭게 할 수 있다. 이에 대한 루터의 대답은 이것이었다: 우리의 구원에 대해서는 오직 하나님만이 일하시고 우리는 아무런 일을 할 수 없다는 사실은 인간은 하나님 없이 오직 악을 행하고 있다는 것을 의미한다. 인간은 악마의 포로이다. 구원이나 저주에 대해서 인간 의지는 아무것도 결정할 수 없다.

3. 예수는 빵과 함께 포도주와 함께

루터의 종교개혁 운동은 단지 신학적이고 교리적인 문제의 개혁뿐만 아니라 교회에서의 예배의식의 실제적인 변화를 가져왔다. 교회와 예배 의식을 개혁하는 과정에서 종교개혁 그룹들 내에서의 입장 차이는 피할 수 없었다. 따라서 개혁자들 간에 정치 사회적인 이데올로기나 신학적인 일치를 기대하는 것은 무리였다. 1520년대에 들어서면서부터 종교개혁 그룹 내에서는 서로의 입장 차이를 보이면서 여러 그룹들이 생겨났는데 지역에 따라 크게 세 그룹으로 나누어 볼 수 있다. 첫 번째 그룹은 삭소니와 투링기아 지방을 중심으로 한 루터 중심의 개혁 운동이고, 두 번째 그룹은 스위스와 남부 유럽을 중심으로 한 개혁 그룹인데 이 그룹은 루터 중심의 독일 종교개혁 그룹과는 구분된다. 세 번째 그룹은 사회 이데올로기적인 면에서 위의 두 그룹들과는 달리 급진적인 노선을 택하였는데 이 그룹의 구성원들은 주로 도시 하층민들과 농민들이 주류였다. 위에서 언급한 세 개혁 그룹은 분명한 정치 사회적인 요구와 기대를 가지고 다양한 신학적인 입장들을 표명하였는데, 그중에서도 교회와 예배를 개혁하는 방식에서 뚜렷한 입장차이를 보였다.

독일에서 루터의 종교개혁이 동력을 얻어 개혁 운동이 확산되어 가고 있을 때에 스위스 취리히에서는 1521년 이후 츠빙글리(Ulrich Zwingli, 1484-1531)의 지도 아래 개혁 운동이 시작되고 있었다. 이때까지 스위스에서의 개혁 운동은 교황은 세상 모든 일에서 영적인 우선권을 가지고 있다는 주장에 대해 그리고 교회 교구들은 영적으로 우월하다는 전제 위에서 사법권을 행사하는 일에 대해 의문을 제기하는 수준이었다. 그러나 츠빙글리와 함께 스위스에서의 개혁 운동은 비텐베르크에서처럼 예배를 실질적으로 바꾸었고 교회 재산 사용 문제에서도 변화를 가져왔다. 츠빙글리의 개혁 운동은 시민들, 수공업자들, 구두 수선공들 등 많은 사람들의 관심을 끌면서 그 운동의 사회적인 기초를 확장시켜 나갔다.

비텐베르크와 취리히에서 종교개혁 운동이 한창 진행되고 있을 때에 개혁자들 간에 서로 화해할 수 없이 뚜렷한 입장 차이를 보였던 것은 사회 경제적인 문제들과 관련된 것이 아니라 미사 때의 제단 위에서 일어났던 것과 관련된 것이었다. 이 문제와 관련해서 종교개혁자들은 자신들 스스로가 당시 개혁신학의 방향을 확고하게 잡아나가는 사명을 맡은 신학자들이었기 때문에 관심을 가지고 연구하였고 그들의 견해 하나하나가 교회와 그리스도인들의 신앙생활에 큰 영향을 미쳤다. 하지만 이 문제에 대해 그들간에 어떤 통일된 의견들을 도출해 내기란 거의 불가능하였다. 나중에 살펴보겠지만 교리 문제에서 교회 개혁자들 사이의 투쟁들은 곧바로 정치 사회적인 논쟁들을 수반하였다. 이러한 교리적이고 신학적인 논쟁은 개신교 교회들간의 일치를 회복시킬 수 없을 정도로 파괴시켰다.

16세기 종교개혁 시대에 일어난 성만찬 논쟁은 중세시대 벌어진 성만찬 논쟁들의 계속으로 간주될 수 있다. 그러나 종교개혁 시대에 일어났던 성만찬 논쟁은 당시 새로운 사상들에 영향을 받았다. 성만찬 논쟁은 크게 실재론(주의 제단에 그리스도가 실제로 현존한다는 입장)과 상징론(주의 제단의 빵과 포도주는 주님의 몸과 피를 단지 '의미' 하거나 '상징' 하고 있다는 주장)으로 구분된다. 종교개혁 시대 성만찬 논쟁을 이해하기 위해서 우리는 전통적인 로마 가톨릭 교회의 입장을 알아보고 난 후에 종교개혁 교회에서의 입장들을 살펴보기로 한다. 주의 제단 위에서 거행되는 성만찬에 관해 로마 가톨릭 교회는 전통적으로 실재론(Realism)의 입장을 취해 왔는데, 즉 그것은 바로 '화체설' (transubstantiation)이다. 주의 식사(Lord' s Supper)와 밀접하게 연결되어 있는 미사(the Mass)는 로마 가톨릭 교회에서는 최고의 중요성을 지니고 있다. 중세 후기에 미사의 지배적인 이론은 십자가 위에서의 희생과 제단 위에서의 희생을 동일시하는 것이었다. 1215년 제4차 라테란 공의회는 그리스도의 몸과 피는 실제로 빵과 포도주 아래 제단의 성찬에 담겨져 있고 하나님의 능력에 의해 빵은 몸으로 포도주는 피로 변화(transubstantiate)된다고 공포하면서 '화체설' 을 로마 가톨릭 교회의 공식적인 교리로 확정하였다. 따라서 로마 가톨릭 교회는 미사는 언제나 진정하고 적절한 그리스도의 희생이라는 사실을 부인한 사람들을 비판하였다. 거룩한 부르심을 받은 사제가 제단 위에 놓여 있는 빵과 포도주를 축성(consecration)할 때에 제단 위의 요소들(빵과 포도주)은 그리스도의 몸과 피로의 참다운 변화가 일어난다.

루터는 로마 가톨릭 교회의 미사 희생 개념을 강력하게 비판하였다.[61] 루터에 따르면 미사의 희생 개념에서 가장 큰 오류는 그리스도가 단 한번 유일하게 드린 완전한 희생을 인간이 제공하는 미사에서 계속적으로 반복하면서 그리스도를 희생시킨다는 것이다. 그 결과 신도들에게 주의 식사는 인간의 성취로 가르쳐지고 선행의인화(행위로 의

61) 루터는 『교회의 바빌론 포로』(*The Babylonian Captivity of the Church*)에서 로마 가톨릭 교회의 성만찬 개념을 집중적으로 비판하였다. *LW* 36:11-57 참조하라.

롭게 된다는 가르침) 콘텍스트로 그들을 인도하게 된다. 루터에게 성례전(Sacraments)에서 본질적인 것은 표지(sign)와 결합된 약속의 말씀이다. 그러므로 루터는 성례전적인 행위가 그 자체로 효력이 있다(the ex opere operato concept)는 사상을 거부하였다. 성례전에서 효과적인 것은 하나님의 말씀이지 인간의 행위 그 자체가 아니다. 루터는 화체설을 거부하였다. 그러면서도 그는 제단 위에서의 그리스도의 실제 현존(Real Presence)을 주장하였다. 빵과 포도주는 하나님께서 제정하신 말씀의 능력 안에 빵과 포도주의 형태로 주어진 그리스도의 참다운 몸이고 피이다. 이와 관련해서 루터는 그리스도 몸의 편만성(ubiquity), 즉 모든 곳에 그리스도는 현존해 있다는 이론을 발전시킨다. 루터는 그리스도의 인격 안에 신성과 인성이 불가분리적으로 연결되어 있다면 인성은 그의 신성의 편재성(omnipresence)을 공유하고 있어야 한다고 주장하였다.

성만찬 논쟁은 루터에게는 뮌처와의 유대관계가 단절된 후에 다른 비텐베르크 신학자들과의 일치를 깨뜨리는 가장 중요한 이데올로기적이고 정치적인 문제였다. 이 문제에 게재되어 있는 신학적인 입장을 이해하기 위해서 우리는 1525년 봄에 있었던 루터와 칼슈타트(Karlstadt)와의 논쟁을 간략히 살펴볼 필요가 있다. 칼슈타트는 그리스도의 현재를 감각을 통해서 인식할 수 없는 단순히 상징적이거나 또는 실제로 존재하지 않는 어떤 것을 위한 이름으로 생각했다. 칼슈타트는 성만찬에서 그리스도의 실제 현존을 거부하였다. 성만찬에서 칼슈타트는 빵과 포도주를 인정하였고 예수가 "이것은 나의 몸이다."(This is My Body)라고 제정사에서 말씀하셨을 때 예수는 빵과 포도주를 지적한 것이 아니고 자기 자신의 몸을 가리킨 것이라고 주장하였다. 칼슈타트는 루터가 제단 위의 빵과 포도주 안에 그리스도가 실제로 현존한다는 주장을 공격하였다. 칼슈타트는 주의 식사의 순전히 상징적이고 영적인 개념을 표명한 것이라고 주장하면서 빵과 포도주는 주의 영적인 현존의 표지(sign)들이라고 말하였다. 주의 식사는 죄 용서나 죄 용서의 맹세를 제공하지 않는다. 그에게 성만찬 의미는 예수 십자가의 기억이다.[62]

칼슈타트의 루터 비판은 츠빙글리에게 깊은 인상을 심어 주었다. 1527년 이후부터 츠빙글리는 칼슈타트보다 더 철저하게 성찬식에서 그리스도의 육체적인 현존 사상에 대항하여 나갔다. 츠빙글리는 요한복음 6:63을 예로 들었다. 몸(body)은 단지 육체(flesh)이지 영(spirit)이 아니며 그리스도의 실제 몸은 하나님 우편에 계시고 성만찬 요소들에 결코 현재하지 않으신다. 예수는 제자들에게 단지 그를 기억하면서 빵과 포도주를 먹고 마시라고 말씀하셨다. 츠빙글리는 예수는 '몸'(body)이라는 말을 때로는 그의 신적인 본성을, 때로는 그의 인간 본성을 '의미' 하기 위해 사용하셨다고 주장한다. 예수의 인성은 완전히 육체(flesh)와 관련되어 있고 승천 이후 그의 육체적인 본성은 더 이상 지상에 있지 않다. 그러나 그의 신성은 이러한 제한으로부터 자유하며 성만찬에서는 신앙을 통해서 효력을 나타낼 수 있다. 츠빙글리에 의하면 성례전들은 하나님의 은총의 수단이 아닌 이미 주어진 하나님의 은총에 대한 인증(approvement)이며 단순한 표지들(signs)에 지나지 않는다. 주의 식사는 그 자체가 그리스도의 육체적인 현존을 통한 은총을 제공하지 않는다. 그는 주의 식사를 영적인 의미로 해석하였다. 츠빙글리는 제정사에서 예수가 말씀하신 "이것은 내 몸이다." 에서 '이다' (is)를 '상싱한다' (signify)로 해석한다. 즉 '이것은 내 몸과 피를 상징(의미)한다.' 츠빙글리에 의하면 그리스도는 하늘로 승천하셨고 하나님 우편에 앉아 계신다. 그가 하나님 우편에 앉아 계시기 때문에 동시에 제단 위에

62) *LW* 53:19-40(An Order of Mass and Communion for the Church at Wittenberg, 1523); *LW* 36:335-361(The Sacrament of the Body and Blood of Christ-Against the Fanatics, 1526)을 참조하라.

주의 식탁에 거한다는 것은 불가능하다.[63]

츠빙글리는 제단 위에서 그리스도의 몸과 피의 실제적인 현존은 불가능하며 그것이 가능하다고 말하는 것은 어리석을 뿐만 아니라 불필요하다고 주장한다. 왜냐하면 구원은 신앙 안에서 이미 모든 그리스도인들에게 확실하게 주어졌기 때문이다. 외적인 요소들은 단지 하늘의 영적인 현재의 상징들이며 성만찬은 그 상징적인 행동이다. 그 행동을 실행하는 과정에서 하늘에 계신 그리스도와의 신앙적인 교제는 본질적인 요인이다. 츠빙글리는 영적인 것과 육체적인 것과를 구분하는 이원론의 근거 위에서 자신의 주장을 계속 발전시켜 나갔다. 신앙은 단지 그리스도의 신성을 향해 있다. 그러므로 신앙은 그리스도의 몸과 피나 지상의 요소들과 아무런 관련이 없다. 주의 식사에서 중요한 것은 물질적인 먹음이 아니라 하늘의 선물들에 대한 신앙의 참여이다. 츠빙글리는 이러한 성만찬의 행위를 상징적인 해석으로 표현하고자 하였다.

루터는 츠빙글리의 상징적인 해석을 간파하면서 그리스도는 하나님이며 동시에 인간이시라고 주장하였다. 인성과 신성은 그리스도 안에서 서로 분리될 수 없이 연결되어 있다. 그의 인성 안에서 그리스도는 고통받고 죽었을 뿐만 아니라 그의 신성에서 그는 부활하셨다. 그러나 두 본성들은 그의 죽음과 그의 부활에 참여하였다. 결론적으로 하나님은 적어도 하나님의 아들이라는 인격 안에서 고통받기도 하고 죽을 수도 있다. 루터는 츠빙글리가 말한 육체는 무익하다는 주장을 거부한다. 그리스도는 스스로 자유롭게 죄 용서를 위해 희생하셨고 그의 말씀으로 자신의 희생을 받아들였기 때문에 그리스도는 완전히 빵과 포도주와 함께 현재하신다. 확실히 빵과 포도주는 눈으로 볼 수 있다. 그러나 신앙의 눈으로 그리스도를 볼 수 있다면 신앙은 볼 수 있는 감각적인

63) 이상의 츠빙글리의 성례전론에 관해서는 Huldreich Zwinglis, Sämtliche Werke, vol. 3 (Leipzig: M. Heinsius Nachfolger, 1914), 322-354를 참고하라. 츠빙글리는 자신의 성례전 이론을 1525년 3월에 인쇄하여 발표하였다.

요소들을 압도하며 그 곳에 말씀이 가득 채워진다. 이것이 루터가 말하는 성례전적인 실재론의 의미이다. 루터는 처음부터 성만찬에서 그리스도의 현존과 관련해서는 아무것도 증명될 필요가 없다고 주장하면서 그리스도의 현존은 단지 믿어져야 하며 따라서 일체의 다른 견해들을 거부하였다.

루터는 성만찬에서 말씀 그 자체(the Word as it is)를 언제나 강조하였다. 그는 여기서 다시 한번 자신은 말씀에 의해 수반되는 은총을 강조한 은총의 신학자임을 명백하게 보여 주었다. 루터는 주의 식탁에서 제공되는 외적인 요소들과 말씀과를 아주 밀접하게 결합시킨다. 말씀과 외부 물질들은 제정사가 베푸는 능력에 함께 속해 있다. 그 결과 말씀과 물질의 먹음은 주의 식탁의 필수 요소들이다. 『교회의 바빌론 포로』에서 루터는 로마 가톨릭 교회의 화체설과 희생개념으로써의 미사를 공격한다. 루터는 츠빙글리가 주장한 예수가 승천하여 앉아 계신 하나님 우편은 지역적인 개념이 아니라고 말한다. 루터는 하나님 우편을 아들이 하나님으로써 참여하는 신성의 능력이요, 영광을 의미하는 것으로 이해한다. 하나님의 오른편에 앉아 있다는 말은 그리스도가 하늘에서 어떤 특별한 위치에 귀속되어 있는 것으로 이해해서는 안 된다. 그것은 모든 창조에 다 스며 있는 하나님의 전능성(omnipotence), 편재성(omnipresence)에 참여하는 것을 의미한다. 여기서 우리는 루터의 그리스도론을 범신론적인 것으로나 형이상학적인 것으로 이해해서는 안 된다. 그의 이해는 성서로부터 하나님에 대한 그의 경험을 반영하고 있는데, 그리스도는 정확히 인간이 되시고 고통받고 죽으신 예수와 온전히 함께하신 전지전능하시고 무소 부재하신 하나님이며 동시에 아버지와 함께한 하나님의 아들이시다. 하나님은 하나님의 피조물들과는 달리 이 인간 안에 계시고 이 인간은 스스로 하나님이시다. 하나님은 무소 부재하시다라는 개념에 근거해서 루터는 주의 식탁에서의 그리스도의 현존의 문제는 전혀 이의가 있을 수 없다고 주장하였다. 루터는 그리스도는 "빵과 포도주와 함께, 빵과 포도주 아래, 빵과 포도주 안에", 즉 공재설(consubstantiation)을 주장하였다. 루터는 주의 식탁을 올바로 대하는 길은 그리스도의 몸과 피가 현재한다는 것을 믿는 것이며 그들은 선물로서 그리스도인들에게 주어진다는 것을 확신하는 것이라고 말한다. 이러한 입장은 츠빙글리나 로마 가톨릭 교회의 견해와는 다른 것이다. 빵과 포도주가 단지 표지(sign)라면 주의 식탁은 그 내용을 상실할 것이며 단지 그리스도의 죽음을 기억하는 의식이 될 것이다. 그리고 각 개인을 위한 그리스도의 단 한번의 희생도 상실될 것이다. 성만찬의 가치는 신앙을 강화시키고 양심을 보증하는 것이다. 하지만 성만찬이 단지 상징이나 혹은 선행(good works)으로 이해된다면 이 두 가지 가치들은 상실될 것이다. 루터는 성만찬의 열매는 사랑과 교제이다(love and fellowship in the Lord' s Supper)라고 결론을 맺는다.[64]

성만찬 문제와 관련해서 루터는 츠빙글리와 결코 타협하지 않았고 따라서 독일의 종교개혁은 스위스 종교개혁과 마침내 갈라서게

---

64) *LW* 37:3-150을 참조하라. 성만찬에 관한 칼빈의 입장은 루터와 츠빙글리의 사이에 위치해 있다. 칼빈은 이 둘의 입장을 조화시키려고 했다. 칼빈은 성만찬에서의 그리스도의 구속적인 희생이 반복된다는 개념을 거부하면서 성만찬의 신비의 요소를 말한다. 칼빈은 성만찬의 궁극적인 의미는 물질에서가 아닌 하늘에서 그의 몸이 영광스럽게 된 구주의 계속적인 현존과의 연합이다. 그러므로 성만찬에서 오직 가능한 희생적인 제공은 찬양과 감사의 희생이다. 감사와 기념, 교제는 주의 식탁이 제정된 목적이다. 칼빈은 루터교 입장과는 반대로 빵이 제정 말씀에서 상징적인(figurative) 표현 양식을 허용함이 없이 실체적인 의미에서 그리스도의 몸이라고 가르친 것을 반대한다. 동시에 칼빈은 결코 순전히 상징적인 주의 식탁의 개념을 거부하였다. 칼빈은 주의 식탁에서 그리스도의 실제 현존을 믿었다. 그러나 요소들 그 자체는 배타적으로 신앙의 영역에 속하는 영적인 교제나 교류의 상징들로서 생각된다. 칼빈은 루터의 실재론도 결국 가톨릭 교회와 같은 우상적인 것이며 츠빙글리의 상징적인 현존도 부적절하다고 보면서 성찬을 받는 순간에 성령론적 그리스도의 현존을 가르쳤다. Johan Calvin, trans. Henry Beveridge, *Institutes of the Christian Religion* (Grand Rapids, Michigan: WM. B. Eerdmans Publishing Company, 1995), 491-511, 555-605.

되었다. 사실 성만찬 논쟁 자체가 그들을 서로 분열하게 만든 원인은 아니었다. 분열의 이유들은 전적으로 다른 사회 정치적인 권력 구조를 고수하면서 서로 논쟁하는 신학 당파들의 개인적인 충성심에서 비롯되었다. 그러나 신학 논쟁은 그들간의 차이점들이 무엇인지를 명백하게 설명해 주었고 개혁자들간의 분쟁은 교회 핵심 문제에 서로 대항하도록 만들었다. 그들 사이의 쟁점은 제단의 성찬이 실제로 무엇을 의미하였고 또 의미하는가, 그리고 그리스도의 몸과 피가 제단 위의 빵과 포도주의 형태로 현존한다면 그 현존에서 무엇이 이해되어야 하는가였다. 이러한 문제 제기는 교회의 중추 신경계를 건드리는 것과 마찬가지였다.

당시 막강한 권력을 쥐고 정치적인 야망을 갖고 있던 헤세의 필립(Philip of Hesse)은 루터와 츠빙글리 사이에 성만찬 문제에 관해 서로 논쟁하고 있다는 사실을 알았다. 제국의 최고 통치자를 꿈꾸고 있던 필립은 만일 이러한 논쟁이 제국 내의 분열을 부추긴다면 자신의 계획에 큰 차질이 올 것이라고 판단하고서 이 둘 사이의 논쟁이 종식되기를 원하였다. 따라서 필립은 마르부르크 성으로 이 두 사람을 초청하여 성만찬 문제에 관해 서로 입장을 조율하여 타협하도록 자리를 만들었다. 이 회담이 이른바 저 유명한 마르부르크 담화(Colloquy of Marburg)[65]인데, 루터와 츠빙글리의 논쟁은 이 담화를 기점으로 해서 정점에 이르렀다. 이 회담은 분명히 비신학적인 동기를 가지고 있었다. 헤세의 필립은 루터란들과 츠빙글리파들 사이에 어떤 단일한 신앙고백을 통해 황제에 대항할 수 있는 막대한 연합체를 형성하기를 원하였다. 마르부르크 회담은 1529년 10월 1일부터 4일까지 헤세의 필립에 의해 소집되었다. 필립은 황제에 대항해 폭넓은 지지 세력을 얻기를 희망하면서 스위스를 동맹군에 포함시키기를 원하였다. 그는 두 파들간에 신앙고백적인 일치를 통해 정치 군사적인 이득을 계산했다. 그러나 주요 방해들은 두 파들

65) *LW* 38:5-90(*The Marburg Colloquy and the Marburg Articles*, 1529).

사이의 교리 차이였다. 좀더 중요한 것은 그는 신학 논쟁의 정치적인 차원을 간파하였고 독일과 스위스 개신교도들은 루터와 츠빙글리가 신학적으로 동의할 수 없다면 군사적으로 쉽게 연합할 수 없다는 사실도 알았다. 이러한 목적으로 그는 두 개신교 지도자들을 마르부르크에 있는 자신의 성으로 초청하였다. 루터는 처음에 종교적인 이유로 정치적인 목적을 위해 이용하는 것을 반대하였다. 왜냐하면 그는 신앙 문제에 무력은 절대 사용될 수 없다고 생각했기 때문이었다.

루터와 츠빙글리는 마르부르크로 왔다. 그들 사이의 이슈는 무엇인가? 그들 사이의 화해할 수 없는 차이는 주의 식탁에서의 축사된 빵과 포도주에 그리스도 현존의 본질에 관한 것이었다. 처음에 루터와 츠빙글리는 개혁에 관해 공동분모를 많이 가지고 있음을 확인하였다. 두 사람은 성서를 중시하면서 성서만이 모든 신앙 문제에 대해 가장 강력하고 확실한 대답을 줄 수 있다고 주장하였다. 두 사람은 처음에 자신들은 화체설에 반대하며 미사를 희생 개념으로 보는 것도 반대한다고 공동으로 주장했다. 두 사람은 약속의 말씀에서 신앙, 신자들의 교제 그리고 그리스도의 약속에서 신앙을 강화시키는 표지로서의 성례전의 중요성을 표현하였다. 그들은 빵과 포도주는 성찬 참여자들에게 주어져야 한다는 데 동의하였고(이종배찬), 주의 식탁은 예수 그리스도의 참 몸과 피의 성례전이며 몸과 피의 영적인 분배는 모든 그리스도인들에게 필요하다는 것에 합의하였다. 그러나 그들 사이에 끝까지 합의할 수 없었던 이슈는 제단 위에서의 그리스도의 육체적인 현존에 관한 것이었다. 루터는 화체설은 아니지만 제단에서 그리스도의 실제 현존을 계속해서 주장하였고 츠빙글리는 상징적인 의미를 주장했다. 츠빙글리의 합리주의와 하나님의 초월에 대한 그의 강조는 하늘을 공간적으로 생각하는 개념을 낳았으며 그의 성만찬 이론은 성만찬에서 어떠한 신비적인 해석을 할 수 있는 여지를 남겨 두지 않았다. 그러나 루터는 성만찬 신비의 의미를 예리하게 간파하고 있었고 성만찬 참여자들과 그리스도와의 연합을 통한 신비적인 교제를 강조하였다. 결국 마르부르크 회담에서 이 두 파들은 서로 합의를 도출해 내는 데는 실패하였다.

루터와 츠빙글리가 왜 자신들의 입장을 그렇게 끝까지 완강하게 고수하였는지는 쉽게 알 수 있다. 루터는 츠빙글리의 신학은 종교개혁 좌파들의 신학과 너무 많은 공통점을 가지고 있을 뿐만 아니라 농민혁명 지도자들을 동정하는 취리히 개혁가들을 의심하고 있었다. 다른 한편 츠빙글리는 루터의 일부 주장이 가톨릭 교회의 견해와 동일한 것은 아닌가 하고 민감하게 의심하였다. 그러나 우리는 이 회담에서 루터와 츠빙글리가 서로간의 차이점들을 부각시키기보다는 자신들간에 해결되지 못한 문제들이 어디에 있는지를 진지하게 토론하려고 했다는 점을 볼 수 있다.[66] 이 두 파들은 서로에 대해 그리스도의 사랑을 보여주었다. 이런 점에서 우리는 마르부르크 회담에서 신학논쟁의 바람직한 모델을 배울 필요가 있다.

4. 원천으로 돌아가자 : 제도적 교회로부터 사도 공동체로?

뮌처, 칼슈타트 등 열광주의자들과의 분열 이후 또다시 루터의 마음을 아프게 한 그룹은 아나뱁티스트들(재세례파)[67]로 알려진 사람

66) 마르부르크 회담의 의제는 총 15개 항으로 되어 있는데 루터와 츠빙글리는 여러 점에서 의미 있는 합의를 하였고 주의 식탁을 거론한 제15조에서도 이 두 파들은 영적인 식사 개념과 미사를 거부하며 두 종류의 성찬에 합의하였다. 그러나 그들은 그리스도의 육체적인 현존에 관해서는 합의하지 못했다. 마르부르크 회담은 신학적인 논쟁이지만 그 배후에는 정치적인 계산이 깔려 있었다. 그러나 그 정치적인 목적은 달성되지 못했다. *LW* 38:85-89.

67) "아나뱁티스트"란 말은 원래 유아세례를 받은 사람들에게 다시 세례를 베푸는 행위를 두고서 생겨난 말인데 이 말은 이 그룹을 비꼬는 말(reproach)이다. 그러나 성인 세례는 이들 그룹의 신학적인 입장들 중에서 단지 한 부분에 지나지 않는

들이었다. 종교개혁 전선에서 형성된 루터와의 적대 그룹들(opponents)을 크게 정리해 보면 로마 가톨릭 교회가 개혁의 주요 대상이었고 개혁 그룹 내에서는 혁명적인 열광주의자들(뮌처 등)과 복음주의적인 열광주의자들(아나뱁티스트)이 있었다. 1524년경에 아나뱁티스트들은 처음으로 스위스 취리히에서 독자적인 운동 그룹으로 발전하였다. 이들은 제도권(magisterial) 종교개혁가들의 신학에 반대한 16세기 종교개혁 운동 그룹으로서 신약시대의 원시 그리스도교 공동체를 건설하기 위한 목적을 가지고서 기존 세상 정부의 권위와 전통적인 교회 권위를 모두 거부하였다. 그들은 다른 종교개혁 그룹들보다는 좀더 철저하고 엄격한 태도로 성서를 해석하고 신학을 발전시켰으며 또 성서의 계명들을 그들의 삶에 직접적으로 적용하려고 하였다.[68] 일반적으로 아나뱁티스트들은 세상 권력에 관해서 종교의 자유를 표방하면서 이 세상 질서들로부터 교회 공동체의 엄격한 분리를 주장하였다.[69] 아나뱁티

다. 그들의 실제 관심은 세례가 아니라 세상에서 사도적 공동체를 건설할 수 있느냐에 있었다. 베인톤(R. Bainton)은 아나뱁티스트들은 자신들의 입장에서 볼 때 "유아세례는 전혀 세례가 아니기 때문에" 다시 세례를 베풀었던 것은 아니었다고 말한다. 따라서 이 사람들을 아나뱁티스트들이라고 부르는 것은 그들을 헐뜯는 말이다. Roland Bainton, *The Reformation of the Sixteenth Century* (The Beacon Press: Boston, 1952), 99.

68) 제도권 종교개혁가들, 예를 들면 루터, 츠빙글리, 칼빈, 마틴 부처 등은 중세 교회 시스템에는 반대하였으나 기존의 세상 질서와 권위는 문제삼지 않았다. 오히려 그들은 영주들이나 시 관리들의 협조 속에서 개혁을 시도하였다. 제도권 종교개혁자들과 열광주의자들과의 차이에 관해서는 다음의 글을 참고하라. James M. Stayer, "The Anabaptist," Steven Ozment ed., *Reformation Europe: A Guide to Research* (St. Louis: Center for Reformation Research, 1982), 135-159; J. M. Stayer, "The Radical Reformation," Thomas A. Brady, Heiko A. Oberman, James D. Tracy, ed., *Handbook of European History 1400-1600* (Grand Rapid: William B. Eerdmans Publishing Company, 1995), 249-282; Carter Lindberg, *The European Reformations*(Oxford: Blackwell Publishers Inc, 1996), 3, 6, 7, 8장.

69) 베인톤은 교회와 국가의 분리의 관점에서 아나뱁티스트들을 제도권(magisterial)

스트들은 정부 조직에 참여하기를 거부하면서 그들 공동체 안에서의 엄격한 종교적인 훈련을 강조하였다. 그들은 진실한 그리스도교 공동체는 이 세상의 직무들(offices)이나 기구들(institutions)로부터의 분리(withdrawing)를 통해서만이 보존될 수 있다고 믿었다. 이러한 경직된 태도 때문에 그들은 기존의 권력자들과 심각한 충돌을 빚었으며 종종 박해를 받기도 하였다.

16세기 종교개혁 시대에 일어난 아나뱁티스트들의 운동은 결코 동질적인(homogeneous) 현상은 아니었다. 아나뱁티스트들은 크게 네 그룹으로 나누어진다. 스위스 형제단(the Swiss Brethren), 후터파들(Hutterites), 멜키안파(Melchiorites), 그리고 메노파들(Mennonites)이다. 16세기 종교개혁 무대에서 이들이 함께 연합전선을 형성한 것은 아니었지만 이들의 공통된 특징은 신약성서의 사도 교회를 지상에 세우기 위해서 엄격한 신앙생활을 강조했고 성서 문자주의(biblical literalism)를 고집하였다는 점이다. 아나뱁티스트들은 그들 스스로를 성서 엄격주의자들(rigorists)로 간주하였다. 그들은 사도 공동체의 신앙과 삶을 복원하기 위해서 그리스도인들의 삶과 이 세상의 세속인 삶과의 엄격한 분리를 고수하였다. 그들에게 산상설교는 신약성서의 사도들과 같은 삶을 살아가기 위한 근거였다. 그들은 산상설교의 윤리를 문자적으로 받아들였는데 산상설교는 "모든 그리스도인들에게 의무로

종교개혁과 구분한다. Bainton, "Anabaptism and the Reformation: The Left Wing of the Reformation," James M. Stayer and Werner O. Packull, trans. and ed., *The Anabaptists and Thomas Müntzer* (Toronto: Kendall/Hunt Publishing Company, 1980), 41. 아나뱁티스트 운동을 종교 운동이 아닌 하나의 사회 운동으로 파악하면서 기어츠는 아나뱁티스트들의 급진성은 "기존 사회 질서"와의 단절에 있다고 말한다. Hans-Jürgen Goertz, ed. *Profiles of Radical Reformers: Biographical Sketches from Thomas Müntzer to Paracelsus* (Scottdale: Herald Press, 1982), 21.

부과된" 것으로 보았다.[70] 모라비안 아나뱁티즘의 리더인 발타자르 허브마이어(Balthasar Hubmaier, 1485?–1528)는 복음의 계율들을 그대로 지키기는 불가능하다고 주장한 사람들을 비판하였다. "하나님께서 우리에게 불가능한 것들을 명령하였다고 주장한 사람들은 저주를 받을 것이다. 왜냐하면 우리 능력으로 불가능한 모든 것들은 하나님께서 보내신 말씀으로 가능하기 때문이다."[71] 아나뱁티스트들은 성서해석과 실천강령에서 모두 함께 같은 노선을 취하지는 않았지만, 산상설교에 관한 한 일관된 입장을 취하였다. 특별히 세상의 직무들(offices)에 대한 참여나 폭력사용에 대한 거부에서 그랬다.

스위스 아나뱁티스트 운동의 창시자, 콘라드 그레벨(Conrad Grebel, 1498–1526)은 "그리스도의 고통을 능력으로 삼고 있는 성령 안에 있는 가난한 자들에 의해서 수행된 아래로부터의 개혁"을 주창하였다.[72] 그는 우리 삶의 모든 영역은 문자적으로 예수님의 명령들, 특별히 비폭력을 말씀하신 예수님의 교훈에 순종하면서 살아야 한다고 주장하였다. 그는 그리스도인들은 절대로 칼을 사용하거나 전쟁에 참여해서는 안 된다고 단호히 말하면서 오직 예수님의 말씀에 따라 살아갈 때만이 우리의 삶의 질은 향상될 것이라고 주장한다.[73] 그레벨은 예수님의 가르침에 순종하기로 결심한 진실한 그리스도인들로 구성된 평신도 공동체(a community of lay people)를 세우기를 희망하였다. 그는 그의 공동체에 속한 신자들에게 산상설교의 계명을 따르면서 예수의

70) *Ibid.*, 100.

71) Henry C. Vedder, *Balthasar Hubmaier: The Leader of the Anabaptists* (New York: The Knickerbocker Press, 1905), 197.

72) Heinold Fast, "Conrad Grebel: The Covenant on the Cross," Hans-Jürgen Goertz, *Profiles of Radical Reformers*, 124.

73) "Grebel to Müntzer Zürich, September 5, 1524", Leland Harder ed., *The Sources of Swiss Anabaptism: the Grebel Letters and Related Documents* (Scottdale: Herald Press, 1985), 290.

엄격한 제자직 임무를 감당할 것을 강요하였다.

네덜란드의 비폭력 운동 그룹의 지도자 메노 시몬스(Menno Simons, 1496－1561)는 산상설교에서 교회를 개혁하고 초대교회 공동체를 복원하기 위한 어떤 원형을 발견하고자 하였다. 메노는 원수를 사랑하라(마 5:43－48)는 예수님의 말씀은 그리스도인들이 모든 폭력에 반대해야 한다는 것을 의미한다고 주장하였다. 메노는 일관되게 절대 사랑과 비폭력을 주장하였다. 그는 말한다. "베드로는 그의 칼을 칼집에 도로 넣으라는 명령을 받았다. 모든 그리스도인들은 그들의 원수들을 사랑하라고 명령받는다. … 어떻게 그리스도인이 보복이나 복수, 가혹행위, 강도행위 등을 성서적으로 변호할 수 있는지를 나에게 말해 주시오."[74] 메노는 모든 폭력은 육적인(the flesh) 것이며 악마적인 것으로 간주하였다. 그에게 폭력에 대한 거부는 교회 훈련(discipline)의 본질적인 요소였다. 마이클 새틀러(Michael Sattler, 1490－1527)는 우리는 적이 침입해 온 순간에도 저항하지 말아야 한다고 주장하였다. 왜냐하면 예수께서 "살인하지 말라."(마 5:21)고 말씀하셨기 때문이다.[75]

이상에서 본 바와 같이 아나뱁티스트들의 폭력사용에 대한 거부는 세상의 직무들(offices)에 대한 참여를 거부하고 세상과 단절하는 결과를 낳았다. 독일 남부지역의 아나뱁티스트 운동의 지도자 필그램 마르펙(Pilgram Marpeck, 1495－1556)은 마태복음 6:24("어느 누구도 두 주인을 섬길 수 없다.")를 문자적으로 고수할 것을 주장하였다. 그는

---

74) "Reply to False Accusation, 1552," John Christian Wenger ed., *The Complete Writings Menno Simons* (Scottdale: Herald Press, 1956), 555. 메노는 성서의 가르침들을 공동체의 가이드라인으로 사용하였다. 그는 말한다: "구약이든 신약이든 모든 성서는 우리의 교육과 훈계, 그리고 잘못을 바로잡기 위해서 쓰여졌다." *Ibid*., 159-160. 이하 *CWMS*로 표기함.

75) Michael Sattler, "Trial 1527," George H. Williams and Angel M. Mergal ed., *Spiritual and Anabaptist Writers: Documents Illustrative of the Radical Reformation* (Philadelphia: Westminster Press, 1957), 141.

그리스도인이 세상 통치자가 된다는 것은 불가능하다고 믿었다. 어느 누구도 하늘 왕국에 계신 그리스도와 지상의 영역에 있는 세상 통치자들을 동시에 섬길 수 없다. 아나뱁티스트들에게 세상일에 참여하는 것은 예수님의 도덕명령을 거스르는 것으로 간주되었다. 그들은 세상일에 맹세(swearing)하는 일이나 소유(possessions)하는 일에 대해서 철저하게 성서의 가르침에 순종할 것을 주장하였다. 거의 모든 아나뱁티스트 그룹들은 소유에 대해서 엄격한 태도를 견지하였는데 그들은 사도행전 2:44-45 말씀에 의거하여 모든 소유는 공동으로 사용되어야 한다고 주장하였다. 특별히 후터파들(the Hutterians)은 그들 그룹 내에서는 일체의 사유재산권을 인정하지 않았으며 모든 재산의 공동 소유권을 주장하였다. 후터파의 창시자 야콥 후터(Jacob Hutter, 1500?-1536)는 사유재산을 그리스도교 사랑의 가장 큰 적으로 간주하였다. 그는 마태복음 6:24를 설명하면서 세상 물질들은 그리스도인들에게는 낯설다고 주장한다. 세상 물질들은 그리스도인들이 소유하거나 축적해서는 안 되며 다른 사람들을 돕는 데 사용되어야 한다. 세상 사람들과 달리 그리스도인들은 그들의 재산을 궁핍한 자들에게 나누어 주어야 한다. 그리스도는 부를 공격하셨다는 사실을 알아야 한다.[76] 후터파들에게 재산 공동 사용은 그리스도인 공동체의 가장 기초적인 필수요건이었다. 따라서 공동체 안에서 재산을 공동으로 사용하기를 꺼려 하는 사람들은 교회의 참다운 멤버가 될 수 없었다. 로버트 프리드만(Robert Friedman)은 이러한 후터리안들의 생활 공동체를 "사회 종교사에서 참으로 독특한 현상"이었다고 설명하였다.[77]

위에서 살펴본 바와 같이 아나뱁티스트들은 산상설교의 계명

76) Lydia Müller, *Glaubenszeugnisse Oberdeutscher Taufgesinner* (Leipzig: M. Heinsius Nachfolger, 1938), 167 이하.

77) Robert Friedmann, "The Hutterian Brethren and Community of Goods," Guy F. Hershberger ed., *The Recovery of the Anabaptist Vision* (Scottdale: Herald

들을 문자적으로 모든 삶에 적용시키려고 노력하였다. 이런 점에서 그들은 성서주의자들(biblicists)이었다. 그들은 성서를 진실한 그리스도인 공동체를 건설하기 위한 유일한 권위로 간주하였다. 아나뱁티스트들은 산상설교에서 사랑의 이상 사회를 건설하기 위한 그들의 비전을 보았다. 그들은 산상설교의 계명들은 진실한 그리스도인 공동체가 이 악한 세상으로부터 분리할 때만이 온전히 지켜질 수 있다고 확신하였다. 따라서 그들은 제도권 교회에 참여하기보다는 그들만의 독자적인 공동체를 세웠으며 그 안에서 초대 그리스도인들의 삶의 패턴들을 복원할 수 있기를 기대하였다. 성서해석에서 아나뱁티스트들의 독특한 점은 성서의 가르침들을 그대로 적용함으로써 그리스도교의 초기 형태로 돌아갈 수 있을 것이라는 그들의 확신에 있었다.

이러한 아나뱁티스트들 입장은 정부 당국자들과의 협력을 통해서 개혁을 원했던 제도권 종교개혁자들의 입장과는 날카롭게 대조되었다. 아나뱁티스트들과 제도권 종교개혁자들의 입장 차이는 산상설교를 어떻게 실천하느냐의 문제, 즉 산상설교의 계명들을 어떻게 사회적인 문제들에 연결시키느냐 하는 점에서 뚜렷이 드러났다. 아나뱁티스트들은 또한 로마 가톨릭 교회의 입장에 반대하였다. 산상설교는 "지혜와 조언 이상"의 의미를 지니고 있다고 믿었다.[78] 그래서 그들은 참다운 그리스도인 공동체는 산상설교의 계명들에 의해서 지배되고 인도되고 교육되어야 한다고 주장하였다. 그들에게 산상설교는 세상으로부터 자신들의 삶을 철저하게 분리한 신자들에게만 해당된다. 벤더(H. Bender)는 아나뱁티스트들은 산상설교 계명에 기초해서 "신자 개개인의 전체 삶뿐만 아니라 사회의 모든 부분의 변혁"을 진지하게 추구하였다고 주장한다.[79] 그들에게 산상설교는 모든 사람들을 제자화 훈련으로

Press, 1962), 83.

78) Hans-Jürgen Goertz ed., *Profiles of Radical Reformers*, 124.

인도하는 하나의 법이었다. 한마디로 그들에게 산상설교는 개인의 윤리적인 코드인 셈이었다. 하지만 그들의 높은 이상과 진지한 공동체적인 경건은 그리스도인들의 세상에서의 사회적인 책임성을 무시하는 결과를 낳았다.

세상 권력에 대한 아나뱁티스트들의 전형적인 태도는 슐라이팀 고백문(the Schleitheim Confession, 1527)에 잘 드러나 있다.[80] 이 문서의 여섯 번째와 일곱 번째 조항은 다음과 같이 주장한다. "칼은 하나님께서 수여하셨다. 그것은 악한 자들을 징벌하고 사형에 처하며 선한 자들을 보호한다. 율법에 의하면 칼은 악한 자들을 징벌하기 위해서 수여되었고… 같은 칼이 지금 세상의 통치자들에 의해서 사용되도록 부여되었다. … 이러한 점들 때문에 그리스도인이 정부 관리로서 일하는 것은 적절하지 못하다. 정부 관리직은 육체(the flesh)를 따르지만 그리스도인들의 임무는 하늘에 있다. 그들의 시민권은 이 세상 안에 있으나 그리스도인의 시민권은 하늘에 있다. 그들의 갈등과 전쟁의 무기들은 육적(carnal)인 것이요, 단지 육체적인 것에 대항하는 것이지만 그리스도인들의 무기는 영적인 것이요, 악마의 무장(fortification)에 대항하는 것이다. 세상 것들은 쇠와 강철로 무장하지만 그리스도인들은 하나님의 무기들, 즉 진리와 의와, 평화와 신앙과 구원과 하나님의 말씀으로 무장한다."[81] 아나뱁티스트들은 이 세상 영역에 참여 거부와 무저항의 원리를 세상 권력에 그대로 적용하였다. 제도권 종교개혁가들과 대조해서 아나뱁티스트 운동은 대부분 종교적인 생활과 세속적인 권력과의

---

79) Harold S. Bender, "Anabaptist Vision," Guy F. Hershberger, ed., *The Recovery of the Anabaptist Vision* (Scottdale: Herald Press, 1962), 42.

80) 슐라이팀 고백문은 1527년 2월 24일, 스위스 형제단 총회 때 채택된 문서이다. 이 문서는 초기 스위스 형제단의 교리를 결정하는 데 중요한 교리 문서였다.

81) John Christian Wenger, *The Doctrines of the Mennonites* (Scottdale: Mennonite Publishing House, 1950), 72.

결탁을 거절하였다. 그들은 거듭난 성인들(saints)의 엄격한 제자훈련을 본받으려 했으며 모든 그리스도교 교리는 바로 그러한 훈련에 기초해야 한다고 주장하였다.

따라서 그들은 철저하게 이 세상 전쟁이나 폭력혁명에 가담하기를 거절하였다. 1524년 9월 5일에 토마스 뮌처에게 보낸 편지에서 콘라드 그레벨(Conrad Grebel)은 이렇게 말하였다. "또한 우리는 복음을 칼로 받아들이는 사람들을 보호하지 말아야 하며… 진실로 믿는 그리스도인들은 늑대들 한가운데 있는 양들이며 도살장으로 끌려가는 양들입니다. … 또한 진실한 그리스도인들은 세상의 칼이나 전쟁도 사용하지 않습니다. 왜냐하면 그들 중에 살인은 전적으로 폐지되었기 때문입니다."[82] 그레벨은 힘의 사용은 '옛 법[구약성서]의 시대' 에 속하며 그리스도에 의해서 세례를 받은 진정한 신자들은 세상적인 문제에 폭력으로 참여하거나 스스로 가담할 수 없다고 주장하였다.[83] "그리스도교 교리의 기초"라는 논문에서 메노 시몬스는 말한다. "우리들의 무기들은 도시와 나라가 파괴되고, 벽과 문들이 무너지며 인간의 피들이 강물처럼 쏟아져 흘러내리게 만드는 무기들이 아니다. 그러나 우리들의 무기들은 악마의 영적인 왕국이 파괴되고 인간 영혼 안에 있는 사악한 원리들이 무너지며 강퍅한 심령이 깨어지고 거룩한 말씀의 하늘의 이슬(신선함)로 결코 뿌려진 적이 없는 마음을 가진 무기들이다. 우리는 이러한 것 외에 어떠한 무기도 가진 적도 없고 알지도 못한다. … 다시 말하지만 그리스도는 우리의 요새이시다. 우리의 방어 무기로 인내하라. 하나님의 말씀이 우리의 무기이다. … 우리는 어떠한 다른 칼도 알지 못하며 가르치지도 않으며 성령의 날카로운 칼, 즉 하나님의 말씀 외에 그

82) Conrad Grebel, "Letter to Thomas Müntzer, Zürich, 5 September 1524", Michael G. Baylor, *The Radical Reformation*, 42-43.

83) *Ibid.*, 43.

리스도의 교회나 왕국에서 소란이 아닌."[84] 메노는 덧붙인다. "오 사랑스런 독자들이여 우리의 무기들은 칼이나 창이 아니라 인내와 침묵과 희망과 하나님의 말씀입니다. 이들과 함께 우리는 하늘의 전쟁을 주장해야 하며 우리의 싸움을 해야 합니다. 우리들의 전쟁의 무기들은 육체적인 것이 아니요, 전능하신 하나님이시라고 바울은 말합니다. 이러한 무기와 함께 우리는 악마의 왕국을 강타해야 합니다. … 진정한 그리스도인들은 그들이 어떻게 학대를 당했든간에 복수를 알지 못합니다."[85]

칼을 사용하기를 거부한 아나뱁티스트들은 전쟁에 참여하기를 완강하게 거절하였다. 모라비아 지방의 후터리안 형제단의 지도자인 피터 리드만(Peter Riedeman, 1506－1556)은 이렇게 말한다. "그리스도인은 보복을 감행하기 위해서 세상적인 칼을 사용하거나 전쟁에 참여하지 말아야 한다. … 복수가 하나님에 속해 있고 우리에게 속해 있지 않다면 그것은 우리 자신에 의해서 수행되거나 감행되지 않고 그에게 위탁해야 한다."[86] 리데만과 메노는 "악을 악으로 갚지 말라 혹은 너의 칼을 칼집에 도로 넣으라."(마 5:39, 26:52)와 같은 예수의 명령에서 전쟁 거부의 근거를 발견한다. 야콥 후터는 "우리는 칼이나 총이든 어떠한 무기도 지닐 수 없다."라고 말한다.[87] 한스 덴크(1500－1527)는 "주님을 자랑하기를 원하는 그리스도인이라면 누구도 강제력을 사용하거

84) Menno Simons, "Foundation of Christian Doctrine," *CWMS*, 198, 200.

85) *CWMS*, 555. 메노는 말한다: "모든 그리스도인들은 그들의 적을 사랑하라고 명령받는다. 그들을 박해하고 학대한 사람들에게 선으로 갚으라. 겉옷을 가져갈 때에는 속옷까지 주어라. 한쪽 뺨을 칠 때에는 다른 쪽 뺨까지 주어라. 한 그리스도인이 보복, 반역, 전쟁, 고문, 도적, 강도, 도시를 파괴하고 나라를 정복하는 일은 어떻게 성서적으로 변호할 수 있는지를 나에게 말해 주시오." *CWMS*, 555.

86) Peter Riedeman, *Account of Our Religion, Doctrine and Faith* (London: Hodder and Stoughton in conjunction with the Plough Publishing House, 1950), 108.

87) Jacob Hutter, "Letter to the Vice-Regent" (1535), Walter Klassen, *Anabaptism in*

나 통치하는 데 권력을 사용하지 않을 것이다. 왜냐하면 우리 왕의 영역은 오직 성령의 능력과 가르침으로 이루어져 있기 때문이다."[88]라고 말한다. 아나뱁티스트들 가운데 어느 다른 그룹보다도 스위스 형제단은 권력의 사용과 세상 직무들에 대한 참여를 완전히 거절하였다. 대부분 아나뱁티스트들에게 세상 칼은 교회와 복음과는 아무런 관계가 없었다.[89] 아나뱁티스트들은 교회와 국가는 각기 분리되고 다른 목적을 가지고서 다른 차원에서 활동한다고 확신하였다.[90] 따라서 그들은 세상 정부를 모두 함께 기부하지는 않았지만 영적인 문제에 이 세상 권력자

Outline (Scottdale: Herald Press, 1981), 275.

88) Hans Denck, "Concerning True Love" (1527), *ibid.*, 270.

89) 하지만 아나뱁티스트들의 지도자 모두가 세상 정부에 참여하기를 거절한 것은 아니다. 한스 후트(1485-1527)는 칼은 복음이나 하나님을 변호하기 위해서 사용될 수도 있다고 말한다. 누가복음 22:52("두 벌의 옷을 가진 사람은 누구든지 그 중 한 벌을 팔아 칼을 사라.")에 근거하여 그는 이렇게 말한다: "그러므로 성인들은 다른 사람들, 즉 회개하지 않은 죄인들을 징벌할 수 있다. 그리고 거짓으로 설교한 사제들은 자신들의 가르침에 대해서 그리고 자신들의 폭력 사용에 대한 대답성에 대해서 대답을 해야 할 것이다." Hans Hut, "Interrogation of Hans Hut" (1527), *ibid.*, 273. 발타자르 허브마이어는 이웃을 보호하기 위해서 방어적인 전쟁에는 그리스도인들도 참여할 수 있다고 주장한다. 로마서 13:1("모든 사람들은 정부에 복종해야 한다.")을 인용하면서 그는 이렇게 말한다: "복종과 순종은 신자이든 불신자이든 간에 모두에게 요청된다. … 이러한 복종은 하나님에게 반대되지 않는 모든 것들로 구성되어 있다. 왜냐하면 하나님은 자신에 대항해서 정부를 세우시지 않았기 때문이다." Balthasar Hubmaier, "Concerning the Sword" (1527), *ibid.*, 271-272. 이러한 이유 때문에 모라비아 지방의 후터리안 공동체는 다른 지역에 있는 아나뱁티스트들 그룹보다는 박해를 덜 받았다. 리텔(Littell)은 이것을 "수동적인 복종의 입장"이라고 불렀다. Franklin H. Littell, *The Origins of Sectarian Protestantism: A Study of the Anabaptist View of the Church*(New York: The Macmillan Company, 1964), 105.

90) 1538년의 베른 논쟁(Bern Disputation)은 세상 권력에 대한 아나뱁티스트들의 견해를 표명하고 있다: "우리는 비그리스도교적인 세상에서 국가 권력자들은 질서를 유지하고 악을 징벌하며 선한 사람들을 보호할 수 있는 합법적인 자리에 있다고 보증한다. 그러나 그리스도인으로서 우리는 복음에 입각하여 살고 있으며

들이 간섭하는 것에 대해서 완강하게 반대하였다. 그들은 성서의 윤리를 오직 그리스도인들에게만 적용하였다. 그들은 그리스도인의 시민권은 오직 하늘의 영역에 속한 시민들이다. 그러므로 시 관리가 된다거나 이 세상 통치자들을 위해서 무기를 사용하는 것은 그들 공동체 안에서는 이단으로 간주되었다. 아나뱁티스트들은 이 타락한 현세상과 기존 교회와 그들 자신들을 철저하게 분리함으로써 초대교회의 사도 공동체를 건설하려고 진지하게 노력하였다.[91] 그렇게 함으로써 그들은 사도 교회의 순수성이 보존될 수 있다고 믿었다.[92] 아나뱁티스트들은 교회와 국가의 동맹을 교회 타락의 정점으로 간주하였다. 그들은 콘스탄틴 황제 이후로 그리스도교 교회는 타락한 것으로 간주하였다. "교회가 제국

우리의 유일한 권위자이시요 주님은 오직 예수 그리스도이시다. 결론적으로 그리스도인들은 세상적인 칼을 사용하지 않으며 그들은 그리스도인의 계명을 사용한다." Jan P. Matthijssen, "The Bern Disputation of 1538," *Mennonite Quarterly Review XXII*(January, 1948), 32.

슐라이팀 고백문의 저자 마이클 새틀러(1490-1527)는 좀더 적극적으로 세상 권위의 합법성을 주장하였다. 그는 로텐버르크에 있는 가톨릭 권력자들에게 이렇게 썼다: "나는 당신이 하나님께서 당신을 악을 징벌하고 경건한 자들을 보호하고 변호하기 위해서 임명하였던 그 목적을 고려해 보시기를 충고합니다. 그러고 나서 우리가 하나님과 복에 위배해서 행동하지 않는 반면에 당신은 나와 나의 형제 자매들 누구도 어떠한 권위에 대항해서 말이나 행동으로 침해하지 않는다는 사실을 발견할 것입니다." G. H. Williams and Angel M. Mergal, eds., *Spiritual and Anabaptist Writers*, 141-142. 아나뱁티스트들은 세상 권력 그 자체를 결코 부인하지 않았지만 그러나 그들은 그 권력을 세상 영역에 한정지었다.

91) 벤더는 아나뱁티스트들은 "최초의 신약성서 교회, 즉 그리스도와 사도들의 비전을 타협 없이 재창출하기를 추구하였다."고 주장한다. Bender, "Anabaptist Vision," Hershberger, *The Recovery of the Anabaptist Vision*, 37.

92) 리텔은 아나뱁티스트 교회의 주류 교회의 중심적인 성격을 두 가지로 표현하였다: 1. 아나뱁티스트 교회는 그 회합에 전적으로 참여하고자 하는 사람들을 영적으로 훈련시키는 자발적인 회합이어야 한다. 2. 아나뱁티스트 교회는 신앙고백과 조직 패턴에 대해서 신약성서의 지침들을 따라야 한다. Littell, *The Origines of Sectarian Protestantism*, 46.

에 의해서 박해를 받았을 때 교회는 동기나 도덕에서 순수하였다. 그러나 콘스탄틴 황제의 후원하에 교회는 로마 귀족들과 교회에 들어오는 아첨하는 이방인들에게는 하나의 사치품(유행)이 되었다."[93] 요한복음 18:36에 있는 예수의 말씀은 아나뱁티스트들에 의해서 종종 인용된다: "나의 왕국은 이 세상에 속한 것이 아니다." 그들은 악에게 저항하지 말고(마 5:39) 맹세하지 말라(마 5:34)는 예수의 말씀을 문자적으로 이해하였고 산상설교를 그들의 삶의 규율로 삼으려고 노력하였다. 성서는 그들의 생활 방식을 위한 절대적인 규범으로 생각되었고 그들은 종말론적인 공동체로서 지상에서 하나님 나라를 꿈꾸었다. 그것은 정부에 대한 사제들의 지배나 국가에 대한 교회의 신정 정치적인 지배를 의미하지는 않았다. 아나뱁티스트들의 경우, 두 세상 질서와 하나님 왕국은 서로 아무런 관련이 없었다. 대부분 아나뱁티스트들은 정치적인 혁명가들은 아니었고 복음적인 열광주의자들이었다.

아나뱁티스트들은 본질적으로 악한 사회에서 사도 공동체를 세울 수 있다는 가능성을 부인하면서 기존 사회 질서에 대해서 염세적이었다. 따라서 그들은 대부분 세상적인 일들에, 심지어는 한 시민으로서의 시민의 의무에 참여하기를 거절하였다. 그들은 세상 권력자들은 참다운 그리스도교 가치들과 공동체를 지지할 수 있다고 믿지 않았다. 그들은 종교개혁의 성공은 정치적인 지지를 필요로 한다는 주장을 논박하였다. 그 결과 세상에 대한 거부는 종종 정부 당국자들로부터뿐만 아니라 가톨릭 교회와 개신교 교회들로부터 극심한 박해를 초래하였다. 아나뱁티스트들은 전통적인 교회 제도와 권위뿐만 아니라 기존 세상 정부의 권위도 문제 삼았다. 따라서 그들은 세상 권력자들과 기존 교회와 갈등을 하게 되었다. 교회 지도자들은 아나뱁티스트들은 기존 교

93) Henry Townsend, *The Claims of the Free Churches* (London: Hodder & Stoughton, 1949), 45.

회에 도전하고 있으며 따라서 시민과 종교 공동체의 일치와 유대관계를 깨뜨리고 있다고 생각하였다. 세상 권력자들 또한 아나뱁티스트들을 사회 질서에 위협적인 존재로 간주하였다. 시민의 의무 이행에 대한 아나뱁티스트들의 거부는 "봉건 사회 질서에 대한 도전"으로 간주되었다.[94] 이러한 아나뱁티스트들의 태도는 기존 권력자들의 눈에는 기존 사회 질서를 위협하는 것으로 보였고 이 때문에 아나뱁티스트들은 극심한 박해를 받기도 하였다.

우리는 지금까지 세속 권력으로부터 그리스도교 공동체를 철저하게 분리하려는 원리는 아나뱁티스트들에게는 하나의 근본적인 기초였다는 사실을 보았다. 그들은 지상에서 참다운 그리스도교 공동체를 세울 수 있다고 믿었고 따라서 세속적인 일들에 참여하기를 거절하였다. 이러한 관점에서 그들은 루터와는 결정적으로 입장이 달랐다. 루터는 이 사회가 그리스도교화 될 수 없다는 점에서 아나뱁티스트들의 입장에 동의했다. 그러나 그는 그리스도인들은 악한 자들로부터 복음을 보호하고 혼돈으로부터 이 세상의 질서를 유지하기 위해서는 이 세상의 직무들을 받아들여야 한다고 주장한다. 전쟁참여나 무기 사용을 반대하는 아나뱁티스트들의 입장을 반박하면서 루터는 군대의 합법성이나 그리스도인의 군복무를 주장하였다. 그는 이 세상 통치자들이 군사력을 남용하고 그 사용을 왜곡할 수 있다는 사실을 잘 알고 있었다. 그러나 그는 그럼에도 불구하고 정부는 "평화를 보존하고 선한 사람들

94) Günter Vogler, "The Anabaptist Kingdom of Münster in the Tension Between Anabaptism and Imperial Policy," Hans J. Hillerbrandt, ed., *Radical Tendencies in the Reformation: Divergent perspectives* (kirksville: Sixteenth Century Journal Publishers, 1988), 104. 크라이더는 "스위스 정부 당국자들은 다원 사회를 후원할 준비가 되어 있지 않았다."라고 말한다. Robert Kreider, "The Anabaptists and the State," Hershberger, *The Recovery of the Anabaptist Vision*, 181. 벤더는 아나뱁티스트들에 대한 과도한 박해와 처형은 그들에게 오히려 새 희망을 불어넣는 활력소가 되었다고 말한다. *Ibid.*, 33.

을 보호하며 악을 징벌하기 위하여 칼의 신적인 제정" 을 대표하고 있다고 주장한다.[95)]

루터는 아나뱁티스트 운동을 수도원 운동의 부활로 보았다. 그의 칭의론의 입장에서 볼 때 영적 분리를 주장하는 아나뱁티스트들의 교리는 선행의인화(works-righteousness)의 또 다른 형태였다. 루터는 아나뱁티스트들이 '하나님의 일' 을 사람들의 가치에 의존하게 만든다고 비난하였다.[96)] 성서를 사회 윤리를 위한 하나의 규범이나 가이드로 사용하는 것은 하나님의 말씀을 하나의 수단으로 만드는 것이며 율법과 복음을 혼돈하는 것이고 결국은 하나님의 구원의 질서를 침범하는 것이다. 루터는 예수께서 양의 옷을 입은 거짓 예언자들을 알고 계신 것처럼 (마 7:15) 우리도 아나뱁티스트들로부터 거짓 가르침들을 듣고 있다고 진술한다. "아나뱁티스트 분리주의자들은 우리가 가지고 있는 복음은 올바른 것이 아니라고 고함치면서 많은 사람들을 유혹하고 있다. 왜냐하면 그들은 그것은 어떠한 열매를 산출하지 못하며 사람들은 사악하고 교만하며 욕망에 사로잡힌 채로 남아 있기 때문이라고 주장한다. 또한

95) *LW* 46:90; *LW* 46:93-137을 참고하라.

96) *LW* 27:148. 이러한 루터의 비난에 대항하여 아나뱁티스트들은 자신들은 실제로 신앙을 통한 은총에 의한 구원을 가고 있다고 주장하였다. "거짓 고소에 대한 답변" (1552)에서 메노는 다음과 같이 말한다: "우리가 영생을 얻으려면 계명들을 지켜야 한다는 주님의 말씀을 가르치고 있기 때문에 그리스도 안에서 할례자나 무할례자나 모두 하나님의 계명을 지키는 것 외에는 아무것도 아닌 것이다. 그리고 하나님의 사랑은 우리로 하여금 그의 계명을 지키도록 해준다. 그리고 그의 계명들은 고통을 주는 것은 아니다. 그러므로 설교자들은 그리스도의 피와 죽음과 조정(intercession) 그리고 공로 외에는 지상이나 하늘에 있는 어떤 수단으로도 구원받을 수 없다는 사실을 말하면서… 우리들을 하늘의 군대(heaven-stormer)로 불러야 한다." *CWMS*, 569. 더크 필립스(Dirk Phillips)는 주장한다: "이것은 오직 영원하고 귀중한 구세주 예수 그리스도의 희생 때문에 율법의 행위나 우리의 공로 없이 은총으로부터 하나님에 의해 우리에게 주어진 위로와 구원과 영생으로 가득 차 있고 은총과 자비가 충만한 진실한 복음이요, 하나님의 순수한 교리이다." Williams and Mergal, eds., *Spiritual and Anabaptist Writers*, 236.

그들은 당신들은 단순한 말씀이나 문자보다 이상 뭔가를 해야 한다고 말한다. 당신은 영적인 일을 해야 하며 당신의 삶을 향상시키기 위해서 정직한 해결을 해야 한다. … 그들 중 어느 것도 하나님께서 만드셨던 것보다도 좀더 나은 직무나 삶의 방식을 만들지 못한다."[97)]

결국 루터는 이 세상에서의 성인 됨을 추구하는 아나뱁티스트들의 신학은 신앙을 통한 은총에 의해서 의롭게 된다는 교리를 전복시키는 것이라고 주장하였다. 기존 교회와 세상 정부에 대한 적대감은 포렐의 견해에 따르면 아나뱁티스트들로 하여금 "세상을 악의 권력으로" 파괴시키고 스스로 "그들 자신의 구원의 향유"로 헌신하게 했다.[98)] 산상설교에 대한 해석에 대해서도 루터의 입장은 아나뱁티스트들의 해석과 날카롭게 대조되었는데, 열광주의자들의 문자적이고 율법적인 해석은 산상설교의 윤리를 공동체 멤버들의 훈련을 위한 하나의 법(아나뱁티스트들)이나 세상을 변혁시키기 위한 비전으로(뮌처) 만들었다. 이와는 대조적으로 루터는 산상설교는 본질적으로 이웃사랑에 관한 계명들의 총집합이며 어떻게 개개인들이 서로서로 관계하면서 살아야 하는지에 관한 것이라고 주장하였다.[99)] 루터는 열광주의자들을 "새로운 심판관들"(the new jurists), 또는 "분열주의적 영성가들"(the schismatic spirits)이라고 불렀다.[100)] 루터는 이들이 세상영역과 하나님의 영역 사이의 차이점을 인식하지 못했다고 비난하였다. 루터에 의하면 이들 역시 두 왕국을 구별하지 못하거나 혼돈하였다.

위에서 본 바와 같이 아나뱁티스트들에게 산상설교의 핵심주제들, 즉 사랑, 용서, 자기희생, 원수 사랑 등은 이 세상의 가치들과는 너

97) *LW* 21:254, 257.

98) George W. Forell, *Faith Active in Love* (New York: The American Press, 1954), 155.

99) *LW* 21:23.

100) *LW* 21:5.

무나 철저하게 달랐기 때문에 그것들은 거듭나지 못한 이 세상에서는 실현 불가능한 것으로 보았다. 이처럼 아나뱁티스트들은 이 세상의 가치들에 대해서 극도로 회의적이었다.[101] 루터는 산상설교에 대한 아나뱁티스트들의 가르침은 사람들로 하여금 이 세상적인 일에 참여하는 것을 막을 뿐만 아니라 이 세상과도 단절시킨다고 비난하였다. 루터는 그들을 거짓 예언자들이라고 부르면서 산상설교의 올바른 해석을 보여 주려고 하였다.[102] 루터에 의하면 아나뱁티스트들은 로마 가톨릭 교회처럼 그러나 좀더 극단적인 방식으로 하나님의 왕국은 이 세상 왕국과 기본적으로 모순된다고 주장함으로써 두 왕국을 혼돈하였다. 그 결과 그들은 이 세상을 그리스도교로부터 배제시켰다. 루터는 아나뱁티스트들이 이 세상을 회피한다고 비판하였다. "그들은 순전한 마음을 가진다는 것은 인간 사회로부터 벗어나서 모퉁이(corner)나 수도원, 또는 사막으로 들어가는 것을 의미하는 것으로 생각하였다. 그들은 스스로 이 세상에 관심하거나 또 이 세상 문제들과 씨름하지도 않으며 단지 하늘의 사고들만 가지고서 스스로 즐기고 있다."[103] 루터는 이 세상은 하나님께서 세우신(ordained) 것으로 간주하였다. 이 세상은 사람들이 산상설교와 조화롭게 살 수 있는 장소이다. 루터는 가장 성스러운 소명(vocation)은 지상에서 재산(property)과 가족(family)을 거느리며 결혼(marriage)하는 일에 참여하는 일이라고 주장한다. 그러나 아나뱁티스트들은 모든 그와 같은 세속적인 일들은 참다운 그리스도교 공동체의 목적을 위해서는 포기되어야 한다고 주장하였다.[104] 이 점에서 루터와 아나뱁티스트들과의 차이점은 전적으로 화해할 수 없게 되었다. 루터는 경건에 대한

101) Hershberger, *The Recovery of the Anabaptist Vision*, 111.

102) *LW* 21:130.

103) *LW* 21:32.

104) 루터는 "그들은(아나뱁티스트들—저자 주) 우리가 복음을 올바로 선포하지 않는다고 비난한다. 그 비난 이유가 우리가 집과 가정을 소유하면서 아내와 자녀

그들의 배타적인 태도를 거부하였다. 루터에 의하면 순수성은 이 세상으로부터 분리함으로써가 아니라 모든 것을 순전하게(purify) 하시는 하나님의 말씀에 의해서 발견된다. 루터는 예수께서 "마음이 청결한 자"를 언급하실 때 그 말씀은 "하나님께서 말씀하신 것을 깊이 숙고하면서 지키고 자신의 생각을 하나님의 말씀으로 대체하는 것"을 의미한다고 말한다.[105]

5. 그리스도인들 사이에 구걸행위는 없어져야 한다

루터의 종교개혁은 교회 영역뿐만 아니라 사회개혁의 결과를 수반하였다. 루터가 근대 사회복지 제도의 기초를 놓은 사람이었다는 사실에 사람들은 의아해 할 것이다. 사실 그는 교회는 고아와 과부, 가난한 자들을 돌보는 일에 최선을 다해야 한다고 역설하였다. 이들에 대한 그의 관심은 개인적인 영역을 넘어서 사회 공동체 차원에서의 구제 시스템의 개혁으로 이어졌다. 가난한 사람들에 대한 그의 관심은 종교개혁 운동 초기부터 등장한다. 1517년에 발표한 95개조 테제 중 제43조에서 루터는 "가난한 사람들을 도와주고 필요한 사람들에게 빌려 주는 사람은 면죄부를 사는 사람보다 더 훌륭한 행위를 하고 있다는 사실을 그리스도인들은 배워야 한다."고 말하였다.[106] 가난한 자들에 대한 이러한 루터의 관심은 이후 계속해서 그의 여러 글들에서 더욱 구체적으

들과 함께 살고 있기 때문이라는 것이다."라고 말한다. *LW* 21:14. 루터는 우리는 하나님의 뜻을 위해서 우리 마음으로부터 가족을 떠날 수 있어야 한다고 주장한다.

105) *LW* 21:34.

106) Martin Luther, *Luther's Works*, vol. 31(Philadelphia and St. Louis, 1955 ff.), 29. 이하 *LW*로 표기함.

로 표현되었다. 근대 교회 첫 번째 중요한 사회복지 프로그램들 중의 하나인 "공익 헌금함 제정"(Ordinance of a Common Chest, 1523)에 대한 서문에서 루터는 이렇게 말하였다: "가난한 사람들을 도와주고 그들에게 봉사하는 그리스도인의 사랑만큼 더 큰 하나님에 대한 봉사[gottis dienst]는 없다."[107] 실로 루터가 일생 동안 선행의인화(works-righteousness) 신학에 대한 반대에도 불구하고 그리스도인의 사랑을 교회의 표지로 생각하였다는 점은 놀랍다. 그리고 루터와 그의 동료들이 교회가 수행해 온 종전의 자선활동들(charitable works)을 예배 의식(the liturgy)의 개혁과 연결 지어 근본적인 개혁을 시도하고 있다는 사실은 루터 개혁 운동에서 간과할 수 없는 중요한 부분이다. 하지만 루터 연구학자들에게서 루터의 사회복지 운동에 대한 연구는 상대적으로 빈약한 실정이다.[108]

종교개혁자들이 당시 사회개혁에 미친 영향 중에 하나의 특별한 점은 가난한 자들을 구제하는 시스템 개혁이다. 중세교회는 초대교회 디이컨들(Deacons)의 사회봉사 역할들을 예배 보조자의 역할로 제한시켰다.[109] 초대교회에서의 디이컨들의 역할들은 종교개혁 교회들에

107) *LW* 45:172; *D. Martin Luthers Werke* (Weimar, 1883 ff.), vol. 12, 13. 이하 *WA*로 표기함.

108) 이 분야 연구와 관련해서 Carter Lindberg, *Beyond Charity: Reformation Initiatives for the Poor*(Minneapolis: Fortress Press, 1993)를 참고하라. 린드버그는 이 책에서 중세 후기 자선활동의 노력들을 중세 신학과 연결 지어 분석하면서 사회복지 발전에 대한 루터의 공헌들을 당시 여러 문서들을 통해서 검토하고 있다.

109) 고대 교회로부터 종교개혁 시대에 이르기까지 교회의 디아코니아 운동에 관한 개괄서로는, Carter Lindberg and Emily Albu Hanawalt, eds., *Through the Eye of a Needle: Judeo-Christian Contributions to the Development of Social Welfare*(Kirksville, MO: Thomas Jefferson University Press, 1994)를 참고하라. 초대교회에서 예배와 자선활동은 불가 분리적으로 연결되어 있었는데 이후 중세교회에 들어서면서 이 둘의 관계는 서로 분리되었다. 초대교회에서 예배와 사

서 다시 회복되었다. 종교개혁자들의 교회에서, 특히 스트라스부르의 마틴 부처(Martin Bucer, 1491-1551)나 제네바의 칼빈 교회에서 디이컨들의 임무는 목회의 중요한 역할로 다시 부름을 받았다.[110] 종교개혁자들은 중세기와는 다른 관점에서 교회의 사회복지 활동들을 발전시켰다. 16세기 종교개혁 시대는 근대 사회복지 운동의 출발로써 알려져 있다. 이 시기의 사회복지 운동의 주요 특징들로는 중앙화(centralization), 평신도화(laicization), 그리고 합리화(rationalization)였다.[111] 이 당시에 사회복지 운동을 통합시키고 조절하는 새로운 기관들이 생겨났고 이에 따라 사회복지 운동 프로그램들은 교회의 영역에서 점차로 일반 사회복지 기관들로 이전되었다. 이러한 변화를 주도한 사람은 마르

회복지와 관련한 연구서들은 다음을 참고하라. Raymond Corriveau, *The Liturgy of Life: A Study of the Ethical Thought of St. Paul in His Letters to the Early Christian Communities*, Studia 25(Brussels: Desclee, 1970); Robert J. Daly, *Christian Sacrifice: The Judaeo-Christian Background Before Origen*, The Catholic University of America Studies in Christian Antiquity, ed. Johannes Auasten, no. 18(Washington, DC: The Catholic University of America, 1978), R. J. Daly, *The Origins of the Christian Doctrine of Sacrifice*(Philadelphia: Fortress Press, 1978); Gregory Dix, *The Shape of the Liturgy*(London: Dacre Press, 1945; reprint with Preface and Additional Notes by Paul V. Marshall, New York: Seabury Press, 1982); R. P. C. Hanson, *Eucharistic Doctrine in the Early Church*, Grove Liturgical Study 19(n.p.: Grove Books, 1979).

110) 종교개혁자들의 디아코니아 제도 발전에 대한 좋은 개론서로는 다음 책을 참고하라. Herbert Krimm, ed., *Das diakonische Amt der Kirche*, 2nd rev. ed. (Stuttgart: Evangelische Verlagswerk, 1965).

111) Elsie Anne McKee, *Diakonia in the Classical Reformed Tradition and Today*(Grand Rapids, Michigan: William B. Eerdmans Publishing Co., 1989), 50 이하; Jeannine E. Olson, *One Ministry Many Roles: Deacons and Deaconesses Through the Centuries*(St. Louise: Concordia Publishing House, 1992), 144 이하; Robert M. Kingdon, "Social Welfare in Calvin' s Geneva" in *American Historical Review* 76(1971), 51.

틴 루터였다.

루터의 신학은 가난 문제와 자선(charity)에 대한 교회의 이해를 근본적으로 변화시켰다. 중세 후기 시대에 자선은 자선가들에게는 구원을 얻는 수단으로 간주되었다. 자발적인 가난은 영적인 완전으로 가는 지름길로 보였다. 이러한 자발적인 가난은 중세 후기 교회에서 활동한 수사들, 신부들, 탁발 수도승들 사이에서 유행처럼 퍼져나갔다. 루터는 종교적인 탁발 수도승들을 "악한 불량배들"(evil rogues)이라고 비판하였다.[112] 루터는 일을 할 수 있는 사람들까지도 무제한적으로 구걸하는 행위들은 불의한 세금과 맞먹는다고 주장하였다. 그와 같은 구걸 행위는 "도시로 하여금 과도한 세금을 내도록" 하며 "세속 군주들이 재산 평가를 해서 세금을 요구하는 것보다 더 많은 것들을" 내게 한다는 점에서 "일반 국민들에게 유해하다."[113] 루터는 또한 당시 자선행위들을 신학적으로 정당화시켜 주는 구원 이데올로기를 신랄하게 비판하였다. 이와 관련해서 린드버그는 루터는 중세교회의 선행의인화 경건 신학과 결별하면서 "중세교회의 신학과 교회 제도의 핵심"을 공격하였다고 주장한다.[114] 포렐이 주장한 바와 같이 "루터에게 이웃은 더 이상 어떤 목적에 대한 수단이 아니라 이웃은 그 자체가 가장 실질적이고 중요한 목적이다."[115] 루터는 모든 교회와 정부가 지니고 있는 자원들은 공동선(the common good)을 위해서 사용되어야 한다고 주장하였다. 재산(property)에 대한 루터의 견해는 아주 급진적이었다: "이웃을 돕는데 사용되지 않고 남아 있는 어떤 것은 불의하게 소유된 것이다. 그것은 하나님이 보시기에 도적질이다. 왜냐하면 하나님 보시기에 우리가 소유

112) *LW* 44:189.

113) *LW* 44:190.

114) Lindberg, *Beyond Charity*, 106.

115) G. W. Forell, *Faith Active in Love* (New York: The American Press, 1954), 107.

하고 있는 것들은 이웃에게 나누어 주어야 하기 때문이다."[116] 하지만 루터는 재산 그 자체를 악한 것으로 보지는 않았으며 "이웃을 위해 사용되어야 하는 하나님의 선물"로 간주하였다.[117]

루터의 사회복지 프로그램에서 특이할 만한 점은 이전까지 교회 주도의 자선활동들이 정부 관리들과의 연합 속에서 시행될 수 있는 길을 열었다는 점이다. 교회와 세상 정부와의 연합 사업을 가능케 한 것은 그의 두 왕국론 신학에 근거를 두고 있다. 그의 두 왕국론 신학의 근거 위에서 루터는 가난한 사람들을 도울 수 있는 사회복지 제도를 건설하고 사회 질서를 재편하고자 하였다. 루터는 가난은 왜곡된 사회 시스템의 산물이라고 하였다. 따라서 루터에게 자선은 결코 영예를 얻거나 혹은 구원을 얻기 위한 것이나 다른 사람들로부터 찬사를 받기 위한 수단으로 생각되어서는 안 된다고 말한다. 루터의 두 왕국론 신학은 사회복지에 관한 실제적이면서도 실행 가능한 기초들을 제공하였다. 사회복지와 관련해서 루터의 두 왕국론에서 결정적인 요소는 공적인(civil) 신앙에 대한 그의 주장이다. 루터에게 그리스도인의 신앙은 개인적인 차원에서뿐만 아니라 공적인 차원에서 주장되고 양육되어야 한다. 공적인 신앙에 대한 루터의 개념은 교회와 정부 관료들과의 협력으로 특징 지어진 16세기의 정교한 사회복지 제도의 발전을 가져오게 하였다. 루터는 세속 권력자들에게 세속적인 소명의식을 상기시킴으로써 이 세상에서 그들이 감당해야 할 임무의 성스러운 역할들을 강조하였다. 루터는 정부 관료들의 기능을 부모님의 역할에 비유하였다. 이 세상 통치자들은 "아버지들과 같은 능력으로 행동하며 국민들을 향해서는 아버지다운 마음들을 가지고 있어야 한다."[118] 세상 통치자들은 하나님의

116) *WA* 10/3:39.
117) Lindberg, *Beyond Charity*, 111.
118) *WA* 30/1:152-153.

뜻에 부응해서 임무를 수행해야 한다. 그들은 하나님으로부터 영감(inspired)을 받아 정의(justice)의 원리들 위에서 행동해야 한다. 루터는 말한다: "그와 같은 태도로 영주는 그의 권력과 권위에 대해서 진심으로 마음을 비워야 하며 그의 백성들의 요구들이 자신의 요구인 것처럼 생각하면서 그 요구들을 수렴해야 한다. … 이것이 바로 그리스도인의 사랑의 적절한 행위들이다."[119)]

루터는 정부가 가난한 자들의 편에서 일할 수 있는 하나의 새로운 신학적인 근거를 제시하였다. 시 관리들은 기난을 폐지해야 하며 대신에 사랑과 정의의 근거 위에서 가난한 자들을 위한 사회복지를 발전시켜야 한다고 주장하였다. 루터는 말한다: "왕은 가난한 사람들, 고아들, 그리고 과부들을 도와야 한다. … 왜냐하면 이러한 모든 미덕은 의로움(righteousness)의 모든 일들을 포함하고 있기 때문이다."[120)] 루터는 구걸행위(begging)는 중세시대의 선행의인화(works-righteousness)에 의해서 유발된 것이라고 규정하면서 이와 같은 행위는 자신을 철저하게 청빈하게 함으로써 하나님의 의를 얻을 수 있다는 사고에 기초해 있다고 주장하였다. 루터에 의하면 결국 그러한 구걸행위는 가난한 사람들을 객관화시키는 결과를 낳았다. 루터는 구걸행위를 금지하는 대신에 각 도시와 마을들은 가난한 사람들을 좀더 열정적이고 효과적으로 돕기 위해서 사회복지 프로그램을 발전시켜야 한다고 주장하였다. 루터는 정부는 사회복지법을 제정해서 정책적으로 가난한 사람들을 도울 수 있는 시스템을 개발해야 한다고 촉구하였다. 중세시대 교회중심의 자선행위로부터 정부차원에서 시행될 수 있는 자선 활동의 합법적인 제도화를 촉구한 것이다. 루터는 말한다: 지금 우리에게 "가장 긴급히 필요한 것들 중에 하나는 그리스도교 왕국 전역에서 행해지고

119) *LW* 45:120.
120) *LW* 13:54.

있는 모든 구걸행위들을 폐지하는 것이다. 그리스도인들 사이에서 어느 누구도 구걸하도록 해서는 안 된다. 모든 도시들이 그 도시에 있는 가난한 자들을 돌보기 위해 효과적으로 법을 제정한다면 그것은 아주 간단한 문제일 수 있다."[121)]

따라서 루터는 사회복지를 발전시킬 수 있는 가장 적합한 수단은 이 문제를 법으로 제도화시키는 것이라고 생각하였다. 루터는 시의회가 이러한 제도화를 위해서 자선 활동들을 조직화하고 이를 위해 법을 제정하는 일은 산발적이고 개인적인 차원에서 행해지는 비생산적인 노력들을 하나로 수렴할 수 있을 뿐만 아니라 가난한 자들의 요구들에 효과적으로 대응하면서 사회복지에 대한 정부차원에서의 포괄적인 접근을 가능하게 할 수 있다고 믿었다. 따라서 루터는 가난한 자들에 대한 구제활동을 교회가 조정(control)하는 일을 비판하였다.[122)] 중세시대에 자선 활동들은 교회에 의해서 운영되었다. 루터와 함께 16세기 종교개혁자들은(부처, 칼빈, 츠빙글리를 포함하여) 교회 중심의 자선행위들을 교회와 국가가 긴밀한 협력 체제 속에서 시행할 수 있는 다양한 형태들로 발전시켰다. 루터는 스스로 사회복지 제도와 가난한 자들의 구제 제도를 개혁하는 데 힘을 쏟았다. 그의 종교개혁 신학, 특별히 그의 두 왕국론은 교회에 집중된 권력을 정부 관리들의 손으로 넘겨주는 데 하나의 이론적인 근거를 제공하였던 것이다.[123)]

121) *LW* 44:189-190.

122) 중세교회는 가난한 자들의 구제활동을 위한 기금이나 재산들 그리고 기관들에 대한 지배를 주장하였다. 이 때문에 중세 후기 사회에서 자선 사업의 운영에 대해 시민들과 사제들 사이의 갈등이 있었다. Carter Lindberg, "The Liturgy After Liturgy: Welfare in the Early Reformation," in *Through The Eye of A Needle*, 176 이하.

123) 린드버그는 루터 신학에서 특별한 점은 "그가 사회 경제적인 문제들에 대한 이러한 모든 권위들을 정부에 넘겨주었다는 점이다."라고 말한다. Lindberg, *Beyond Charity*, 113.

루터는 여러 도시에서 사회복지와 가난한 자들의 구제 제도들을 개혁하게 만든 새로운 법령제정을 위한 초안 작업에 기여하였다. 루터의 도움으로 비텐베르크 시의 사회복지 제도의 법률안— "Beutelordnung" 으로 알려진—은 시의회에 의해서 통과되었다. 루터는 또한 예배와 사회복지의 개혁을 결합한 사회복지 조치들인 "비텐베르크 직제" (the Order of Wittenberg, 1522)의 발전에 결정적으로 영향을 미쳤다.[124] 루터는 대부분 개혁적인 법률 제정에서 가난한 자들의 구제를 위한 실제적인 조치들을 위해서 노력하였다. 예를 들면 비텐베르크 조문은 "공동 헌금은 가난한 고아들, 가난한 사람들의 자녀들에게 제공되어야 할 것이다." 라고 명문화하고 있다.[125] 루터가 서문을 쓴 라이스니크의 법령(The Leisnig Ordinance, 1523)은 그리스도인들로 하여금 가난한 사람들을 위해 구제활동을 하도록 적극적으로 권장하고 있다: "그리스도인 신자들의 모든 외적이고 내적인 소유들은 동료 그리스도인 이웃 사랑과 하나님의 영광을 위해 쓰여져야 한다." [126]

사회복지 제도에 대한 루터의 새로운 접근은 많은 도시들에 퍼져나갔고 크게 영향을 미쳤다.[127] 루터에게 가난한 자들을 돌보는 일은

124) 린드버그는 루터의 사회복지 활동은 "예배로부터 흘러나오는 사람들의 행위로써 이해될 수 있다." 라고 주장한다. 루터에게 예배는 "이웃에게 봉사하고 그러므로 하나님의 명령에 복종하는 것" 을 의미하였다. 그러므로 가난한 자들의 곤궁을 덜어주기 위한 자선행위는 우리의 공식적인 예배 행위의 연장선이다. Emily Albu Hanawalt and Lindberg, eds., *Through The Eye of A Needle*, 100 이하.

125) *Order of the City of Wittenberg*(1522), Article 10, Lindberg, *Beyond Charity*, 201.

126) *LW* 45:177(*Ordinance of A Common Chest*, 1523). 이 법령에 대한 그의 서문에서 루터는 모든 구걸행위의 금지를 선포하였다. 구걸행위는 "영혼과 재산에 사람들과 땅에 너무 해롭다." *LW* 45:177.

127) 루터의 견해는 많은 도시들에서 정부차원에서 합리적인 사회복지 제도를 발전시키는 도움을 주었다. 사회복지 제도화를 위해 루터의 영향을 받은 도시들을 언급해 본다면, 아우크스부르크(Augsburg), 뉘른베르크(Nürnberg), 알텐부르

사랑 안에서 역사하는 그리스도인 신앙의 진실한 표지였다. 루터의 사회복지 프로그램은 개인적이고 교회 중심적인 자선 행동의 차원에서 공적이고, 사회적이며, 공동체적인 사회복지 제도로의 변경을 가져왔으며 이웃사랑에 대한 그리스도교 사랑의 확고한 제도화를 가져왔다. 루터의 사회신학과 사회적인 법령화를 위한 노력은 근대교회 초기 사회 복지 제도의 발전에 영향을 주었다. 루터가 제시한 교회와 시 정부와의 긴밀한 협력 체제하에서 가난한 자들을 위한 디아코니아 제도의 좀 더 발전된 형태들은 나중에 칼빈의 제네바 교회 목회에서 더욱 분명하게 등장하였다.

6. 루터란 교회의 기초자

루터는 종교개혁을 시작하면서 로마 가톨릭 교회와 분립해서 하나의 교단을 세우려 하거나 독자적인 파벌을 조성하려는 의도는 추호도 없었다. 그는 그의 추종자들이 자신의 이름을 딴 '루터란'(Lutheran)이란 말 자체도 사용하는 것을 금지하였다. 모든 그리스도인들은 오직 한 분 그리스도만을 주인으로 섬기는 종들이며 누구도 그리스도의 자리를 대신할 수 없다. 그리스도만이 오직 존경받을 뿐이고 어떤 위대한 사람이라 할지라도 우상화되어서는 안 된다. 이러한 루터의 확고한 신념에도 불구하고 그리고 그의 의도와는 상관없이 그를 추종하거나 개혁 운동에 동참하는 사람들이 점점 많아지면서 어쨌든 하나의 교회가 설립되었다. 루터의 열정적인 개혁 운동은 단시일 내에 비텐

크(Alltenburg), 키트징엔(Kitzingen), 스트라스부르(Strassburg), 브레슬라우(Breslau), 레겐스부르크(Regensburg), 함부르크(Hamburg) 등이다. Lindberg, *Beyond Charity*, 128-145 참고.

베르크를 비롯한 북부 독일의 대부분 지역을 개혁의 편으로 끌어들이는 데 성공했다.

개혁 진영에 가담한 지역에서는 새로운 루터란 교회들이 생겨나기 시작했다. 하지만 신생 루터란 지역교회(Lutheran Landeskirche)가 직면한 문제들은 한두 가지가 아니었다. 교회 구조와 운영 방식, 예배 의식, 성직자 임명 등 로마 가톨릭 교회의 기존 전통들과는 어떻게 차별화를 시키면서 개혁 정신에 맞게 교회의 틀을 형성해 나가야 하는 문제가 중요한 과제들로 부각되었다. 루터는 이러한 산적한 과제들을 자신의 개혁신학의 바탕 위에서 풀어나갔다. 이때에 루터의 뛰어난 목회적인 역량은 유감없이 발휘되었다. 먼저 루터는 루터란 지역에서 새로운 교회를 조직하고 새로운 학교를 설립하기 위해 각 지역들을 수차례 방문하였다. 루터는 먼저 삭소니(Saxony) 지방 교회들을 개혁신학 정신에 부응해서 조직하는 데 주력하였으며 이후 그 지역에서의 교회 개혁 모델들은 다른 많은 지역에서 하나의 본보기가 되었다. 루터의 동료이자 나중에 함부르크 지역의 종교개혁 지도자가 된 요하네스 부겐하겐(Johannes Bugenhagen)도 수년간 북부 지역에서 루터의 종교개혁 정신에 따라 교회 공동체를 조직하고 학교들을 세우는 데 헌신하였고, 독일 남서부 지역에서 활동한 요하네스 브렌츠(Johannes Brenz)도 삭소니 지역의 교회개혁 패턴을 그대로 본받았다. 루터와 그 동료들은 1529년부터 1545년 사이에 각 지역들을 수차례씩 방문하면서 개혁의 진척 상황들을 점검하였고 문제점들을 조사하여 필요한 지침들을 만들었다. 이때 판단의 유용한 기준이 되었던 것은 교리 문답집(the Catechism)이었다.

각 지역들을 순방하면서 신생 루터란 교회들을 지도 감독한 지역 시찰단들(visitors)의 보고서들은 루터란 교회 목사들이 목회 현장에서 얼마나 많은 어려움들을 겪고 있었는지를 잘 보여 준다. 가톨릭 교회의 전통과 신학으로부터 벗어나 새로운 믿음 생활을 가르쳐야 했던 그들은 교인들을 어떻게 지도해야 할지를 몰라 모든 면에서 준비가 빈약할 수밖에 없었다. 루터는 소요리 문답(Small Catechism) 서문에서 그 실상을 이렇게 쓰고 있다.

> 내가 시찰단의 일원이 되어 최근에 접했던 개탄할 만한 상황들은 나로 하여금 그리스도 가르침에 관한 이러한 간단하면서도 단순한 요리문답이나 진술들을 준비하도록 만들었습니다. 지금 이 지역에 살고 있는 대중들은 그리스도교 가르침이 무엇인지도 모르고 있으며 불행하게도 많은 목사들은 상당히 무능력하고 가르치기에도 적합하지 않습니다. 사람들이 그리스도인이 되고 세례를 받고 성찬식에 참여하고 있다고 할지라도 그들은 주의 기도나 사도 신조 혹은 십계명이 무엇인지도 모르고 있습니다. 그들은 마치 돼지나 정신 나간 짐승들처럼 살고 있습니다.[128)]

루터는 목사들은 사명감을 가지고서 교인들을 하나님의 말씀 안에서 헌신적으로 돌보아야 한다고 주장하면서 그들의 목회에 도움을 줄 수 있는 교리 문답집들을 만들었다. 루터는 1529년 5월 중순에 소요리 문답서와 대요리 문답서를 출간하였다. 소요리 문답서와 대요리 문답서가 바로 그것이다. 소요리 문답집은 대요리 문답집을 축약해 놓은 것이 아니며 대요리 문답집 또한 소요리 문답집을 확대 보충해 놓은 것도 아니다. 이 두 문답집의 어조는 다르다. 소요리 문답집에는 대요리 문답집을 관통하고 있는 논쟁의 흔적이 없으며 대상도 다르다. 소요리 문답집은 가정에서 평범한 사람들을 가르치도록 고안되었고 대요리 문

128) Martin Luther, "*Small Catechism*" *The Book of Concord: The Confessions of the Evangelical Lutheran Church*, trans and ed., Theodore G. Tappert (Philadelphia: Fortress Press, 1991), 338.

답집은 특별히 성직자용으로 쓰여졌다. 루터도 지적하고 있는 것처럼 이 요리 문답집들은 그가 창안한 것이 아니고 고대교회로부터 내려온 세례를 받기 위해 준비할 수 있는 신앙의 기초적인 지침서들을 참고하여 만든 것이다. 이 두 요리 문답집은 십계명, 사도신경, 주의 기도, 그리고 세례와 주의 만찬 등 다섯 가지 항목으로 구성되어 있다. 나중에 결혼, 세례, 기도에 관한 간단한 형식들이 여기에 첨가되었다. 루터는 이 다섯 가지 항목들은 그리스도교에 본질적인 지식이기 때문에 루터란 교회는 이것들을 반드시 교인들에게 가르쳐야 한다고 주장하였다.

루터는 이 요리 문답서들의 사용 방법을 제시한다.[129] 먼저 설교가들이나 부모들은 교인들이나 자녀들에게 요리 문답에 있는 다섯 가지 항목들을 반복해서 읽도록 가르치고 나서 그들이 어느 정도 익숙해지면 그 의미들을 가르쳐야 한다. 소요리 문답을 가르치고 난 후에 좀 더 풍부하고 온전한 이해를 돕기 위해 대요리 문답을 가르쳐야 한다. 루터는 이 요리 문답집들이 교회에서 목회자들이 설교할 때 참고할 수 있는 기초자료로 사용되기를 바랐지만 가정에서 부모들이 자녀들을 가르치는 데 사용하도록 권면하였다. 교인들이 이 요리 문답 공부를 거절한다면 그들은 성찬식에 참여하거나 세례 때에 대부가 될 수 있는 자격을 주지 말아야 하며 교회에서 부여하는 여러 가지 혜택들, 예를 들면 장례식 때나 교회 묘지에 묻힐 수 있는 도움을 주지 말아야 한다. 부모들은 일주일에 최소한 한번은 자녀들과 하인들에게 가르쳐야 한다. 만약 자녀들이 배우려 하지 않을 때에는 밥을 주지 말아야 하며 하인의 경우에는 해고시켜야 한다.[130] 루터의 요리 문답집들은 루터란 교회 설교자들과 로마 가톨릭 교회에서 개신교 진영으로 넘어온 사제들은 물론 지방학교 교사들에게도 대단히 유용한 것으로 증명되었다.

129) *Ibid.*, 338-341.
130) *Ibid.*, 339.

삭소니 지역에서 루터란 교회가 로마 가톨릭 교회를 대체해 나가는 동안 성직자들은 많은 새로운 문제들에 부딪혔다. 그들 중 아무도 로마 교황청의 주교제도를 유지하기를 원하지 않았다. 그러나 루터란 교회는 중앙 집중화된 체계적인 어떤 수단들을 필요로 하였다. 시찰단들(visitors)은 각 지역의 신생 교회들이 겪고 있는 어려움들을 해결해 주고 조언해 주는 조력자들로서 역할을 하였지만 결혼, 이혼, 유산 상속 등 법적인 문제들이 걸린 사안들에 관해서는 그들도 적절하게 다룰 수 없었다. 따라서 삭소니 지역에서 교회 지도자들과 정치 지도자들 간에는 교회 법정 설치에 관한 많은 토론들이 벌어졌다. 마침내 1539년에 선제후 요한 프레드릭은 교회재판소 제도 도입을 제안하였다. 루터도 이 제안을 거부하지 않았다. 재판소는 죄를 범한 교인들을 심문, 징벌할 권리를 가지도록 했다. 두 개의 예비 법정들(preparatory courts)이 자이츠(Zeits)와 츠비카우(Zwickau)에 세워졌고 상급 법원인 최고 법정(consistorium)은 비텐베르크에 세워졌다. 교회 법정을 위한 특별 헌법이 1542년에 초안되었으나 실행되지는 않았다. 이 법정은 비텐베르크 대학에서 몇 명의 신학자들과 두 명의 법률 교수에 의해 운영되었다. 예비 법정이 어떤 역할을 하였는지에 대한 기록은 남아 있지 않다. 그러나 비텐베르크에 있는 최고 법정은 수십 년 동안 존속하면서 그 역할을 감당하였다. 이러한 법적인 제도는 일부 다른 루터란 지역에서도 채택되었다. 이러한 제도는 시찰단들을 통해서 각 지역으로 파급되었다. 각 지역 시찰단들은 개신교 지역에서 교회들이 어떻게 자리를 잡고 활동할 것인지를 가르치고 방향을 잡아주는 역할을 하였다. 루터란 지역교회들을 담당하고 있는 목회자들의 성향들은 천차만별이었다. 개신교 진영에 가담한 로마 가톨릭 교회의 일부 성직자들 중에는 처음부터 루터의 열렬한 추종자들이 있었는가 하면 그의 가르침에 무관심했던 사람들도 있었다. 따라서 시찰단들의 첫 번째 과제는 루터란 교회 목회자들을 개별적으로 접촉하면서 목사로서의 역량이나 자격 등을 심사하고서 부적합한 사람들에게는 교회를 맡지 못하도록 하는 것이었다. 이러한 검열은 많은 시간과 복잡한 문제들을 포함하였다. 시찰단들의 주요 관심은 두 가지였다. 첫째는, 루터란 교회 목사는 가장 기본적인 기초지식으로써 루터란니즘과 가톨리시즘과의 차이점들을 알고 있어야 한다. 그들은 칼슈타트, 뮌처, 아나뱁티스트들이 왜 잘못인지를 이해하고 있어야 한다. 그리고 '칭의론' 이 함축하고 있는 의미들을 완벽하게 이해하고 있어야 하며 신앙 문제들에서 성서만이 오직 안내서라는 사실을 받아들여야 한다. 또한 그들은 루터란 교리 문답들을 철저히 이해해야 한다. 둘째는, 루터란 교회 성직자들은 그리스도인들을 거룩한 삶으로 인도해야 하는 책임을 지고 있다는 사실을 분명히 자각해야 한다. 그들은 신앙 공동체를 해칠 수 있는 죄를 저지른 사람들에게 경고도 하고 책벌도 내려야 한다. 만약 성직자가 이러한 죄를 범하면 그는 목사직에서 해임될 것이다.

개혁 운동이 확산되어 감에 따라 여러 지역에서 로마 가톨릭 교회 성직자들은 기회가 있을 때마다 로마 교회를 떠났고 스스로 루터란(Lutheran)이라고 불렀다. 새로운 루터란 지역교회들은 그들을 목사로 임직하는 문제를 놓고 혼돈에 빠졌다. 루터는 이미 1520년 초에 성직 안수 의미에 대한 새로운 개념을 제시하였는데 『독일 국민의 그리스도인 귀족에게』란 글에서 그는 처음으로 만인 사제직 개념을 발전시켰다. 전통적으로 로마 가톨릭 교회는 교황, 주교, 사제, 수도승들을 영적 직임(office)으로, 왕들, 귀족, 교수, 농부들을 세속 직임으로 구분했다. 루터는 이러한 구분은 비성서적으로 간주하였고 세례받은 모든 사람들은 자동적으로 영적인 직임을 갖게 되며 그리스도교 회원들이라고 주장하였다. 따라서 세례받은 모든 그리스도인들은 교회에서 그들의 직무가 무엇이든지간에 또한 어떤 직무를 갖고 있든지 그렇지 않든지간에 하나님 앞에서는 모두 사제들로 간주된다. 이러한 주장은 로마 가톨릭 교회의 입장과는 판이하게 달랐다. 로마 가톨릭 교회에서 성직 임직은 일곱 가지 성례전 중 단지 하나에 속하며 임직은 하나님께서 제정하신 행위를 이행하는 것을 의미했다. 루터는 성직 임직은 하나님 앞에서 이미 사제들이 된 모든 그리스도인들이 한 사람의 동료 그리스도인을 선택하여 교회 예전들을 질서 있고 영예로운 방식으로 수행하도록 책임을 그에게 위탁하는 것을 의미한다고 주장하였다.[131] 종교개혁 초기에 성직 안수 문제는 중요한 것은 아니었다. 일부 농민들과 재세례파 그룹에서는 루터의 만인 사제직 원리를 실천하였지만 정작 루터는 어떤 성직자를 안수하는 경우는 없었다. 왜냐하면 종교개혁 초기에 개신교 진영에 가담한 로마 가톨릭 교회 사제들에게는 만인 사제직 개념이 적용되지 않았기 때문이다. 문제는 각 지역 시찰단들이 지역교회들을 방문하면서 목회하기에 부적합하고 무능한 성직자들이 의외로 많다는 사실을 발견하고 새로운 사람들을 성직자로 임직하면서 발생하였다. 어떤 지역교회의 성직자들의 자격 심사는 다른 지역에서 온 시찰단에게 맡겨졌고 최종 결정은 감독자들(superintendents)이 하였다.[132] 1530년대에는 많은 무자격자 성직자들이 추방되면서 성직자 부족상태를 겪기도 했다. 로마 가톨릭 교회 사제들은 안수를 받지 않는 루터란 목사들을 얕보기도 했다. 상황이 이렇게 되자 선제후 프레드릭은 비텐베르크 대학과 시 교회에 정규적으로 안수받은 목사들을 배출하기 위해 권위를 부여하였다.[133] 루터는 1537년에 목사 안수식을 위한 의식 조항들을 초안했고 나중에 수정되었다.[134] 루터는 루터란 지역교회 목사들은 철저한 신학 훈련과 경건성을 갖추어야 함을 강조하면서 신도들을 하나님 말씀 안에서 올바로 지도할 수 있는 리더십을 강조하였다. 이러한 목적을 위해서 루터는 교육의 중요성을 역설하였고 루터란 2, 3세대들이 어

131) *LW* 53:122-126(*The Ordination of Ministers of the Word*, 1539).

132) *WA* 38:406-407.

133) *WA* 38:409.

134) *WA* 38:410.

린 시절부터 복음으로 정신으로 훈련받을 수 있기 위해 새로운 학교를 세우는 데 온 정열을 쏟았다.

루터는 개신교 그룹에서 이제 막 성직자가 되어 목회하는 목사들에게 목회 활동에 도움을 줄 수 있는 여러 지침들을 만들었는데 그중에서도 목사들에게 제일 필요했던 것은 성서 주석과 독일어 성서였다. 사실 교회 목회자로서 루터는 탁월한 설교가였다.[135] 그의 박식한 성서 지식은 설교가로서의 명성을 떨치게 만들었다. 여러 지역에서 그의 설교를 듣기 위해 많은 사람들이 몰려왔고, 따라서 비텐베르크에서 그는 하루에도 서너 차례 설교할 때도 있었다. 루터는 젊고 경험이 없는 설교가들은 하나의 단일하고 고정된 본문을 골라 해마다 반복하는 것이 도움이 될 것이라고 충고하였다. 성서 지식을 향상시킬 의도로 이 본문, 저 본문을 택해서 설교하면 시간과 정력을 허비할 뿐이며 혼돈만 가져올 것이라고 지적하기도 했다.[136] 루터란 지역교회에서는 설교가 예배의 중심이 되었다. 루터는 주일날뿐만 아니라 주말과 주중에도 설교하였다.[137] 루터가 평생 설교한 설교는 모두 2, 300개이다. 그가 가장 많이 설교했던 해는 1528년인데 145일 동안에 무려 195번의 설교를 한 것으로 나타나 있다.[138] 루터는 어머니가 아이를 돌보면서 말하는 것처럼 회

135) 루터가 루터란 교회 설교 목회자들을 위해 준비한 설교 본보기들과 교회력에 따라 그가 평생 했던 설교집이 한데 묶여 출판되었다. Martin Luther, *Sermon of Martin Luther: The Church Postils* vol. 1-8, ed., John Nicholas Lenker, trans. John Nicholas Lenker and Others (Grand Rapids, Michigan: Baker Books, 1995).

136) Theodore G. Tappert, *The Book of Concord*, 339.

137) 1537년 7월부터 1539년 7월까지 루터의 설교를 분석해 보면 주중에는 마태복음 18-24장까지를 수요일에 설교, 토요일에는 요한복음 1-4장까지 다루었고 주일날에는 시리즈 설교를 했다. *LW* 22:1-530.

138) 이 밖에도 그가 설교한 횟수들을 보면 1537년에는 52번, 1539년에는 39번, 1540년에는 33번, 1544년에는 40번, 그리고 그가 죽기 전 바로 직전 해인 1545년에는 33번이었다. *LW* 12:95-136.

중들에게 설교했다. 따라서 그는 어떤 지적인 감명을 추구하는 동료들을 꺼려 했다.[139] 루터는 설교가의 과제는 진실한 교리를 선포하는 것이며 한 시간 이내에 결론을 내려야 한다고 가르쳤다. 그는 설교가와 목사의 직임은 권력을 행사하는 자리가 아니라 봉사의 자리이며 그 직임을 통해서 회중들로 하여금 하나님을 만나게 해야 하고 또한 설교가는 하나님의 말씀들을 회중들에게 전달해야 한다고 주장한다. 설교가의 이러한 직임에 충실하기 위해서 루터는 설교 사례비를 받으려 하지 않았다. 하지만 그는 회중들은 설교가를 지원하는 데 책임이 있다고 역설하였다.[140] 나중에 루터는 지역교회 목사들에게 실질적인 도움을 주기 위해 자신의 설교들을 모아 설교집을 출간하였고 성서 주석서(Postils)를 펴내기도 했다. 당시 루터만큼 권위 있는 성서 주석을 하는 주석가도 찾아보기 힘들었다.

지역교회 목사들에게 아마 가장 큰 목회적인 도움은 독일어로 성서를 번역하는 작업이었을 것이다. 루터는 일찍이 1521년 바르트부르크 성에서 은둔하고 있을 때에 신약성서를 독일어로 번역하기 시작했다. 그는 1522년 봄에 비텐베르크로 돌아와서 번역 초고를 완성하였고 멜랑히톤이 주의 깊게 교정을 본 후에 1522년 9월에 신약성서 완역판을 출간하였다. 이때부터 성서를 독일어로 번역하는 작업은 그가 죽을 때까지 계속되었다. 첫 번째 신・구약 완역판은 1534년에 출간되었다. 그러나 루터는 자신이 성서 전문가였기 때문에 전문가의 입장에서 볼 때 이 완역판은 부족한 부분이 많다고 느꼈다. 루터는 나중에 동료 교수들의 도움을 얻어서 개정판을 출간했다. 루터란 교회는 첫 번째 완역한 성서를 소유하게 되었다. 그러나 루터는 그 작업에 만족하지 않았다. 사실 그는 1534년 성서를 단지 시작일 뿐이라고 했다. 루터의 성서

139) *LW* 54:235-236.
140) *WA* 47:368.

번역과 종교개혁에 대한 공헌은 이루 측량할 수 없다. 루터 자신이 그 중요성을 이렇게 말한다. "독일어로 번역된 성서의 필요성은 너무 커서 어느 누구도 그것을 상상할 수 없다. 어느 누구도 그것이 오늘날 우리에게 제공한 통찰력을 깨닫지 못한다. 우리가 한때 계속된 강의와 적극적인 근면을 통해서 달성하려고 시도했으나 얻을 수 없었던 것을 이 텍스트는 지금 분명하게 스스로 제공한다. 왜냐하면 우리 중 아무도 이전의 성서 번역들 때문에 우리가 지금 어떤 어둠 속에서 살고 있는지를 깨닫지 못하고 있기 때문이다."[141]

그 밖에도 루터는 예배 음악에도 깊은 관심을 보였으며 그 자신이 탁월한 음악재능을 가지고 있어서 많은 찬송가를 직접 작곡하기도 했으며 루터란 지역교회들에서 그 찬송가들을 사용하도록 했다.[142] 우리가 익히 잘 알고 있는 찬송가 384장 "내 주는 강한 성이요"는 루터의 대표곡이다. 새로운 찬송이 도입되고 설교가 중심이 되면서 루터란 지역교회에서는 로마 가톨릭 교회의 미사가 루터란식 예배로 서서히 전환되었다. 루터는 로마 가톨릭 교회 미사 음악을 전적으로 바꾸지는 않았다. 그의 새로운 개혁 가르침들은 로마 가톨릭 예배 음악을 어떤 식으로든지 바꿀 수 있었다. 하지만 그는 그레고리안 찬양을 흠모하였다. 예배의식에서 루터의 주요 관심은 루터란 지역교회를 위해 새로운 예배 의식문의 창조가 아니라 단순하고 순수한 고대교회의 형태들로 돌아가는 것이었다.[143] 그는 새로운 미사 형태를 창조하지 않았고 사도 시대의 최초의 가톨릭 미사를 복원하였다. 루터에 의하면 중세시대 로마 교회가 발전하면서 강조의 중심은 복음 설교로부터 미사 집전으로 옮겨졌고 사

141) *WA Tr.* 2: 2628b.

142) 루터가 작곡한 찬송가와 예배 때에 사용할 여러 음악들은 다음을 참고하라. *LW* 53:147-150(*The Liturgical Chants*); *LW* 53:189-310(*The Hymns*).

143) 루터는 1525년에 첫 독일 미사를 드렸다. *LW* 53:51-90(*The German Mass and Order of Service*).

제는 하나님과 회중 사이의 중간 매개자로 역할하였다. 이때부터 미사는 공로를 획득하기 위한 행위(an opus operatum)가 되었다. 루터란 지역 교회에서는 중세 로마 가톨릭 교회에서의 왜곡된 미사 형태를 거부하고 예배의 본질을 회복하고자 하였다.

7. 신앙의 자유를 위한 투쟁

1521년 보름스 국회 이후 독일 제국 내에서 루터란 교회가 공식적으로 인정받기까지는 루터를 비롯한 그의 동료들의 가열찬 투쟁이 있었다. 이러한 투쟁은 제국의 정치적인 영역뿐만 아니라 개혁 그룹 내에서의 종교적인 영역에서도 계속되었다. 종교개혁이 한창 요원의 불길처럼 제국을 휩쓸고 있을 때에 로마 가톨릭 교회와 이에 합세한 지역 군주들의 반발도 만만치가 않았다. 따라서 개혁세력과 가톨릭 세력과의 긴장과 갈등은 언제든지 격렬한 싸움으로 이어질 수 있는 위태로운 상황을 조성하고 있었다. 교황청으로부터 비교적 자유로웠던 제국도시들은 대부분 개혁 진영에 가담하였다. 개혁 진영과 가톨릭 세력과의 계속된 긴장과 갈등은 제국을 하나로 일치 단결하는 데 커다란 장애로 등장하였다. 따라서 제국의 지도자들은 1526년 스파이에르(speyer)에서 국회를 열어 각 지역은 제후의 종교에 따라 그 곳의 종교가 결정된다는 원리를 결정하였다.(cuius regio eius religio) 이러한 결정은 사실상 종교개혁 세력과 가톨릭 세력과의 휴전을 의미하였다. 이 휴전이 계속되는 동안 독일 북부 지역은 대부분 루터교가 되었으며 남쪽에서는 스트라스부르, 아우크스부르크, 울름, 뉘른베르크 같은 도시가 개혁파에 가담하였다. 하지만 1526년 스파이에르 국회의 결정은 제대로 지켜지지 않았다. 루터교가 우세한 지역에서는 가톨릭 교회 신도들의 종교의 자유는 잘 지켜지고 있었지만 가톨릭 교회가 우세한 지역에서의 루터 교인들은 종교의 자유를 확보하지 못했다. 이러한 불평등한 처사에 대해 제국 내의 여러 개혁파들은 함께 행동을 통일하기로 동맹을 맺고 1529년 제2차 스파에르 국회에서 항의를 했다. 여기서 항의자, 즉 프로테스탄트(Protestant)라는 말이 생겨났다. 루터는 개신교인들이 서로 동맹체를 형성하기 위해 벌인 복잡한 협상들에 관해서 아무런 조언도 하지 않았다. 그는 스트라스부르와 울름과 같은 스위스와 밀접히 연관을 맺고 있는 도시들과의 동맹을 추진하는 데 관심이 없었다. 아마 루터는 개신교인들이 집단으로 제국의 최고 지도자에게 저항하는 것에 반대의견을 갖고 있었을 것이다. 일찍이 그는 정치 지도자에 대한 어떤 저항은 단지 정치적인 혼란을 가져올 수 있고 끊임없이 비참한 사태를 가져올 것이라는 입장을 피력한 바 있다.[144] 루터는 황제가 개신교도들을 무력으로 위협하고 있다는 주장은 정확하지 않다고 보았다. 아마 루터는 정치적인 문제들에 익숙하지 않아서 그랬는지는 몰라도 그러한 위협을 과소 평가했던 것 같다. 여러 지역에 흩어져 있는 개신교인들간의 신앙고백 차이나 급변하는 정치적인 상황 그 어느 것도 철저하게 신학적으로 방향 지어진 루터의 태도를 바꾸지는 못했다. 그는 신약성서는 제국의 지도자들에 대한 저항을 허용하지 않고 있다고 주장했다. 루터에 의하면 복음을 보호하기 위해서는 정치 권력을 신뢰할 것이 아니라 오직 하나님에 대한 믿음을 공고히 해야 한다. 이러한 루터의 입장 때문에 개신교인들은 한동안 하나의 일치된 정치 세력으로 등장하지 못했다. 찰스 황제는 가톨릭 교회와 개신교인들간의 문제를 해결하기 위해 무력 사용을 원치 않는다는 입장이 한동안 확인되었다. 그러나 1530년 6월에 아우크스부르크 국회에서 종교 문제를 다루겠다는 찰스 황제의 발표는 개신교인들에게 새로운 상황을 제시하였다. 이제 루터와 그의 종

144) 루터는 세속권력, 산상설교 해석 등에서 그의 두 왕국론에 기초해서 세상 질서와 평화를 위해서는 정부 지도자들에게 순종해야 한다고 역설하였다.

교개혁은 하나의 세력을 형성하게 되었고 이들 세력들은 자체 정치적인 힘을 키울 필요가 있음을 인식하게 되었다.

찰스 황제는 당시 제국을 위협하고 있던 터키족들에게 효과적으로 대항하기 위해서는 제국의 일치 단결된 군사적 행동이 필요하다고 판단하고서 1530년 6월에 독일의 아우크스부르크에서 국회를 소집하였다. 황제가 직접 제국의 국회에 참석하기는 1521년 보름스 국회 이후 처음이었다. 그는 이 국회를 통해서 종교개혁의 결과로 제국 내에서 벌어진 종교적인 갈등들을 해결하기 원했다. 찰스는 삭소니 주 제후뿐만 아니라 제국 내에 여러 자유 도시들의 왕들과 영주들을 이 국회에 초청하면서 종교적인 차이들을 극복하고 일치를 회복할 수 있는 방안을 모색하려고 하였다. 찰스는 아우크스부르크 국회에서 개혁주의자들은 자신들의 종교적인 입장을 분명히 밝혀야 한다고 말했다. 이에 따라 삭소니 주 제후인 존 프레드릭은 비텐베르크 신학자들에게 삭소니 주의 개신교 교회들의 신앙과 예배를 일목요연하게 문서로 준비하도록 요청하였다. 이때 루터는 이 국회에 참석하도록 허용되지 않았으며 그는 코부르크(Coburg) 성에서 6개월 간 칩거해야 했다. 따라서 비텐베르크 신학자들은 멜랑히톤의 책임하에 제국 내의 다른 지역의 루터란 교회들의 문서들을 참조하여 아우크스부르크 국회에 제출할 문서를 작성하였고, 마침내 1530년 3월 하순 토르가우(Torgau)에서 이 문서는 인준되었다. 따라서 이 문서는 일명 토르가우 신앙고백으로 언급되기도 한다. 루터는 이때 문서 작성에 직접 참여할 수 없었기 때문에 멜랑히톤과 긴밀하게 서신 교환을 통해서 이 문서 초안들을 검토하고 문서 내용에 동의하였다. 이 문서가 완성되기까지 루터란 신학자들간에 진통이 없었던 것은 아니었다. 개혁세력 내부에서는 로마 가톨릭 제도를 어느 정도까지 인정하느냐 하는 문제를 놓고 첨예한 갈등이 노출되었다. 멜랑히톤은 교황까지 인정하자고 했고 루터는 교황제도가 철폐되기 전까지는 결코 교황을 받아들일 수 없다고 주장했다. 멜랑히톤은 가톨릭 세력과 어떻게 하든지 화해를 시도하려 하였다. 아무튼 루터란들간에 공식적인 신앙고백 문서로 합의된 이 문서는 1530년 6월 25일 아우크스부르크 국회에서 약간의 개정과 수정을 가하여 황제에게 제출되었다. 이것이 저 유명한 아우크스부르크 신앙고백서이다. 황제의 지침에 따라 이 고백문서는 독일어와 라틴어로 준비되었고 국회에서는 독일어로 낭독되었다. 불행하게도 독일어나 라틴어 원본은 현재 존재하지 않으나 다행하게도 1530년에 50개가 넘는 복사본들이 만들어져서 오늘날 그 고백서 사본들이 우리 손에 전해지게 되었다. 아무튼 아우크스부르크 신앙고백은 로마 가톨릭 세력에 맞서서 개혁세력들을 한층 결속시키고 그들의 역량을 강화시키는 데 큰 몫을 하였다.

아우크스부르크 신앙고백서는 삭소니 주 교회의 신앙 문서라기보다는 루터란 교회의 단일한 신앙고백서의 성격을 띠고 있다. 이 신앙고백서에서 루터란들은 로마 가톨릭 교회에 반대하는 모든 다른 세력들과 동일한 집단으로 취급되어서는 안 된다는 점을 분명히 하면서 로마 가톨릭 교회와의 차이점들보다는 공통점들을 더 강조하였다.[145] 아우크스부르크 국회는 루터란 교회에 무슨 가시적인 안전한 조치를 취하겠다는 약속도 없이 끝나고 말았다. 곧바로 가톨릭 측에서는 아우크스부르크 고백에 반박하는 반박문(Confutatio)을 발표했고 멜랑히톤은 여기에 대답하는 변증서(Apologia)를 썼다.[146] 황제는 여전히 프로테스탄티즘에 확고하게 반대하고 있었다. 황제는 루터란들을 격퇴해야 한다고 발표하면서 보름스 칙령을 실행하기로 결정하였다. 이러한 제국의 압력과 로마 가톨릭 교황들의 위협에도 불구하고 루터는 "나는 살아 남을 것이고 그들은 사라질 것이다."[147]라고 외치면서 완강하게 저

145) Tappert, *The Book of Concord*, 24-96.
146) *Ibid.*, 97-285.
147) *WA* 38:280.

항하고 버티었다.

루터란들은 외부의 이러한 계속된 위협들을 효과적으로 방어하고 내부적으로는 교리나 예배 의식면에서 신앙적인 결속을 공고히 다지기 위해 1531년 각 지역 교회들끼리 충분한 협의를 거친 후에 슈말칼덴 동맹(Schmalkaldic League)을 형성하였다. 루터란들뿐만 아니라 개신교 영주들과 그들의 참모들도 서로 결속해야 한다는 데 동의하였다. 비록 이러한 동맹이 보름스 국회 칙령을 실행하는 것에 찬동했던 제국의 다른 도시들과 황제에 대항하는 것으로 비쳐졌을지라도 그들은 종교개혁 운동으로 인해 달성되었던 성과들을 보호하기 위해서는 그와 같은 저항은 필요하다고 주장하였다. 그러나 황제에 대한 저항은 대단히 뜨거운 감자처럼 사법적이고 정치적인 문제를 야기했다. 가장 핵심적인 문제는 독일의 개신교 왕들과 제국의 영주들이 황제에 저항하는 것이 과연 허락되는가? 라는 것이었다. 왜냐하면 그들도 황제의 백성들이기 때문이었다. 이 문제에 대한 해결책을 모색하는 데서 개신교 법률가들과 신학자들은 자신들의 능력과 재능들을 총동원하였다. 루터는 이러한 복잡한 법적인 문제들을 다루는 데 유능하지 않았다. 황제에 대한 저항 문제는 루터에게는 어려운 문제였다. 제국의 왕들은 황제의 신하들이기 때문에 그들은 어떠한 상황에서도 황제에게 그들의 영토를 개방해야 하며, 신앙 문제와 관련해서 우리는 어떠한 고통도 받아들일 준비가 되어 있어야 하고 하나님께 그 문제를 맡겨야 한다는 것이 루터의 기본 입장이었다.

1530년대 중반에 찰스 황제는 새로 등극한 교황 바오로 3세에게 종교개혁 문제를 매듭짓고 제국 내에서 그리스도인들이 서로 화해와 일치를 이룰 수 있는 교회 공의회(Council)를 개최해 주도록 설득하였다. 이때까지도 황제는 루터란들은 결국 로마 가톨릭 교회로 다시 돌아올 것이라는 기대를 버리지 않고 있었다. 마침내 교황 바오로 3세는 1537년 5월에 만투아(Mantua)에서 교회 공의회를 개최한다고 발표했다. 이 회의는 1545년 트렌트 공의회가 열릴 때까지 개최되지 못했지만 루터란들은 이와 같은 공의회에서 자신들의 입장이 무엇인지를 분명히 밝힐 필요성이 있었다. 삭소니 주의 제후는 1536년 12월 11일에 루터에게 한 통의 편지를 써서 이 공의회에 제출할 신앙 문서를 준비하도록 요청하였다. 루터는 즉시 후에 '슈말칼덴 문서' (The Smalcald Articles)로 불리게 된 신앙고백문을 작성하기 시작하여 1536년 12월 28일에 완성하였다. 제후는 이 문서가 공식적으로 채택되기를 희망하면서 슈말칼트로 가지고 갔고 1537년 2월 8일에 슈말칼덴 동맹 대표자들이 모여 회의를 하였다. 하지만 제후의 희망은 실현되지 못했다. 여러 이유들 중에 하나는 이때 루터가 너무나 심하게 아파서 이 회의에 참석하지 못했기 때문이다. 1537년 루터는 슈말칼덴 지역을 순회하던 중에 신장 이상으로 심각한 육체적인 고통을 겪어야 했다. 루터는 슈말칼덴에서 육체적인 고통이 너무 심해 죽을지도 모른다고 생각했다. 비텐베르크로 돌아오는 동안 그는 울퉁불퉁한 길을 달리는 마차 위에서 거의 의식을 잃고 기진맥진해 있었다. 그때 그의 나이 54세였고 한동안 루터는 꼼짝 못하고 침대에 누워 있어야만 했다. 또 다른 이유는 멜랑히톤이 각 지역 영주들에게 이러한 문서는 동맹에 가담한 회원들간에 교리적인 논쟁을 불러일으킬 수 있다고 설득하였기 때문이었다. 비록 이 문서가 슈말칼덴에서 공식적으로 인준되지는 못했지만 나중에 많은 목회자들이 진정한 루터란니즘을 표현한 신앙 문서로 인정하고 받아들였다.[148]

루터는 개혁진영의 신앙의 자유를 지키기 위해 개신 교회 밖에서 오는 도전들뿐만 아니라 교회 내부로부터 제기되는 도전에도 대응해야 했다. 루터 추종자들 중 일부는 루터가 나이가 들어감에 따라 그의 주장들이 초기 가르침과는 모순된다고 믿었다. 이러한 의심은 루터가 비텐베르크에서 1530년대 중반부터 발표한 글이나 논박문들에 반영되

148) Tappert, *The Book of Concord*, 287-335.

었다. 젊은 사람들은 루터가 개혁 초기에는 확신을 가지고 고집스럽게 구원은 오직 신앙에 의존하고 은총에 의해서 수여되며 율법은 인간들을 단지 선행의인화(works-righteousness)로 인도하기 때문에 중요하지 않다고 스스로 가르쳤으면서도 지금은 왜 법(law)에 대해서 그렇게 많이 이야기를 하느냐고 집요하게 물었다. 루터는 이러한 질문을 제기한 사람들을 반율법주의자들(antinomians)이라고 불렀다. 흥미롭게도 반율법주의자들과의 논쟁은 루터가 아니라 그의 제자로 널리 인정되었던 멜랑히톤에 대한 비판에서부터 시작되었지만, 실제 표적은 루터였다. 반율법주의자들과의 논쟁은 루터가 1537년 슈말칼덴으로부터 돌아온 후 본격적으로 시작되었다.[149] 반율법주의자의 대표자는 아이스레벤의 요한 아그리콜라(John Agricola, 1494－1566)였다. 아그리콜라는 종교개혁 그룹에서도 젊은 세대에 속했다. 그는 비텐베르크 대학 강의실에서 루터에게서 개혁신학을 직접 배우고, 배운 것을 성실하게 필기하여 공부할 정도로 개혁사상에 심취하였다. 1519년 아그리콜라는 루터가 요하네스 엑크와 벌인 라이프치히 논쟁에 참가한 적이 있으며 1519년 비텐베르크 대학에서 멜랑히톤과 함께 성서학사를 받았다. 졸업 후 1520년에 아그리콜라는 결혼을 하였고 멜랑히톤과는 계속해서 서로 우정을 다져나갔다.

아그리콜라는 루터에게서 복음은 우리를 율법으로부터 해방시킨다는 것을 배웠다. 루터는 교인들에게 율법을 주제로 반복해서 설교하면서 율법으로부터의 복음의 해방을 외쳤다. 루터의 이러한 가르침을 아그리콜라는 극단적으로 해석하여 율법 무용론을 주장하게 되었다. 아그리콜라는 복음으로부터 율법으로 돌아가지 않았다. 그는 그리스도인들의 새로운 절대적인 출발점은 죄 용서의 복음이라고 주장하면서 끊임없이 그리스도인들의 신앙의 자유의 영역을 확장시켜 나갔다. 아그리콜

149) *LW* 47:99-120(*Against the Antinomians*, 1539).

라에게 하나님의 말씀은 오직 복음이었고 율법이 아니었다. 그는 예수는 율법을 폐기했기 때문에 율법은 더 이상 효력이 없다고 주장했다. 그는 그리스도인의 삶의 지침은 "십계명이나 다른 율법으로부터가 아닌 복음에 기인한 사도의 가르침들로부터 나온다."고 주장하였다.[150] 따라서 그는 교회에서 율법에 대한 설교는 더 이상 행해져서는 안 된다고 주장하였다. 율법의 과제는 죄가 인정될 수 있는 기준을 제공하는 것이며 죄는 율법의 기능이 시작되는 동기를 제공한다. 그러나 그리스도가 오심으로 죄는 더 이상 율법의 시작 동기가 아니라 복음을 경멸하게 되었다. 이러한 사고와 함께 아그리콜라는 율법의 과제를 복음으로 전환하였다. 결국 그는 복음을 새로운 율법으로 만들었다. 루터는 아그리콜라의 이러한 주장을 도저히 받아들일 수 없었다. 이 문제에 관해서 루터는 어떠한 타협도 하지 않았다. 루터가 보기에는 복음을 율법으로 해석하는 것은 그리스도를 양심의 해방자로서보다는 양심의 엄한 감독자로 만드는 것이다. 그리스도는 율법을 폐기하지 않고 완성하셨다. 루터는 율법도 하나님의 말씀이며 그것을 폐기한다는 것은 상상할 수도 없었다.

루터가 아그리콜라를 비롯한 반율법주의자들을 맹렬히 비판했던 이유는 그들이 율법과 복음을 적절하게 구분하지 못하고 혼돈하는 데 있었다. 로마 가톨릭 교회나 토마스 뮌처, 재세례파와 같은 열광주의자들에게서 볼 수 있는 바와 같이 복음을 율법으로 대체하려 하거나 율법을 복음으로 전환시키려는 태도에 루터는 강력히 반대하였다. 루터에게 율법과 복음의 변증법은 그의 모든 신학사상의 근본원리에 속한다. 루터는 율법과 복음을 구분하는 것은 성서를 적절하게 이해하는 데 기본이며 이러한 구분을 이해하고 설명하는 일은 신학자의 진실한 예술에 속한다고 주장한다.[151] 루터에 의하면 율법과 복음은 하나님께서

150) *LW* 47:102.
151) *LW* 26:115.

세상과 교제하시는 두 가지 기본 방식들이다. 하나님께서는 지상의 영역에서 외적인 평화를 유지하기 위해 율법을 제정하셨고 죄 용서를 위해 복음을 제정하셨다. 따라서 율법과 복음은 모두 하나님의 사랑의 표현이다. 루터에게 율법과 복음은 서로 변증법적인 관계 속에 있으며 이 둘은 하나님께서 이 세상과 의사소통하실 때에 사용하시는 하나님의 이중 교제 수단들이다. 루터는 아그리콜라의 접근에 자유주의적인 경향을 감지했다. 그는 아그리콜라가 '가면을 쓴 뮌처주의' 가 아닌가 의심하였다. 루터는 아그리콜라의 입장을 이단으로 간주하면서 그는 모든 도덕적인 훈련과 질서를 파괴한다고 비난하였다. 이러한 이유 때문에 루터는 정치 지도자들에게 반율법주의자들에 대해 모종의 조치를 취하라고 권고하였다. "반율법주의자들에 대항해서"(1539)라는 논문에서 루터는 교회에서 율법의 설교를 강력히 주장하였다. 왜냐하면 율법은 진정한 신앙에 기초한 선행을 위한 안내자로써 유용하면서도 필요하기 때문이다.[152] 율법과 죄는 변증법적으로 함께 간다. 율법이 없는 곳에는 죄도 없다. 그러므로 "율법을 폐기하는 사람은 누구나 동시에 죄도 폐기해야 한다. 그가 만일 죄를 허용한다면 가장 확실하게 율법도 허용해야 한다."[153] 루터는 교회에서 율법을 설교해야 하는 이유를 몇 가지 말하는데, 순수한 교리를 보존하고 죄인들이 그리스도의 고통과 은총에 의해서뿐만 아니라 율법의 공포에 의해서도 회개할 수 있도록 율법은 계속해서 선포되어야 한다고 주장하였다. 루터는 갈라디아서 2:5를 주석하면서 율법의 적절한 기능은 우리에게 하나님과 이웃을 어떻게 사랑하며 자비와 인내로 살아가는지를 보여 준다고 말하였다. 율법은 우리가 죄와 죽음으로부터 어떻게 구원받을 수 있는지를 가르쳐 주지 않는다.[154] 반대로 복음의 주요 기능은 예수 그리스도, 하나님의

---

152) *LW* 47:101.
153) *LW* 47:110.

아들이 죄와 죽음에서 나를 구원하기 위해 고통받고 죽으셨다는 것을 가르쳐 준다.[155] 루터에게 율법과 복음은 서로 모순되는 것이 아니며 그 둘은 서로 자신들의 영역과 역할을 넘어서는 순간에 모순된다. 율법은 그리스도인들의 양심의 자유의 문제와는 아무런 관련을 맺고 있지 않다. 이와 관련해서 루터는 흥미 있는 진술을 하는데, "양심은 율법으로부터 자유로워야 한다. 그러나 몸은 율법에 복종해야 한다."[156]는 것이다. 율법은 죄의 상태에 있는 인간 존재를 드러내며 복음은 죄의 용서를 선포하고 칭의(Justification by grace)를 수여하며 궁극적으로는 새로운 삶을 가져온다. 복음은 그리스도인의 영적인 삶에 해당되며 율법은 그리스도인의 세상 삶을 규정한다. 하지만 율법과 복음은 하나님께서 세상을 통치하시는 데 사용하는 도구들이라는 점에서 서로 긴밀하게 관련되어 있다. 결론적으로 루터에게 율법과 복음은 서로 구분되면서도 분리될 수 없다. 율법은 복음의 빛에서 이해되어야 하며 복음은 율법과 동떨어져서 역할할 수 없다.

아그리콜라의 사상에는 제2의 종교개혁을 향한 어떤 경향이 있었다. 아그리콜라와 루터는 양심의 자유를 주장하면서 그와 같은 자유는 오직 그리스도, 복음, 은총, 신앙으로부터 온다는 데 동의하였다. 이 둘 사이의 논쟁은 이러한 근본적인 것에 있지 않았고 하나님의 말씀이 무엇인가에 대한 평가에 놓여 있었다. 루터는 아그리콜라를 일찍부터 알았고 그를 아꼈기 때문에 뮌처나 교황과 싸우는 것보다도 훨씬 개인적으로 고통을 감내해야만 하였다. 지금 루터는 너무나 가혹하리만큼 실망해서 아그리콜라를 적으로 돌린다는 것은 자신의 가슴속에 한 마리의 뱀을 기르고 있는 것처럼 느꼈다. 루터와 아그리콜라와의 화해

154) *LW* 26:91.
155) *LW* 26:91.
156) *LW* 26:114.

할 수 없는 상황은 1540년 아그리콜라가 비텐베르크를 떠남으로써 해결되었다.

8. 독일의 예언자

루터는 종교개혁 운동이 어느 정도 정착되어 이제 개신교 교회들이 무시 못할 세력으로 성장하였음에도 불구하고 제국의 주요 지도자들이 자신의 개혁사상을 수용하기는커녕 오히려 계속해서 자신을 공격하자 크게 실망하면서 이전보다 더욱 격렬한 비판적인 어조로 로마 가톨릭 교회에 대항해서 글을 썼다. 『공의회와 교회에 관해서』(1539)에서 루터는 종교개혁은 그리스도교 왕국에 새로운 교회를 도입한 것이 아니라 실로 사도 교부들의 교회를 회복한 것이라고 주장하였다.[157] 그가 죽기 바로 직전 1545년에 쓴 『악마에 의해 세워진 로마 교황권에 대항하여』에서 루터는 그의 모든 논쟁적인 글 중에서 가장 격렬한 어조로 로마 교회를 비판하였다. "우리는 천둥과 번개가 그들을(교황들—저자주) 때리고 지옥 불이 그들을 불사르고 역병, 매독, 간질, 괴혈병, 문둥병, 종기 등 각종 질병들이 그들을 공격하라고 저주하고 싶다."[158]

나이가 들어감에 따라 루터는 자주 병으로 고생하여 육체적으로 쇠약해졌지만 정신적으로는 결코 무기력하거나 유머를 잃지 않았으며 동료들과도 잘 어울려 지냈다. 그는 여전히 번뜩이는 눈을 가진 열성적인 사람이었다. 루카스 크라나하(Lucas Cranach)가 그린 루터의 노년시절 모습을 보면 키는 중간쯤(5피트 2인치)이었고 넓은 이마에 짤막

157) *WA* 50:509 이하.
158) *WA* 26:109; 참고, *LW* 41:257-376(*Against the Roman Papacy, an Institution of the Devil*, 1545).

하고 곧은 짧은 목과 이중 턱에 검은 갈색 눈을 가졌으며, 옆머리가 약간 귀를 덮은 모습을 하고 있다. 루터는 노년에 비텐베르크 도시 환경에 무척 화가 났다. 특히 짧은 스커트를 입고 다니면서 자유분방한 생활을 즐기는 젊은이들의 사고 방식이 너무도 그의 마음에 들지 않았다. 루터에게 비텐베르크 시의 젊은이들은 자신이 젊은 시절에 열정을 가지고 개혁 운동을 했던 것과는 전혀 다른 사고를 가진 사람들로 보였다. 루터는 비텐베르크 시의 이러한 상황을 도저히 관용할 수가 없었고 또 너무 싫증도 나서 투링기아 지방을 방문하는 동안 비텐베르크로 돌아가지 않기로 작정하였다. 하지만 비텐베르크 시의회와 대학 교목이 그에게 대표를 보내 돌아올 것을 간곡히 요청하자 루터는 하는 수 없이 비텐베르크로 돌아왔다. 그러나 돌아와서 그는 동료들이나 대학이 아닌 아내 카타리나와 함께 지냈다. 루터는 돌아오자마자 새로운 적들을 향해 사탄의 왕국에 속한 사람들이라고 맹렬히 비판하는 글들을 발표하였다. 루터는 20−30년 전만 해도 사탄의 왕국을 로마 교황과 동일시했는데 지금 사탄의 왕국은 터키족들[159)]과 유대인들에게도 해당되었다. 특별히 유대인들에 대한 루터의 입장은 주의 깊게 살펴볼 필요가 있다. 왜냐하면 그의 개혁신학의 기초인 율법과 복음의 관계를 이해하는 데 중요하기 때문이다. 유대인들에 대한 루터의 관심은 이번이 처음은 아니었다. 율법과 복음 사이를 구분하는 성서 주석가인 그에게 유대교와 유대인에 관한 문제는 피할 수 없는 계속적인 관심사였다. 루터는 40세가 되던 1523년 모세 율법의 타당성에 관한 토론이 제기되었을 때 유대인들에 관한 첫 번째 글인 『예수 그리스도는 유대인으로 태어났다는 것에 대해』(*Dass Jesus Christus ein geborener Jude sei*)라는 제목의 소논문을 썼다. 이 소논문의 내용과 목적은 루터가 60세가 되던 1543년에 썼던 소논문의 것과는 정반대였다. 40세 때에 썼던 글의 내용을 보면 루

159) *LW* 46:155-206(*On War Against the Turks*, 1529).

터는 예수를 유대인으로 태어난 것으로 생각했다. 유대인들에게 구원의 약속은 주어졌고 오직 그들을 통해서 그 약속은 세상의 모든 다른 사람들에게 주어진다. 유대인들은 하나님께서 아브라함, 이삭, 야곱에게 약속하시고 계시하셨던 것을 받은 하나님께서 고용한 백성들이고 첫 소생들이다. 우리는 그들과 대조해서 보면 이방인들이고 그들을 통해서만 단지 구원의 약속에 참여한다. 오직 신앙으로 우리는 그들이 이미 가지고 있는 것을 소유할 수 있게 된다. 그들은 예수 그리스도를 믿는 우리의 신앙을 뒤따라서 가져야 할 필요가 없다. 이것은 단지 우리 모두는 예수 그리스도에 대한 신앙을 보다 충실하게 확고히 고수해서 믿음의 역사를 보여 줌으로써 유대인들도 지금까지 그들이 예수에 관해서 잘못을 했다는 것을 깨닫도록 해야 한다는 것을 의미한다.[160] 루터는 이 글을 통해서 일부 유대인들을 그리스도교 신앙으로 인도할 수 있기를 희망하였다. "그러므로 나는 우리들이 그들을(유대인들—저자 주) 친절하게 대하며 그들에게 성서를 가르치도록 권면하고 요청하고 싶습니다. 그래서 그들 중 일부가 우리와 함께 신앙생활하기를 기대합니다."[161] 루터는 유대인들을 '교황 법' (가톨릭 교회 법)으로가 아닌 '그리스도의 사랑의 법' 으로 도울 것을 주장하였다.

그러나 루터는 1530년대 중반쯤부터 유대인들에 대해 비판적인 태도를 보이기 시작하였다. 여기에는 다양한 이유들이 복합적으로 얽혀 있었지만 가장 큰 이유는 그들의 비성서적인 상업윤리와 무엇보다도 랍비 전통에서 성서를 해석하는 그들의 입장 때문이었다. 이때부터 루터는 반유대적인(anti-semitism) 글들을 발표하기 시작하였는데 루터의 글들에서 유대인들에 대한 반유대주의는 결코 편견에 사로잡힌 인종 차별적인 민족주의에 기인한 것은 아니며 오히려 대부분 그의 헌

160) *WA* 11:316-325; *LW* 45:195-230.
161) *WA* 11:337.

신적인 목회적 차원에 바탕을 두고 있다. 루터의 반유대주의는 당시 널리 퍼져 있던 시대정신을 반영하는 단지 하나의 특별한 경우를 보여 주는 것에 불과하며 그것의 뿌리들은 중세 모든 역사에 스며 있다. 로마 제국에 의한 그리스도교 박해가 끝나자 그리스도교는 무시 못할 세력으로 성장하였고 이로 인해 로마 제국 내에서의 다양한 종교들의 상호 공존은 사실상 끝나고 말았다. 교회는 지금 초대교회 때 겪었던 수많은 박해들을 외면하면서 제국 내에서 획득한 힘을 점차 다른 종교들에 대항하여 행사하였다. 그리스도교의 세력확장과 더불어 로마 제국 전역에 흩어져 살아왔던 유대인들의 위치는 근본적으로 변화를 겪을 수밖에 없었다. 로마 제국에서 유대인들은 많은 종교 그룹들 중의 하나였다. 그러나 지금 그들은 존경의 대상이 되지 못하였다. 왜냐하면 그들은 세상의 구주를 십자가 처형했기 때문이다. 제국 내에서 모든 영예로운 직업들은 유대인들에게 금지되었다. 따라서 그들은 당시 불명예스러운 직업으로 여겨진 잡동사니 직업들, 즉 이발사, 배우, 고리대금업 등과 같은 일에 종사하게 되었다. 유대인들은 그리스도인들과는 격리된 따로 정해진 지역(ghetto)에서 거주해야 했다. 유대인들과 그리스도인들 간의 결혼은 엄격히 금지되었고 따라서 그들은 유럽 여러 나라에서 종교나 문화적으로 그리고 인종적으로 소수일 수밖에 없었다. 봉건사회에서 소수 민족에게는 법적인 보호 장치가 결핍되어 있었기 때문에 그들은 비참한 상태에서 살아갈 수밖에 없었다.

유대인들의 장래 운명을 결정짓는 데 특별히 중요했던 것은 고리대금업을 금지하는 교회 법이 그들에게는 적용되지 않았다는 것이었다. 그리스도인들에게 공식적으로 금지된 이러한 경제 활동들이 유대인들에게는 허용되었던 것이다. 따라서 유대인들은 이러한 사회 환경으로 인해 이자놀이를 하는 데 몰두하게 되었다. 상품 화폐 경제가 발전함에 따라 유대인들의 사회적인 비중은 높아지기 시작하였다. 자본주의의 요소들이 봉건 사회 전역에 퍼져나가면 나갈수록 사회적인 긴장들과 분쟁은 높아졌고 이와 함께 유대인들에 대한 혐오감도 이전보다 한층 증가하게 되었다. 루터도 이러한 흐름으로부터 예외는 아니었다. 1543년, 60세에 접어들자 루터는 자신의 생애가 얼마 남지 않았음을 감지하면서 선교적인 열정을 가지고 유대인들을 그리스도교로 개종시키기 위한 예전 같은 노력은 더 이상 하지 않았다. 유대 학자들이 루터의 구약성서 해석들에 관해 토론을 하자고 초청했을 때도 그는 그와 같은 대화에 끼여들고 싶지 않았다.[162] 루터는 지금 유대인들을 맹렬히 공격하고 나섰다. 그는 그들의 사상과 주장들이 그리스도교 신앙에 절대적으로 해를 끼치고 있다고 판단하고서 그들은 사탄의 영역에 속해 있다고 비판하였다. 유대인들에 대한 루터의 첫 번째 주요 공격은 1538년에 모라비아 지방에 살고 있는 볼프강 슈리크(Wolfgang Schlick) 백작에게 보낸 "사바타리안들에 대항하여" (Against the Sabbatarians)라는 한 공개편지에서였다.[163] 슈리크 백작은 루터에게 현재 모라비아에 살고 있는 유대인들은 일부 그리스도인들에게 할례를 받아야 한다면서 메시아는 아직 오지 않았고 유대 율법은 영원히 타당하며 헬라인들도 율법을 준수해야 한다고 주장하고 있다는 사실을 말했다. 루터는 이에 관한 충분한 답변을 준비할 때까지 시간이 필요하다고 하면서 이 공개편지에서 유대인들의 이와 같은 주장들이 얼마나 성서에 위배되는지를 설명하였다. 1543년에 루터는 유대인들과 유대교 성서 주석에 대항하는 세 편의 소논문들을 발표하였다. 『유대인들과 그들의 거짓말에 관해서』(*On the Jews and Their Lies*), 『거룩한 이름과 그리스도의 가계에 관해서』(*On the Ineffable Name and on Christ' s Lineage*), 『다윗의 마지막 말에 관해서』(*On the Last Words of David*). 첫 번째 논문은 모라

162) *WA Tr.* 3:3512; *WA* 53:461.
163) *WA* 50:312-337; *LW* 47:57-98(*Against the Sabbatarians: Letter to a Good Friend*, 1538).

비아의 슈리크 백작에게서 받은 편지에 대한 응답으로 쓰여진 논문인데,[164] 1542년 슈리크 백작은 루터에게 한 유대인이 어떤 그리스도인과의 대화에서 예수와 동정녀 마리아, 그리고 구약성서에 대한 그리스도교적인 해석을 공격하였던 한 논문을 보내면서 루터에게 이 유대인의 논문을 반박해 줄 것을 요청하였다. 두 번째와 세 번째 논문들은 첫 번째 논문의 부록에 가까운 것들이다. 이 논문들에서 루터는 그리스도에 대한 유대인들의 거부 문제, 할례 받지 않는 사람들이 하나님 백성에 속하는지 그렇지 않는지에 관한 문제, 그들의 율법은 영원하며 유대인들 외에 다른 나라 사람들도 모세의 율법을 계속해서 지켜야 하는지에 관한 문제 등에 관해 조목조목 반박하고 있다. 루터는 이 논문들에서 반유대적인 태도를 보이고 있지만 이 논문들은 단순히 유대인들을 비방하는 글들은 아니다. 유대인들에 대한 루터의 태도는 그의 신학의 전제들로부터 이해되어야 한다.[165] 이 논문들은 구약성서의 그리스도교적 이해와 관련한 신학적인 토론과 관련되어 있다. 루터의 논문들은 유대교 학자들의 성서주석들을 논박하면서 구약성서의 그리스도론적인 의미를 신학적으로나 주석학적으로 변증하는 데 있었다. 이와 관련해서 볼 때 유대인들을 논박하는 그의 입장은 그의 구약성서 연구와도 밀접하게 연결되어 있었다. 루터는 말년에 들어서면서 구약성서 연구에 몰두하였는데 특별히 1535년에 창세기 연구를 시작하면서 창세기에서 구속

164) 이 유대인 논문은 분실되고 없다. *WA* 53:417.

165) 이러한 입장의 대표자는 빌헬름 마우러(Wilhelm Maurer)이다. 유대인들과 관련한 마우러의 대표적인 논문들은 다음에 실려 있다. Wilhelm Maurer, *Kirche und Synagoge. Motive und Formen der Auseinandersetzung der Kirche mit dem Judentum im Laufe der Geschichte. Franz Belitzsch-Volesungen* 1951(Stuttgart, 1953); "Die Zeit der Reformation," in *Kirche und Synagoge*, ed. Karl-Heinrich Regenstorf and Siegfried von Kortzfleisch(Stuttgart, 1968), 1:363-452.

자를 분명히 발견할 수 있다고 주장하였다.[166] 창세기 강해를 하면서 루터는 끊임없이 자신의 해석과 랍비들의 해석을 대조하면서 그들의 율법주의는 성령과 일치하지 않으며 따라서 비판받아야 한다고 주장하였다.[167] 루터는 창조 이야기에서 창조 말씀을 하신 분은 삼위일체 하나님 외에 다른 분이 아니라고 하면서 이러한 입장에 상응하지 않은 유대교 해석을 거부하였다. 그리스도가 없다면 유대인들이나 스콜라주의자들은 복음과 율법, 죄와 은총 그리고 의로움이 무엇인지를 이해할 수 없다.[168] 루터는 예수의 신성과 삼위일체에 대한 유대인들의 교활한 거부를 공격하면서 이성을 초월한 이러한 신앙 조항은 오직 성령의 도움으로 믿어질 수 있다고 고백하였다.[169] 이러한 입장에서 루터는 구약성서의 그리스도론적인 해석을 주장했을 뿐만 아니라 구약성서는 삼위일체 하나님과 성육신 사건을 분명히 증거하고 있다고 주장하였다.[170]

유대인들을 반박하면서 루터는 복음에 대한 확신을 더욱 확고하게 주장하였고 이제 루터란 교회는 제국에서 그의 감독을 받지 않고서도 성장해 갈 수 있는 토대가 마련되었다. 이렇게 된 이유는 루터의 많은 동료 개혁자들이 각 지역에서 활발하게 개혁 운동을 펼친 결과이기도 하였지만 무엇보다도 그의 종교개혁 운동이 가져온 엄청난 정치-사회적인 변동의 결과였기 때문이다. 루터의 종교개혁이 지닌 정치, 사회, 문화적인 영향들은 실로 엄청난 것이어서 루터를 빼놓고는 서구 근대 문명의 본질을 규명하기는 어려울 것이다. 루터의 종교개혁은 독일

166) 미국판 루터 전집 제1권에서 제8권까지는 루터의 창세기 강해를 싣고 있다. *LW*, vol. 1- vol. 8.

167) *WA* 59:705.

168) *LW* 1:12; 3:200-235; 4:83-84, 227-228; *LW* 3:219, 237.

169) *LW* 34:209.

170) 슈말칼덴 신앙고백서에서 루터는 유대인 주석가들과 계속해서 이 문제와 관련해서 논쟁을 벌였다.

내에서뿐만 아니라 유럽 전역에 커다란 영향을 미쳤다.[171] 루터의 독일어 성서 번역은 셰익스피어와 견줄 만한 풍부한 어휘와 세련된 스타일로 번역되어 있어서, 독일 사람들은 어려서부터 루터의 독일어 성서 번역 교육을 받지 않은 사람은 거의 없을 정도이다. 아마 독일 국민성 형성에 루터만큼 기여한 사람도 드물 것이다. 교회의 영역에서 루터의 영향은 지대했다. 루터의 가르침은 독일 국민들뿐만 아니라 다른 나라 국민들에게도 엄청난 영향을 주었고 스칸디나비아 반도 국가들은 루터란주의를 국가 종교로 받아들였다. 무엇보다도 루터의 개혁 운동은 1500년 동안이나 절대시되어 오던 가톨릭 교회의 가르침들과 교회 제도들을 속속들이 의심하였고 기존 가톨릭 교회도 가톨릭 개혁 운동(counter-Reformation)을 내부적으로 펼치지 않을 수 없었다. 따라서 가톨릭 교회는 루터의 종교개혁 운동에 맞서 트렌트 공의회(1545)를 개최하였고 여러 개혁조치들을 단행하였다. 내부적으로는 예수회파(Jesuits)라는 개혁 그룹도 생겨났다. 그러나 가톨릭 교회는 여전히 루터

171) 빌헬름 딜타이(Wilhelm Dilthey, 1883-1911)는 종교개혁은 '근대적' (modern)이었다는 점을 논증하기 위해 루터의 종교개혁 책자들(tracts) 중에서 『독일 국민의 그리스도인 귀족에게』(*Address to the Christian Nobility of the German Nation*)와 『그리스도인의 자유』(*Freedom of the Christian*)를 분석하면서 다음 세 가지를 '근대성' 의 전거로 제시한다. 첫째로 그는 종교개혁의 칭의론(Justification)의 교리가 근대 개인의 자유 개념의 선 개념(anticipation)이었던, '신자의 자율' (autocracy of the believing person)에 대한 변호였던 것으로 본다. 둘째로 그는 루터가 독특하게 종교의 외형적이고 제도적인 형식들을 타파하고 그것의 내면적이고 개인적인 측면을 강화시켰다고 믿었다. 셋째로 그는 루터가 수도원주의를 결정적으로 극복한 것과 속세(the secular world)를 축복한 것을 칭송했다. 딜타이는 종교개혁은 그리스도교의 가치들을 독일의 사회와 정치에 처음으로 관통하게 하였고, 그렇게 해서 독일의 문화를 변화시키는 것을 가능하게 만들었다고 보았다. 루터의 종교개혁과 서구 근대 문화와의 관계성 문제에 관한 자세한 토론은 필자의 다음 논문을 참고하라. 김주한, "루터 종교개혁의 문화적인 의미: Ernst Troeltsch의 관점에서", 「종교와 문화」 8호 (서울: 서울대학교 종교문제 연구소, 2002), 163-182.

는 중세 후기의 무력한 교회 신앙을 공격하면서 그리스도교 세계를 양분시켰다고 격렬하게 비판하였다. 그때마다 루터는 교황권에 맞서서 "굴복하지 말라. 한 발자국도 물러서지 말라."고 단호하게 외쳤다. 우리가 루터로부터 받은 가장 큰 유산은 무엇인가? 그것은 아마 무엇보다도 복음을 새롭게 깨닫게 해준 것이 아니겠는가? 모두가 어두운 굴 속에 살면서 빛의 세계가 무엇인지를 알지 못하고 있을 때에 그 빛으로 우리를 인도한 사람은 바로 루터였던 것이다. 그 빛의 복음은 다름 아닌 '온통 소름끼치는 분을 온통 자비로우신 분으로' 알도록 하는 것이었다.

이 희망의 복음을 우리에게 알도록 해준 위대한 선구자는 이제 그의 운동을 후세에 넘겨줄 날을 맞이하고 있었다. 루터는 62세라는 비교적 이른 나이에 죽었다. 루터의 죽음에 관해서는 비교적 상세하게 알려져 있다.[172] 그의 동료들은 후세를 위해서 정확한 기록의 중요성을 깨달았던 것 같다. 루터는 일생 동안 각종 병들로 고생했다. 많은 병으로 고생했기에 루터는 한때 그의 개혁 운동이 과연 성공할 수 있을 것인가 의심하면서 심각하게 비관에 빠지기도 하였다. 얼마나 힘들었던지 루터는 하나님께서 자신을 하늘 나라의 안식처로 부르셨으면 좋겠다는 말을 자주 하곤 했다.[173] 그는 일생 동안 하나님께서 자신을 이 세상에서 도구로 사용하고 계신다는 확신과 하나님을 신뢰하는 믿음을 결코 저버리지는 않았지만 세상일에 대한 피곤함을 편지나 대화에서 자주 언급하곤 하였다. 루터의 일생을 보면 수도사로 20년 동안 수많은 금식, 철야, 기도, 고행, 육체적인 고된 훈련을 하였고 또 교수, 설교가, 저술가로서 몸을 돌보지 않고 끊임없는 노동을 강행했던 일로 점철되어

172) Johann Georg Walch, tr. and ed., *D. Martin Luthers Saemtliche Schriften*(Halle, 1740-.), vol. 21, 279ff.; Christof Schubart, *Die Berichte über Luthers und Begräbnis: Texte und Untersuchungen*(Weimar: hofbuchdruckerei, 1917); cf. *WA* 54:478-496.

173) *WA Tr.* 4: 416.

있다. 그는 개혁 운동 과정에서 쉴새 없이 터져 나온 논쟁들을 해야 했기에 밤낮을 가리지 않고 논문준비를 할 때가 많았고 42세 때에는 영양실조가 걸려 쓰러지기도 하였다. 그의 죽음을 불러온 마지막 행보도 개혁 과정에서 그의 역할이 얼마나 절실하게 필요했는지를 보여 준다.

1545년 말에 만스펠드에서는 백작들(Counts)과 광산업자들간에 과도한 세금부과 문제로 격렬한 내부 논쟁이 벌어졌다. 만스펠드는 루터의 형제들과 친척들이 살고 있던 고향이었다. 전에도 루터는 만스펠드 백작 알브레히트(Albrecht)가 돈의 욕망에 사로잡혀 주민들에게 지나치게 세금을 거둬 들이는 것에 대해 비판했던 적이 있었다.[174] 이처럼 루터는 자기 고향 문제에 대해서 늘 관심을 가지고 있었던 것이다. 이번에 벌어진 문제도 해결의 기미가 보이지 않자 루터의 친척들은 마침내 루터에게 이 논쟁을 조정해 주도록 요청했다. 처음에 루터는 망설였다. 왜냐하면 그는 더 이상 이러한 논쟁에 힘을 소비하고 싶지 않았고 무엇보다도 나이가 들어 기운도 없었을 뿐만 아니라 몸이 아파서 한겨울에 비텐베르크로부터 130여 km나 떨어진 아이스레벤으로 여행한다는 것은 무리라고 판단하였다. 그러나 다른 문제도 아니고 그의 고향의 복지 문제에 대해 마냥 모른 체하고만 있을 수 없었다. 노년에 병이 들어 지칠 대로 지쳐 있는 루터에게 또다시 강한 의무감이 발동하였다. 마침내 루터는 그의 아들인 마르틴(Martin)과 폴(Paul)을 대동하고 1546년 1월 23일에 만스펠드를 향해 떠났다. 루터 일행은 여행 도중에 홍수로 인해 지체되기도 하고 어떤 곳에서는 보트를 타야 할 때도 있었다. 추운 겨울에 도로 사정이 극도로 나쁜 상황에도 불구하고 그들은 1월 28일 저녁, 마침내 아이스레벤에 도착했다. 도착했을 때에 루터는 극도로 피곤해 있었다. 도착하자마자 루터는 뜨거운 물로 목욕을 하고 마사지를 받고 난 후에 겨우 몸 상태를 어느 정도 회복하였다. 이어 3주 동

174) *LW* 50:128; *LW* 54:272; *LW* 54:297.

안은 아주 피곤한 일들이 벌어졌다. 이 지역 영주들간에 복잡하게 얽힌 문제들과 그들이 고용한 변호사들간의 계속된 논쟁은 루터를 극도로 피곤하게 했다. 이런 와중에도 루터는 네 차례 설교와 두 명의 성직자들을 안수하고 성찬식을 집례해 줄 것을 요청받았다.[175] 마침내 2월 17일에 이 논쟁은 해결되었다. 그날 루터의 아들들과 가까운 친구들은 그가 극도로 지쳐 있는 것을 보고는 쉬도록 하였다. 저녁 식사를 하고 난 후에 그의 아들들은 아버지를 침대로 모셔갔고 그 옆에서 간호하였다. 이때 루터는 심장 부근의 가슴 통증을 호소하였다. 혈액순환을 돕기 위해 뜨거운 물로 마사지가 계속되었고 그 곳 영주는 자신이 가지고 있는 약을 주었다. 9시쯤에 루터는 잠이 들어 거의 한 시간 동안 깊은 잠을 잤다. 그가 깨어났을 때 주변에 많은 사람들이 빙 둘러 있는 것을 보았다. 새벽 2시쯤에 루터는 또다시 심장 부근의 고통을 호소하였다. 고통이 계속되자 급히 의사가 달려왔지만 그 의사는 루터가 죽음이 임박했다고 주변사람들에게 알렸다. 루터는 정신이 극도로 혼미한 상태에서도 성서 구절들을 암송하면서 반복해서 자신의 영혼을 하나님께 의탁하였다. 그는 죽음이 결코 하나님의 손으로부터 자신을 빼앗아 갈 수 없을 것이라고 확신하였다. 그는 죽어 가는 순간에도 시편 68:20 말씀을 확고하게 붙들고 있었다: "우리의 하나님은 우리를 구원하시는 하나님이십니다. … 우리를 죽음에서 구원하여 내시는 주님이십니다." 그는 마지막으로 시편 31:5를 암기하였다: "주의 손에 나의 영을 맡깁니다. 진리의 하나님이신 주님, 나를 속량하여 주실 줄 믿습니다." 의사들은 혈관에 자극제를 주사하였지만 그는 서서히 숨을 거두었다. 마침내 그의 동료 교수인 요나스(Jonas)가 절규하는 듯한 목소리로 물었다. "존경하는 목사님, 당신은 당신이 설교했던 교리와 그리스도의 이름으로 기꺼이 죽음을 받아들이겠습니까?" 루터는 마지막 남은 힘을 다 모두어 주

175) *LW* 51:381-392.

변에 있는 모든 사람들이 분명하게 알아들을 수 있을 정도로 "예"라고 대답했다. 루터는 자신의 작은 영혼을 주께 부탁했다. 그리고 그는 아무 말이 없었다. 잠시 후에 근심에 차서 안타깝게 그를 간호하고 있던 사람들은 그가 다시 잠들었다고 생각했지만 의사들은 그가 죽었다고 공식적으로 말해 주었다. 루터는 자신이 태어났던 곳으로부터 불과 200m도 안 되는 곳에서 이렇게 하나님의 부름을 받았던 것이다. 그때는 1546년 2월 18일 새벽 2시가 넘는 시각이었다. 루터가 임종할 때 증인들은 열네 명이었다. 해가 뜨자마자 수많은 시민들과 이웃 영주들은 루터가 죽었다는 소식을 접했다.

그날 오후 그의 시신은 장례 미사를 기다리고 있는 트라흐스테트(Trachstet) 박사 집으로 운구되었고 장례 미사는 2월 19일 2시에 루터가 죽었던 집 건너편에 있던 성 앤드루(St. Andrew) 교회에서 열렸다. 이 교회는 루터가 마지막으로 설교했던 교회였고 그가 태어났던 곳으로부터 불과 몇 블록도 채 안 되는 곳에 위치해 있었다. 그의 친구 요나스 교수가 감동적인 장례 설교를 했다. 루터의 시신 매장에 관한 공식적인 지침을 기다리는 동안 수많은 시민들은 성 앤드루 교회에서 그의 시신을 보호하고 있었다. 요나스 교수는 루터가 죽은 직후 삭소니 주 제후와 비텐베르크 대학 교수들에게 이 소식을 알렸다. 삭소니 주 제후 존 프레드릭과 동료들은 루터 죽음의 소식을 접하자마자 그와 같은 위대한 하나님의 사람을 잃었다는 것에 커다란 충격과 슬픔을 감추지 못했다. 프레드릭은 루터의 시신을 비텐베르크로 이송해 줄 것을 요청하였고, 2월 20일 정오쯤에 영주 관리들의 호위 아래 장례행렬은 아이스레벤을 출발하여 비텐베르크로 향하였다. 장례 행렬이 지나는 곳마다 연도에 수많은 사람들이 슬픔을 표시하면서 애도의 행렬을 이루었다. 마을을 통과할 때는 각 교회당에서는 조종이 울려 퍼졌다. 2월 22일 월요일에 루터의 시신은 마침내 비텐베르크로 돌아왔다. 수많은 동료 교수들, 시 지도자들, 시민들, 학생들이 조문하였다. 장례 행렬은 두 명의 기사들을 필두로 60명의 기마병들이 운구 행렬을 이루었고 운구 바로 뒤에는 그의 부인 카타리나와 수많은 고관 부인들, 그리고 그의 세 아들, 요하네스, 마르틴, 폴이 뒤따랐고 친척들과 대학 교수단, 학생들, 시의원들, 수많은 유명인사들, 그리고 수천 명의 시민들의 순으로 뒤를 이었다. 루터의 장례식이 치러질 커다란 성채 성당 교회(Castle Church)는 입추의 여지가 없었다. 루터의 관은 교회당 북쪽 문을 통해 교회 안으로 들어왔다. 그 문은 일찍이 루터가 95개조 테제를 게재했던 문이었다. 그의 운구는 교회당 남쪽 설교단 근처에 놓였다. 장례식 설교는 데살로니가전서 4:13-14를 본문으로 부겐하겐이 했다.[176] 그는 깊은 슬픔 때문에 설교하면서 말을 잊지 못하였다. 부겐하겐은 하나님께서는 루터를 통해 이루 말할 수 없는 선물과 은총을 독일에 있는 그리스도 교회 위에 그리고 다른 많은 민족들에게 수여하셨다고 그를 추모했다. 그는 루터를 독일 민족의 위대한 영웅이요, 독일을 이끈 지도적인 시민들 가운데 한 사람이라고 애도했다. 이어서 멜랑히톤이 조사를 했다.[177] 멜랑히톤은 교회에 대한 루터의 헌신적인 일들을 이야기하면서 루터는 족장들, 예언자들, 그리스도, 사도들 그리고 교회 교부들의 계승자에 속한다고 말했다. 멜랑히톤은 루터의 신학적인 통찰력들을 열거했다. 진실한 참회, 인간 양심에 대한 강력한 위로, 믿음으로 의롭게 된다는 바울의 가르침, 율법과 복음의 구분, 영적인 의와 정치적인 의의 구분, 하나님과 그리스도에게만 하는 진실한 기도자, 공적인 삶을 위한 새로운 신학적

176) Otto Vogt, ed., *Dr. Johannes Bugenhagens Briefwechsel* (Hildesheim: G. Olms, 1966), no. 169; Georg Geisenhof, *Bibliotheca Bugenhagiana: Bibliographie der Druckschriften des Joh. Bugenhagen* (Leipzig: M. Heinsius Nachfolger, 1908), no. 350. 부겐하겐은 루터의 절친한 친구이자 동료였다. 그는 루터를 대신해서 비텐베르크 시 교회에서 설교를 하기도 했다. 나중에 그는 함부르크에서 종교개혁 운동을 펼친 교회 개혁가로 널리 알려져 있다.

177) Bretschneider, Carolus Gottlieb, and Henricus Ernestus Bindseil, eds. *Philippi Melanchthonis Opera*, vol. 11: 726-734.

인 기초, 인간을 얽어매는 모든 굴레들을 폐지한 그의 신학의 업적들을 열거하였다. 멜랑히톤은 루터의 신학적인 업적뿐만 아니라 그의 기념비적인 성서 번역과 성서 주석 작업도 언급하였다. 하나님께서는 루터를 통해서 교회를 새롭게 세우셨다. 멜랑히톤은 루터가 수없이 직면했던 신학논쟁들은 진리를 명확히 하는 데 본질적인 것이었다면서 모든 논쟁에서 루터가 유일한 기준으로 삼았던 것은 오직 성서였다고 말하였다. 멜랑히톤은 루터를 하나님께서 그의 백성들을 광야로부터 인도하라는 명령을 수행하기 꺼려 했던 모세와 비교하였다. 멜랑히톤은 그를 복음의 진리를 위해 열정적이며 지칠 줄 모르는 의지와 대단한 용기를 지닌 사도 바울 이후에 가장 위대한 신학자 중의 한 사람이라고 추모했다. 멜랑히톤은 루터의 분노는 결코 개인적인 만족이나 이득을 위한 것이 아니었으며 오로지 복음이 방해받거나 신앙이 타락하지 않도록 하기 위한 것이었다는 사실을 환기시켰다. 마지막으로 멜랑히톤은 루터가 지닌 영(spirit)의 예리함, 국가와 동료 시민들의 복지의 필요성에 대한 그의 이해, 그리고 늘 교회와 신학 분야에 적용되곤 했던 교회 역사와 신학자들과 그들의 저술들에 대한 그의 깊은 관심 등을 언급했다. 하늘의 대학에서 루터는 지금 하나님의 본질, 그리스도의 인간적인 본성과 신의 본성의 연합, 교회에 관한 하나님의 명령들, 그가 지상에서 가르쳤던 모든 신비들을 비록 그것들이 베일을 통해서 보인다 할지라도 보고 있을 것이다. 부겐하겐의 설교와 멜랑히톤의 감동적인 조사가 있고 난 후 참석자들은 그제야 역사의 위대한 인물들 중의 한 사람이 그들과 함께 살다가 죽었다는 사실을 깊이 깨닫게 되었다. 장례 예배가 끝난 후에 그의 시신은 설교단 바로 앞 교회 바닥에 묻혔다. 지금도 비텐베르크 시 교회당에 묻혀 있는 루터의 묘비명에는 이렇게 쓰여 있다.

MARTIN LUTHER

ER STARB IM JAHRE 1546
IN SEINEM 63. LEBENSJAHR
INS 64. GEHEND.
IN DER NACHT DES 18. FEBRUAR
ZWISCHEN ZWEI UND
DREI UHR IST ER GESTORBEN
UND WURDE
AM 22. DES GLEICHEN MONATS
IM WITTENBERG
BEGRABEN.
UND MAG ER AUCH TOT
SEINER LEBT

마르틴 루터
그의 나이 63세를 넘길 무렵 1546년 세상을 떠나다.
때는 2월 18일 새벽 2－3시경
같은 달 22일에 비텐베르크에 묻히다.
그는 죽었지만 그는 살아 있다.

참고문헌

Ⅰ. 일차자료(Primary Sources)

Aquinas, Thomas. *The Summa Theologica of St. Thomas Aquinas*. Part II/ I. Part II/ II. Translated by Fathers of the English Dominican Province. Paternoster Row, London: R&T Washbourne, Ltd, 1915.

Augustine. *The City of God*. Translated by Henry Bettenson. London: Penguin Books, 1972.

________. *The Lord's Sermon on the Mount*. Translated by John J. Jepson. Westminster: The Newman Press, 1956.

Baylor, Michael G., ed. and tr. *The Radical Reformation*. New York: Cambridge University Press, 1995.

________. *Revelation and Revolution: Basic Writings of Thomas Müntzer*. London and Toronto: Associated University Presses, 1993.

Bernard of Clairvaux. *Five Books on Consideration: Advice to A Pope*. Translated by John D. Anderson and Elizabeth T. Kennan. Kalamazoo: Cistercian Publications, 1976.

Calvin, John. *Institutes of the Christian Religion*. Vol. 1. Philadelphia: Westminster Press, 1960.

Eck, John. *Enchiridion of Commonplaces: Against Luther and Other Enemies of the Church*. Translated by Ford Lewis Battles. Grand Rapid: Baker Book House, 1979.

Ehler, Sidney Z and John B. Morall., eds. *Church and State Through the Centuries: A Collection of historic documents with commentaries*.

New York: Biblo and Tannen, 1967.

Grebel, Conrad. *The Sources of Swiss Anabaptism: the Grebel Letters and Related Documents*. Edited by Leland Harder. Scottdale: Herald Press, 1985.

Kerr, Hugh Thomson. *A Compend of Luther's Theology*. Philadelphia: The Westminster Press, 1943.

Luther, Martin. *Works of Martin Luther*. Translated by C. M. Jacobs. 4 Volumes. Philadelphia: A. J. Holman Company and the Castle Press, 1931.

_______. *Luther's Works*. Edited by Jaroslav Pelikan and Helmut T. Lehmann. 55 Volumes. Saint Louis: Concordia / Philadelphia: Fortress, 1955-1986.

_______. *Martin Luther's Basic Theological Writings*. Edited by Timothy Lull. Minneapolis: Fortress Press, 1989.

_______. *Sermon of Martin Luther: The Church Postils* Vol. 1-8, Edited by John Nicholas Lenker. Translated by John Nicholas Lenker and Others (Grand Rapids, Michigan: Baker Books, 1995).

Marbeck, Pilgram. *The Writings of Pilgram Marpeck*. Translated and edited by William Klassen and Walter Klassen. Scottdale: Herald Press, 1978.

Müntzer, Thomas. *Thomas Müntzers Schriften und Briefe. Kritische Gesamtausgabe*. Edited by Günther Franz. Gütersloh: Gütersloher Verlagshaus Gerd Mohn, 1968.

Müntzer, Thomas. *The Collected Works of Thomas Müntzer*. Edited and translated by Peter Matheson. Edinburgh: T. & T. Clark, 1988.

Richardson, C. C. *Church Through the Centuries*. London: Religious Book Club, 1938.

Simons, Menno. *The Complete Writings of Menno Simons*. Translated by Leonard Verduin and edited by John Christian Wenger. Scottdale: Herald Press, 1956.

Wenger, John Christian. *The Doctrines of the Mennonites*. Scottadale: Mennonite Publishing House, 1950.

2. 이차자료(Secondary Sources)

1) 중세 후기 교회사(Late Medieval Church History)

Baldwin, John W. *The Scholastic Culture of the Middle Ages, 1000-1300*. Lexington: Heath, 1971.

Barraclough, Geoffrey. *The Medieval Papacy*. New York: Harcourt, Brace & World, 1972.

Ferguson, Wallace K. *Europe in Transition, 1300-1520*. Boston: Houghton Mifflin, 1962.

Hay, Denys. *Europe in the Fourteenth and Fifteenth Centuries*, 2nd edn. London: Longman, 1976.

Kuttner, Stephan. *Harmony From Dissonance: An Interpretation of Medieval Canon Law, Wimmer Lecture*, no.10. Latrobe, Pa., 1960.

Lawrence, C. H. *Medieval Monasticism. Forms of Religious Life in Western Europe in the Middle Ages*, 2nd edn. London: Longman, 1989.

Lewis, Ewart. *Medieval Political Ideas*. Vol. Two. London: Routledge & Kegan Paul, 1954.

Lynch, Joseph H. *The Medieval Church: A brief history*. London and New York: Longman, 1992.

Morris, Colin. *The Papal Monarchy: The Western Church from 1050 to 1250*. Oxford: Clarendon Press, 1989.

Pelikan, Jaroslav. *The Christian Tradition: A History of the Development of Doctrine*. Vol. 3: The Growth of Medieval Theology (600-1300). Chicago: University of Chicago Press, 1978.

Southern, Richard W. *Western Society and the Church in the Middle Ages*.

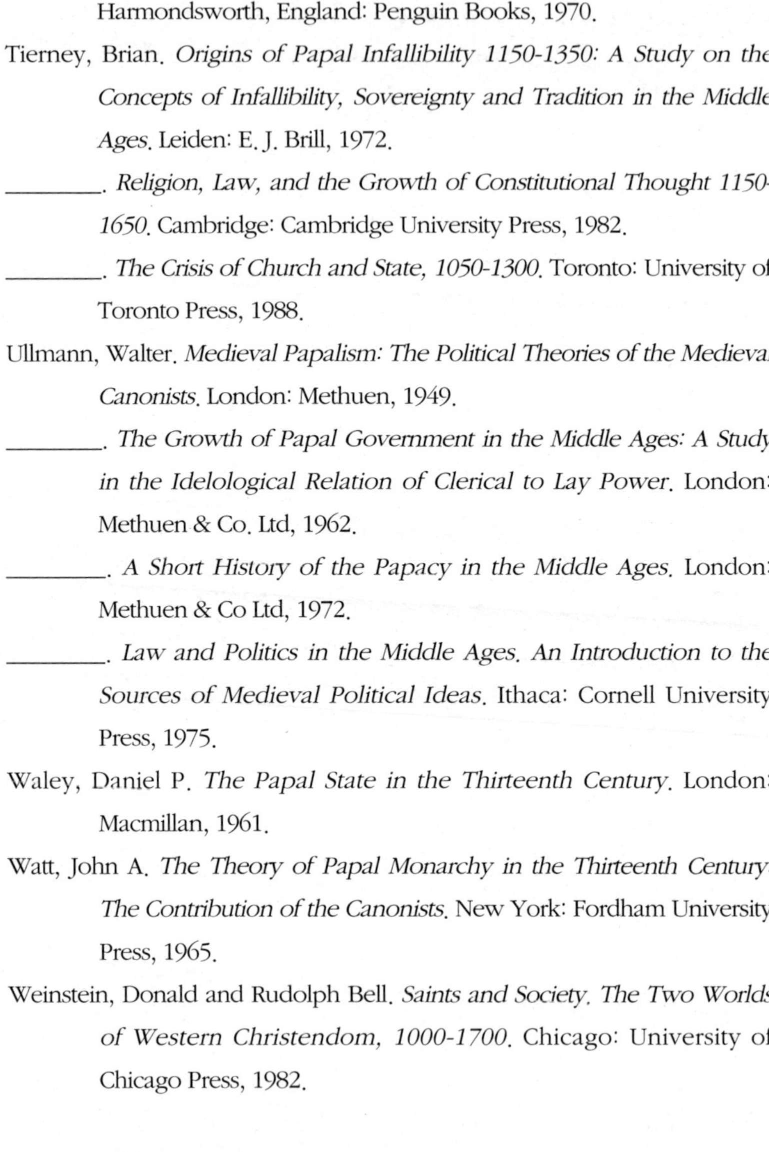

Harmondsworth, England: Penguin Books, 1970.

Tierney, Brian. *Origins of Papal Infallibility 1150-1350: A Study on the Concepts of Infallibility, Sovereignty and Tradition in the Middle Ages.* Leiden: E. J. Brill, 1972.

________. *Religion, Law, and the Growth of Constitutional Thought 1150-1650.* Cambridge: Cambridge University Press, 1982.

________. *The Crisis of Church and State, 1050-1300.* Toronto: University of Toronto Press, 1988.

Ullmann, Walter. *Medieval Papalism: The Political Theories of the Medieval Canonists.* London: Methuen, 1949.

________. *The Growth of Papal Government in the Middle Ages: A Study in the Idelological Relation of Clerical to Lay Power.* London: Methuen & Co. Ltd, 1962.

________. *A Short History of the Papacy in the Middle Ages.* London: Methuen & Co Ltd, 1972.

________. *Law and Politics in the Middle Ages. An Introduction to the Sources of Medieval Political Ideas.* Ithaca: Cornell University Press, 1975.

Waley, Daniel P. *The Papal State in the Thirteenth Century.* London: Macmillan, 1961.

Watt, John A. *The Theory of Papal Monarchy in the Thirteenth Century: The Contribution of the Canonists.* New York: Fordham University Press, 1965.

Weinstein, Donald and Rudolph Bell. *Saints and Society. The Two Worlds of Western Christendom, 1000-1700.* Chicago: University of Chicago Press, 1982.

2) 종교개혁사(Reformation Church History)

Bainton, Roland. *The Reformation of the Sixteenth Century.* The Beacon

Press: Boston, 1952.

Brady, Thomas. Heiko Oberman and James Tracy., eds. *Handbook of European History 1400-1600*, 2 Vols. Leiden: E. J. Brill, 1944.

Cameron, Euan. *The European Reformation*. Oxford: Clarendon Press, 1991

Elton, G. R., ed. *The Reformation 1520-1559*, 2nd edn (New Cambridge Modern History, II). Cambridge: Cambridge University Press, 1990.

Lau, Franz and Ernst Bizer. *A History of the Reformation in Germany to 1555*. Translated by Brian A. Hardy. London: Adam & Charles Black, 1969.

Lindberg, Carter. *The European Reformations*. Oxford: Blackwell Publishers Inc., 1996.

McGrath, Alister, *Reformation Thought: An Introduction*. 2nd edn. Oxford: Blackwell, 1993.

Ozment, Steven. *The Age of Reform 1250-1550*. New Haven: Yale University Press, 1980.

________., ed. *The Reformation in Medieval Perspective*. Chicago: Quadrangle Books, 1971.

Spitz, Lewis W. *The Protestant Reformation 1517-1559*. New York: Harper & Row, 1985.

Todd, John M. *Reformation*. New York: Doubleday & Company, Inc. 1971.

3) 그 밖의 문헌들(General Works Consulted)

Althaus, Paul. *The Theology of Martin Luther*. Philadelphia: Fortress Press, 1966.

________. *The Ethics of Martin Luther*. Philadelphia: Fortress Press, 1972.

Aulen, Gustaf. *Church, Law, and Society*. New York: Scribner' s, 1948.

Bainton, Roland, H. *Here I Stand: A Life of Martin Luther*. New York:

Abingdon & Cokesbury, 1950.

Bauman, Clarence. *Gewaltlosigkeit im Täufertum. Eine Untersuchung zur theologischen Ethik des oberdeutschen Täufertums der Reformationszeit.* Leiden: E.J. Brill, 1968.

Baur, Chrysostomus. *John Chrysostom and His Time*. Translated. M. Gonzaga. London: Sands & Co. Ltd, 1959.

Bayer, Oswald. *Aus Glauben Leben: über Rechtfertigung und Heiligung.* Stuttgart: Calwer Verlag, 1984.

Black, Christopher. *Italian Confraternities in the Sixteenth Century*. Cambridge: Cambridge University Press, 1989.

Bender, Harold S. *Menno Simons Life and Writings: A Quadricentennial Tribute 1536-1936*. Scottdale: Mennonite Publishing House, 1936.

________. *Conrad Grebel: The Founder of the Swiss Brethren Sometimes Called Anabaptists*. Goshen: The Mennonite Historical Society, 1950.

Bennett, John C., ed. *Christian Social Ethics in a Changing World: An Ecumenical Theological Inquiry*. New York: Association Press, 1966.

Boff, Leonardo. "Luther, the Reformation, and Liberation." In *Faith Born in the Struggle for Life: A Rereading of Protestant Faith in Latin America Today*, ed. Dow Kirkpatrick. Grand Rapids, Michigan: Eerdmans, 1988.

Bornkam, Heinrich. *Luther in Mid-Career, 1521-1530*. Philadelphia: Fortress Press, 1983.

________. *Luther's World of Thought*. Translated by Martin H. Bertram. Saint Louis: Concordia Publishing House, 1958.

________. *Luther's Doctrine of the Two Kingdoms in the Context of His Theology*. Translated by Karl H. Hertz. Philadelphia: Fortress Press, 1960.

Bowsky. W. H. *Studies in Medieval and Renaissance History*. Vol. 5.

Lincoln: University of Nebraska Press, 1968.

Braaten, Carl E. *Principles of Lutheran Theology*. Philadelphia: Fortress Press, 1993.

_______. & Robert Jenson., eds. *Christian Dogmatics*. Volume 2. Philadelphia: Fortress Press, 1984.

Brecht, Martin. *Martin Luther: His Road to Reformation 1483-1521*. Translated by James L. Schaaf. Minneapolis: Fortress Press, 1985.

________. *Martin Luther: Shaping and Defining the Reformation 1521-1532*. Translated by James L. Schaaf. Minneapolis: Fortress Press, 1994.

________. *Martin Luther: The Preservation of the Church 1532-1546* Translated by James L. Schaaf. Minneapolis: Fortress Press, 1999.

Briese, Russel John. *Foundations of a Lutheran Theology of Evangelism*. Frankfurt: Peter Lang, 1994.

Brown, Robert M. "Classical Protestantism." In *Patterns in America Today*, ed. F. Ernst Johnson. New York: Harper & Brothers, 1957.

Buck, Lawrence P. and Jonathan W. Zophy., eds. *The Social History of the Reformation*. Columbus: Ohio State University Press, 1972.

Carlson, Edgar M. *The Reinterpretation of Luther*. Philadelphia: The Westminster Press, 1949.

Cipolla, C. *Before the Industrial Revolution: European Society and Economy, 1000-1700*. New York: Norton, 1976.

Clasen, Claus-Peter. *Anabaptism: A Social History, 1525-1618*. Ithaca and London: Cornell University Press, 1972.

Cranz, F. Edward. *An Essay on the Development of Luthers Thought on Justice, Law, and Society*. Cambridge: Harvard University Press, 1959.

Dickens, A. G. *Reformation and Society in Sixteenth-Century Europe*. London: Harcourt, Brace & World, INC., 1966.

Diem, Herald. *Luthers Lehre von zwei Reichen. untersucht von seinem Verständnis der Bergpredigt aus Ein Beitrag zum Problem:*

"Gesetz und Evangelium". München: Chr. Kaiser Verlag, 1938.

Dillenberger, John. *Martin Luther: Selections From His Writings*. New York: Doubleday & Company, Inc., 1961.

Duchrow, Ulrich. *Christenheit und Weltverantwortung. Traditionsgeschichte und systematische Struktur der Zweireichelehre*. Stuttgart: Ernst Klett, 1970.

________., ed. *Lutheran Churches-Salt or Mirror of Society? Case Studies on the Theory and Practice of the Two Kingdoms Doctrine*. Geneva: LWF, 1977.

Dudden, Homes. *The Life and Times of St. Ambrose*. Oxford: At the Clarendon Press, 1935.

Ebeling, Gerhard. *Word and Faith*. Translated by James W. Leitch. Philadelphia: Fortress, 1963.

________. *Luther: An Introduction to his Thought*. Translated by R. A. Wilson. St. James' s place, London: Collins, 1970.

Elert, Werner. *Das Christliche Ethos. Grundlinien der lutherischen Ethik*. Hamburg: Furche-Verlag, 1961.

________. *The Structure of Lutheranism*. St. Louis: Concordia Publishing House, 1962.

________. *Law and Gospel*. Translated by Edward H. Schroeder. Philadelphia: Fortress Press, 1967.

Estep, William R. *The Anabaptist Story*. Grand Rapids: William B. Eerdmans Publishing Company, 1975.

Figgis, J. N. *Studies of Political Thought from Gerson to Grotius, 1414-1625*. Cambridge: Cambridge University Press, 1916.

Forde, Gehard. "Justification and Sanctification." In *Christian Dogmatics*, eds., Braaten and Jenson, Vol. 2, 425-444. Philadelphia: Fortress Press, 1984.

Forell, G. W. *Faith Active in Love*. New York: The American Press, 1954.

________. and James F. McCue., eds. *Confessing One Faith: A Joint*

Commentary on the Augsburg Confession by Lutheran and Catholic Theologians. Minneapolis: Augsburg Publishing House, 1982.

Friedmann, Robert. *Hutterite Studies*. Goshen: Mennonite Historical Society, 1961.

________. "The Doctrine of the Two Worlds." In *The Recovery of the Anabaptist Vision*, ed. Hershberger, 105-118. Scottdale: Herald Press, 1957.

Friesen, Abraham. *Thomas Muentzer, a Destroyer of the Godless: The Making of a Sixteenth-Century Religious Revolutionary*. Berkeley: University of California Press, 1990.

George, Timothy. *Theology of the Reformers*. Nashville: Broadman Press, 1988.

Gierke, Otto. *Political Theories of the Middle Age*. Translated by Frederic William Maitland. Cambridge: At the University Press, 1951.

Gritsch, Eric W. and Robert W. Jenson. *Lutheranism: The Theological Movement and Its Confessional Writings*. Philadelphia: Fortress Press, 1976.

Goertz, Hans-Jürgen., ed. *Profiles of Radical Reformers: Biographical Sketches from Thomas Müntzer to Paracelsus*. Scottdale: Herald Press, 1982.

________. *Innere und Äussere Ordnung in der Theologie Thomas Müntzers*. Leiden: E. J. Brill, 1967

Grisar, Hartmann, S. J. *Luther Vol II, III, IV*. London: Kegan, Trench, Trubner & Co., Ltd., 1916.

Gross, Leonard. *The Golden Years of the Hutterites: The Witness and Thought of the Communal Moravian Anabaptists During the Walpot Era, 1565-1578*. Ann Arbor: Dissertation Edition University Microfilm, 1975.

Hanawalt, Emily A and Carter Lindberg., eds. *Through the Eye of A Needle:*

Judeo-Christian Roots of Social Welfare. Kirksville: The Thomas Jefferson University Press at Northeast Missouri State University, 1994.

Heinz, Johann. *Justification and Merit: Luther vs. Catholicism*. Andrew University Press: Berrien Springs, 1981.

Hershberger, Guy F., ed. *The Recovery of the Anabaptist Vision*. Scottdale: Herald Press, 1962.

Hertz, Karl H., ed. *Two Kingdoms and One World: A Sourcebook in Christian Social Ethics*. Minneapolis: Augsburg Publishing House, 1976.

Heintze, Gerhard. *Luthers Predigt von Gesetz und Evangelium*. Munich: Kaiser, 1958.

Heckel, Johannes. *Im Irrgarten der Zwei-Reiche-Lehre: Zwei Abhandlungen zum Reichs-und Kirchenbegriff Martin Luthers*. München: Kaiser Verlag München, 1957.

________. *Lex Charitatis: Eine juristische Untersuchung über das Recht in der Theologie Martin Luthers*. Köln: Bohlau Verlag, 1973.

Heinz, Johann. *Justification and Merit: Luther VS. Catholicism*. Berrien Springs: Andrew University Press, 1981.

Hillerbrand, Hans J., ed. *Radical Tendencies in the Reformation: Divergent Perspectives*. Kirksville: Sixteenth Century Journal Publishers, 1988.

________. *The Reformation: A Narrative History Related by Contemporary Observers and Participants*. New York and Evanston: Harper & Row, Publishers, 1964.

________. *The World of the Reformation*. New York: Charles Scribner' s Sons, 1973.

________. *Christendom Divided: The Protestant Reformation*. Philadelphia: Westminster Press, 1971.

Hnik, Frank M. *The Philanthropic Motive in Christianity: An Analysis of the*

Relations Between Theology and Social Service. Oxford: Blackwell, 1938.

Holl, Adolf. *Augustins Bergpredigtexegese*. Wien: Verlag Herder, 1960.

Holl, Karl. *The Cultural Significance of the Reformation*. Translated by Karl and Barbara Hertz and John H. Lichtblau. New York: Meridian Books, Inc., 1959.

________. "Luther' s Contribution to the Progress of Western Culture." In *Reformation and Authority*, ed., Kyle C. Sessions, 77-82. Lexington: Raytheon Education Company, 1968.

Höpfl, Harro., ed. and tr. *Luther and Calvin on Secular Authority*. Cambridge University Press: Cambridge, 1991.

Huegli, Albert G. *Church and State Under God*. Saint Louis: Concordia Publishing House, 1964.

Jones, Rufus M. *Spiritual Reformers in the Sixteenth and Seventeenth Centuries*. London: Macmillan and Co., Limited, 1928.

Kazhdan, Alexander. "Byzantium and Social Welfare." In *Through the Eye of A Needle: Judeo-Christian Roots of Social Welfare*, eds., E. A. Hanawalt and Carter Lindberg, 67-83. Kirksville: The Thomas Jefferson University Press at Northeast Missouri State University, 1994.

Kee, Howard Clark., ed. *Christianity: A Social and Cultural History*. New York: Macmillan Publishing Company, 1991.

Kemp, Eric Waldram. *Canonization and Authority in the Western Church*. London: Oxford University Press, 1948.

Kersten, Lawrence K. *The Lutheran Ethic: The Impact of Religion on Laymen and Clergy*. Detroit: Wayne State University Press, 1970.

Kissinger, Warren S. *The Sermon on the Mount: A History of Interpretation and Bibliography*. Metuchen, N. J.: The Scarecrow Press, Inc., and The American Theological Library Association, 1975.

Klassen, Walter. *Anabaptism: Neither Catholic Nor Protestant*. Walterloo:

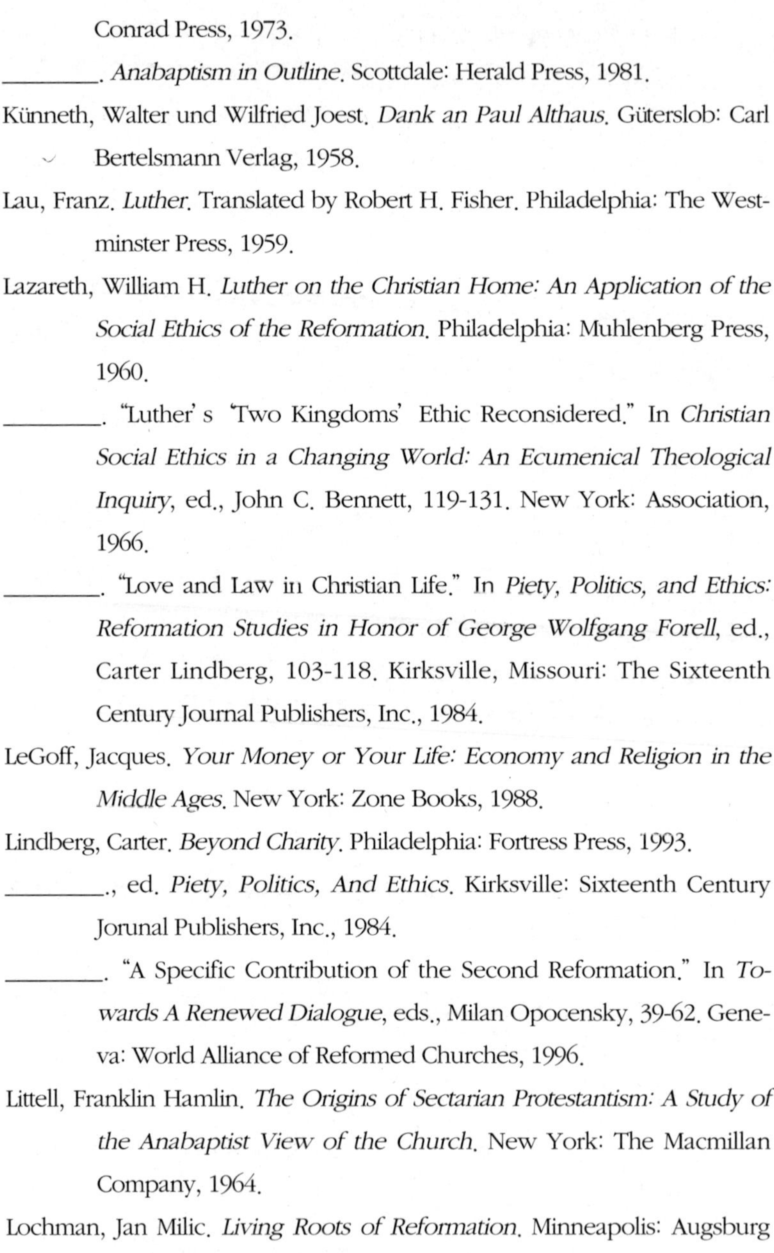

Conrad Press, 1973.

________. *Anabaptism in Outline*. Scottdale: Herald Press, 1981.

Künneth, Walter und Wilfried Joest. *Dank an Paul Althaus*. Gütersiob: Carl Bertelsmann Verlag, 1958.

Lau, Franz. *Luther*. Translated by Robert H. Fisher. Philadelphia: The Westminster Press, 1959.

Lazareth, William H. *Luther on the Christian Home: An Application of the Social Ethics of the Reformation*. Philadelphia: Muhlenberg Press, 1960.

________. "Luther' s 'Two Kingdoms' Ethic Reconsidered." In *Christian Social Ethics in a Changing World: An Ecumenical Theological Inquiry*, ed., John C. Bennett, 119-131. New York: Association, 1966.

________. "Love and Law in Christian Life." In *Piety, Politics, and Ethics: Reformation Studies in Honor of George Wolfgang Forell*, ed., Carter Lindberg, 103-118. Kirksville, Missouri: The Sixteenth Century Journal Publishers, Inc., 1984.

LeGoff, Jacques. *Your Money or Your Life: Economy and Religion in the Middle Ages*. New York: Zone Books, 1988.

Lindberg, Carter. *Beyond Charity*. Philadelphia: Fortress Press, 1993.

________., ed. *Piety, Politics, And Ethics*. Kirksville: Sixteenth Century Jorunal Publishers, Inc., 1984.

________. "A Specific Contribution of the Second Reformation." In *Towards A Renewed Dialogue*, eds., Milan Opocensky, 39-62. Geneva: World Alliance of Reformed Churches, 1996.

Littell, Franklin Hamlin. *The Origins of Sectarian Protestantism: A Study of the Anabaptist View of the Church*. New York: The Macmillan Company, 1964.

Lochman, Jan Milic. *Living Roots of Reformation*. Minneapolis: Augsburg Publishing House, 1979.

Loewen, Harry. *Luther and the Radicals: Another Look at Some Aspects of the Struggle between Luther and the Radical Reformers.* Ontario, Canada: Wilfrid Laurier University, 1974.

Loewenich, Walther von. *Luthers Theology of the Cross.* Translated by Herbert J. A. Bouman. Minneapolis: Augsburg Publishing House, 1976.

Lohse, Bernhard. *Martin Luther: An Introduction to His Life and Work.* Philadelphia: Fortress Press, 1980.

McArthur, Harvey K. *Understanding the Sermon on the Mount.* Westport, Connecticut: Greenwood Press, Publishers, 1960.

McKee, Elsie A. *Diakonia in the Classical Reformed Tradition and Today.* Grand Rapid, Michigan: William B. Eerdmans Publishing Company, 1989.

McDonough, Thomas M. *The Law and the Gospel in Luther: A Study of Martin Luther's Confessional Writings.* Oxford: Oxford University Press, 1963.

McGiffert, A. C. *Protestant Thought Before Kant.* Gloucester: Peter Smith, 1971.

McGrath, Alister E. *Reformation Thought: An Introduction.* Cambridge, USA: Blackwell Publishers Ltd., 1995.

________. *Iustitia Dei: A History of the Christian Doctrine of Justification.* Volume II. Cambridge: Cambridge University Press, 1986.

Miriam Usher Chrisman and Otto Grundler., eds. *Social Groups and Religious Ideas in the Sixteenth Century.* Kalamazoo: Medieval Institute, Western Michigan University, 1978.

Moltmann, Jürgen. *Following Jesus Christ in the World Today: Responsibility for the World and Christian Discipleship.* Elkhart: Institute of Mennonite Studies, 1983.

Morrall, John B. *Political Thought in Medieval Times.* Toronto: University of Toronto Press, 1980.

Mueller, William A. *Church and State in Luther and Calvin: A Comparative Study*. Nashville, Tennessee: Broadman Press, 1954.

Müller, Lydia. *Glaubenszeugnisse Oberdeutscher Taufgesinner*. Leipzig: M. Heinsius Nachfolger, 1938.

Niebuhr, Reinhold. *An Interpretation of Christian Ethics*. New York and London: Harper & Brothers Publishers, 1935.

________. *The Nature and Destiny of Man: A Christian Interpretation*. New York: Charles Scribner's Sons, 1949.

________. *Christian Realism and Political Problems*. New York: Charles Scribner' s, 1953.

Nygren, Anders. *Agape and Eros*. S. P. C. K: London, 1953.

Oberman, Heiko A. *The Dawn of the Reformation*. Grand Rapid, Michigan: William B. Eerdmans Publishing Company, 1992.

Olin, John C. Smart, James D. and Robert E. McNally., eds. *Luther, Erasmus and the Reformation: A Catholic-Protestant Reappraisal*. New York: Fordham University Press, 1969.

Olson, Jeannine E. *One Ministry Many Roles: Deacons and Deaconesses Through the Centuries*. Saint Louise: Concordia Publishing House, 1992.

Ozment, Steven E., ed. *The Reformation in Medieval Perspective*. Chicago: Quadrangle Books, 1971.

________., ed. *Reformation Europe: A Guide to Research*. St. Louis: Center for Reformation Research, 1982.

Pelikan, Jaroslav. *Luther's Works*. Companion Volume: *Luther The Expositor*. Saint Louis: Concordia Publishing House, 1959.

________., ed. *Interpreters of Luther: Essay in honor of Wilhelm Pauck*. Philadelphia: Fortress Press, 1968.

Pinomaa, Lennart. *Faith Victorious: An Introduction to Luther's Theology*. Translated. Walter J. Kukkonen. Philadelphia: Fortress, 1963.

Pfnür, Vinzenz. *Einig in Der Rechtfertigungslehre?* Wiesbaden: Franz Steiner

Verlag Gmbh, 1970.

Porter, J. M., ed. *Luther: Selected Political Writings*. Philadelphia: Fortress Press, 1971.

Riedman, Peter. *Account of Our Religion, Doctrine and Faith*. London: Hodder and Stoughton in conjunction with the Plough Publishing House, 1950.

Rieth, Ricardo. *Habsucht bei Martin Luther: Okonomisches und theologisches Denken, Tradition und soziale Wirklichkeit im Zeitalter der Reformation*. Weimar: Verlag Hermann Bohlaus Nachfolger, 1996.

Rupp, E. Gordon. *The Righteousness of God: Luther Studies*. London: Hoder and Stoughton, and Naperville: Allenson, 1953.

________. *Patterns of Reformation*. Fortress Press: Philadelphia, 1969.

Schanz, Paul. *Apologie des Christentums*. 3rd ed. 3 vols. Freiburg I. Br.: Herder, 1906.

Scharffenorth, Gerta. *Den Glauben ins Lebens ziehen. . . Studien zu Luthers Theologie*. München: Chr. Kaiser, 1982.

Scheler, Max. *Vom Ewigen im Menschen*. Vol. 1. Leipzig: Reinhold, 1921.

Schrey, Heinz-Horst. *Reich Gottes und Welt: Die Lehre Luthers von den Zwei Reichen*. Darmstadt: Wissenschaftliche Buchgesellschaft, 1969.

Schwarz, Reinhard. *Die Apokalyptische Theologie Thomas Müntzers und der Taboriten*. Tübingen: Mohr, 1977.

Scott, Tom. *Thomas Müntzer: Theology and Revolution in the German Reformation*. New York: St. Martin' s Press, 1989.

________ and Bob Scribner., ed. and tr. The *German Peasants' War: A History in Documents*. New Jersey: Humnities Press, 1991.

Stayer, James M. *Anabaptists and the Sword*. Lawrence: Coronado Press, 1972.

________ and Werner O. Packull., tr. and ed. *The Anabaptists and Thomas Müntzer*. Dubuque: Kendall/Hunt Publishing Company, 1963.

Steinmetz, David C. *Luther in Context*. Bloomington: Indiana University Press, 1986.

Stroup, Herbert. *Church and State in Confrontation*. New York: The Seabury Press, 1967.

Sweeney, James Ross and Stanley Chodorow., eds. *Popes, Teachers, and Canon Law in the Middle Ages*. Ithaca: Cornell University Press, 1989.

Tappert, Theodore G., tr. and ed. *The Book of Concord: The Confessions of the Evangelical Lutheran Church*. Philadelphia: Fortress Press, 1959.

Thompson, Ernest Trice. *The Sermon on the Mount and Its Meaning For Today*. Richmond: John Knox Press, 1946.

Tillich, Paul. *A History of Christian Thought*. Edited by Carl E. Braaten. New York and Evanston: Harper & Row, Publishers, 1968.

Todd, John M. *Martin Luther: A Biographical Study*. London: Burns & Oates, 1964.

Tonkin, John. *The Church and the Secular Order in Reformation Thought*. New York and London: Columbia University Press, 1971.

Torrance, T. F. *Kingdom and Church: A Study in the Theology of the Reformation*. Edinburgh: Oliver and Boyd, 1956.

Törnvall, Gustav. *Geistliches und Weltliches Regiment Gottes bei Luther. Studien zu Luthers Weltbild und Gesellschaftsverständnis*. Munich: Chr. Kaiser, 1947.

Townsend, Henry. *The Claims of the Free Churches*. London: Hodder & Stoughton, 1949.

Troeltsch, Ernst. *The Social Teaching of the Christian Churches*. Translated by Olive Wyon. 2 vols. New York: Macmillan, 1931.

Vedder, Henry C. *Balthasar Hubmaier: The Leader of the Anabaptists*. New York: The Knickerbocker Press, 1905.

Waley, Daniel. *The Papal State in the Thirteenth Century*. London: Macmillan & Co LTD, 1961.

Watson, Philip S. *Let God Be God! : An Interpretation of the Theology of Martin Luther.* Philadelphia: Muhlenberg Press, 1948.

Watt, John A. *The Theory of Papal Monarchy in the Thirteenth Century: The Contribution of the Canonists.* New York: Fordham University Press, 1965.

Williams, George Huntston. *The Radical Reformation.* Philadelphia: The Westminster Press, 1970.

________ and Angel M. Mergal., eds, *Spiritual and Anabaptist Writers: Documents Illustrative of the Radical Reformation.* Philadelphia: The Westminster Press, 1980.

Wingren, Gustaf. *Luther on Vocation.* Translated by Carl Rasmussen. Philadelphia: Muhlenberg Press, 1959.

Wünsch, Georg. *Die Bergpredigt bei Luther: Eine Studie zum Verhältnis von Christentum und Welt.* Tübingen: Verlag von J. C. B. Mohr, 1920.

4) 논문들(Journal Articles)

Althaus, Paul. "Luthers Lehre von den Beiden Reichen im Feuer Kritik." *Luther-Jahrbuch* Jahrgang 24 (1957): 40-68.

________. "Die Bergpredigt bei Luther." *Theologisches Literaturblatt*, XLIII, nr.6 (1922): 81-90.

________. "Die beiden Regimente bei Luther. Bemerkungen zu Johannes Heckels 'Lex charitatis.'" *Theologische Literaturzeitung* 81. No. 3 (1956): 129-136.

Bayer, Oswald. "Luther' s Ethics as Pastoral Care." *Lutheran Quarterly* Vol. IV. No. 2. (1990): 125-142.

Brent W. Sockness. "Luther' s Two Kingdoms Revisited: A Response to Reinhold Niebuhr' s Criticism of Luther." *The Journal of Religious*

Ethics 20:7 (Spring, 1992): 93-110.

Forde, Gerhard O. "Justification by Faith Alone: The Article by which the Church stands or falls?" *Dialog* 27 (Fall, 1988): 260-267.

Foster, K. "A Note on St. Thomas' Teaching on Charity." *Downside Review* 77: 249 (1958-1959).

Friedmann, Robert. "Thomas Muentzers Relation to Anabaptism." *Mennonite Quarterly Review* Vol. 31. No. 2 (April, 1957): 75-87.

Heinecken, Martin J. "Luther and the 'Orders of Creation' in Relation to a Doctrine of Work and Vocation." *Lutheran Quarterly* Vol. 4. No. 4 (1952): 393-414.

Hillerbrand, Hans J. "An Early Anabaptist Treatise on the Christian and the State." *Mennonite Quarterly Review* XXXII (January, 1958).

Hütter, Reinhard. "Martin Luther and Johannes Dietenberger on 'Good Works.'" *Lutheran Quarterly* Vol. 4. No. 2 (1992): 127-152.

Johnson, William A. "Luthers Doctrine of the Two Kingdoms." *Lutheran Quarterly* 15, No.3 (1963): 239-249.

Kingdon, Robert M. "Social Welfare in Calvin' s Geneva." *American Historical Review* 76 (1971).

Lau, Franz. "The Lutheran Doctrine of the Two Kingdoms." *Lutheran World* 12 (1965): 355-372.

Lindberg, Carter. "Luther and Feuerbach." *Sixteenth Century Essays and Studies* Vol. 1 (1970): 107-125.

________. "Theory and Practice: Reformation Models of Ministry as Resource for the Present." *Lutheran Quarterly* Vol. 27. No. 1 (1975): 27-35.

________. "Theology and Politics: Luther the Radical and Müntzer the Reactionary." *Encounter* Vol. 37. No. 4 (1976): 356-371.

________. "Conflicting Models of Ministry-Luther, Karlstadt, and Muentzer." *Concordia Theological Quarterly* Vol. 41. No. 4 (1977): 35-50.

________. "Luther and the Crises of the Late Medieval Era: An Historical

Interpretation." *African Theological Journal* 13. No. 2 (1984): 92-104.

________. "Justification by Faith Alone: The Lutheran Proposal to the Churches." *New Conversions* Winter/Spring (1988): 31-40.

________. "Do Lutherans Shout Justification but Whisper Sanctification?: A Brief Survey of Justification and Sanctification in the Lutheran Tradition." *Lutheran Quarterly* 13. No. 1 (1999): 1-20.

Nygren, Anders. "Luther' s Doctrine of the Two Kingdoms." *The Ecumenical Review* I, No. 3 (Spring, 1949): 301-310.

Matheson, Peter. "Thomas Müntzer's Vindication and Refutation: A Language for the Common People?" *The Sixteenth Century Journal* 20 (1989): 603-615.

Matthijssen, Jan P. "The Bern Disputation of 1538." *Mennonite Quarterly Review* XXII (January, 1948).

Maron, Gottfried. "Thomas Müntzer als Theologe des Gerichts: Das 'Urteil' - ein Schlusselbegriff seines Denkens." *Zeitschrift für Kirchengeschichte* 83 (1972).

McLaughin, T.P. "The Teaching of the Canonists on Usury (XII, XIII, XIV centuries)." *Medieval Studies* 1 (1939).

Pesch O. P. Otto. "Law and Gospel: Luther's Teaching in the Light of the Disintegration of Normative Morality." *The Thomist* XXXIV. No. 1 (January, 1970): 84-113.

Raines. John C. "Luther's Two Kingdoms and the Desacralization of Ethics." *Encounter* 31 (1970): 121-148.

Schwarz, Hans. "Luther's Doctrine of the Two Kingdoms- Help or Hindrance for Social Change." *Lutheran Quarterly* Vol. 27. No. 1 (1975): 59-75.

Watson, Philip S. "Luthers Doctrine of Vocation." *Scottish Journal of Theology* Vol. 2 (1949): 364-377.

번역서적

베른하르트 로제, 정병식 옮김, 『마틴 루터의 신학』(서울: 한국신학연구소, 2002).

휴 T. 커어 편역, 김영한 편역, 『루터신학개요』(서울: 한국장로교출판사, 1991).

롤란드 베인톤, 이종태 역, 『마틴 루터의 생애』(서울: 생명의 말씀사, 1882).

지원용 편, 『루터 사상의 진수』(서울: 컨콜디아사, 1992).